U0648090

主 编 朱 征

编委会成员（按姓氏笔画）

王 东 王卓尔 王 珏 李 民

朱 征 陈会贤 柴 斐 韩东晖

拾年流金

新时代高校离退休工作的探索与实践

朱 征 主编

ZHEJIANG UNIVERSITY PRESS
浙江大学出版社

图书在版编目(CIP)数据

拾年流金：新时代高校离退休工作的探索与实践 / 朱征主编. —杭州：浙江大学出版社，2021.7

ISBN 978-7-308-21212-0

Ⅰ.①拾… Ⅱ.①朱… Ⅲ.①高等学校－离退休干部－工作－研究－中国 Ⅳ.①G647.23

中国版本图书馆 CIP 数据核字（2021)第 057793 号

拾年流金——新时代高校离退休工作的探索与实践

朱　征　主编

策划编辑　吴伟伟
责任编辑　马一萍
责任校对　陈逸行
封面设计　周　灵
出版发行　浙江大学出版社
（杭州市天目山路 148 号　邮政编码 310007）
（网址：http://www.zjupress.com）
排　　版　杭州林智广告有限公司
印　　刷　杭州良诸印刷有限公司
开　　本　710mm×1000mm　1/16
印　　张　21.5
字　　数　379 千
版 印 次　2021 年 7 月第 1 版　2021 年 7 月第 1 次印刷
书　　号　ISBN978-7-308-21212-0
定　　价　80.00 元

序

浙江大学党委副书记 傅强

“为学莫重于尊师，为善莫过于敬老。”尊师、敬老，作为中华民族的传统美德，一直得以传承和弘扬。立足新时代，担当新使命，浙江大学离退休工作始终围绕“认真做好离退休干部工作”的目标要求，凝心聚力、真抓实干，一张蓝图绘到底，十年辛勤耕耘，在“浙”里奋力开创了新局面。

浙江大学有离退休老同志近8000人，体量大，人员组成多样，做好离退休工作，责任重大，意义重要。十年来，离退休工作处不断完善制度措施，持续加强保障支撑，切实帮助老同志解决实际困难和问题，促进老同志的身心健康；拉高标杆，对标对表，强化政治建设的统领地位，探索形成离退休党支部联络员制度，提升组织力；以新时代对离退休工作的新要求为导向，围绕“双一流”建设，强化内涵式发展，积极搭建平台，凝练“乐龄”“在鲜红的党旗下”等特色品牌，充分引导广大老同志释放正能量。

抚今追昔，意在登高望远；知往鉴今，志在开拓未来。2011年，通过与浙江省期刊总社合作，反映涉老工作的《环球老来乐》杂志增刊公开出版发行，离退休工作处开启涉老理论研究新路径，不断总结工作经验，将理论与实践相结合，提高干部队伍贯彻新发展理念、构建新发展格局的能力。十年深耕，不仅是浙大离退休工作的里程碑，更是再铸辉煌的新起点。

“雄关漫道真如铁，而今迈步从头越。”在中国共产党成立100周年、“十四五”规划的开局之际，我们展望明天，希望未来十年，成为我们擦亮初心、砥砺奋进的十年，成为我们勠力同心、携手并肩的十年。期待浙大离退休工作，强化窗口意识，牢记服务宗旨；坚持守正创新，全面推进品牌建设；迭代升级治理能力，护航高质量发展；突出美誉度提升，打造标志性成果。

“大不自多，海纳江河”，离退休工作要与兼容并包的浙大发展继续齐头并进，育新机、开新局，合力跑好手中的“接力棒”，在接续奋斗中再创又一个“黄金十年”。

2021年1月

目 录

导 言

红色金辉篇

泮水雅音篇

晚晴如炬篇

乐龄颐年篇

文体纵横篇

守护夕阳篇

学苑春秋篇

他山之石篇

创新案例篇

荣誉荟萃篇

导　言

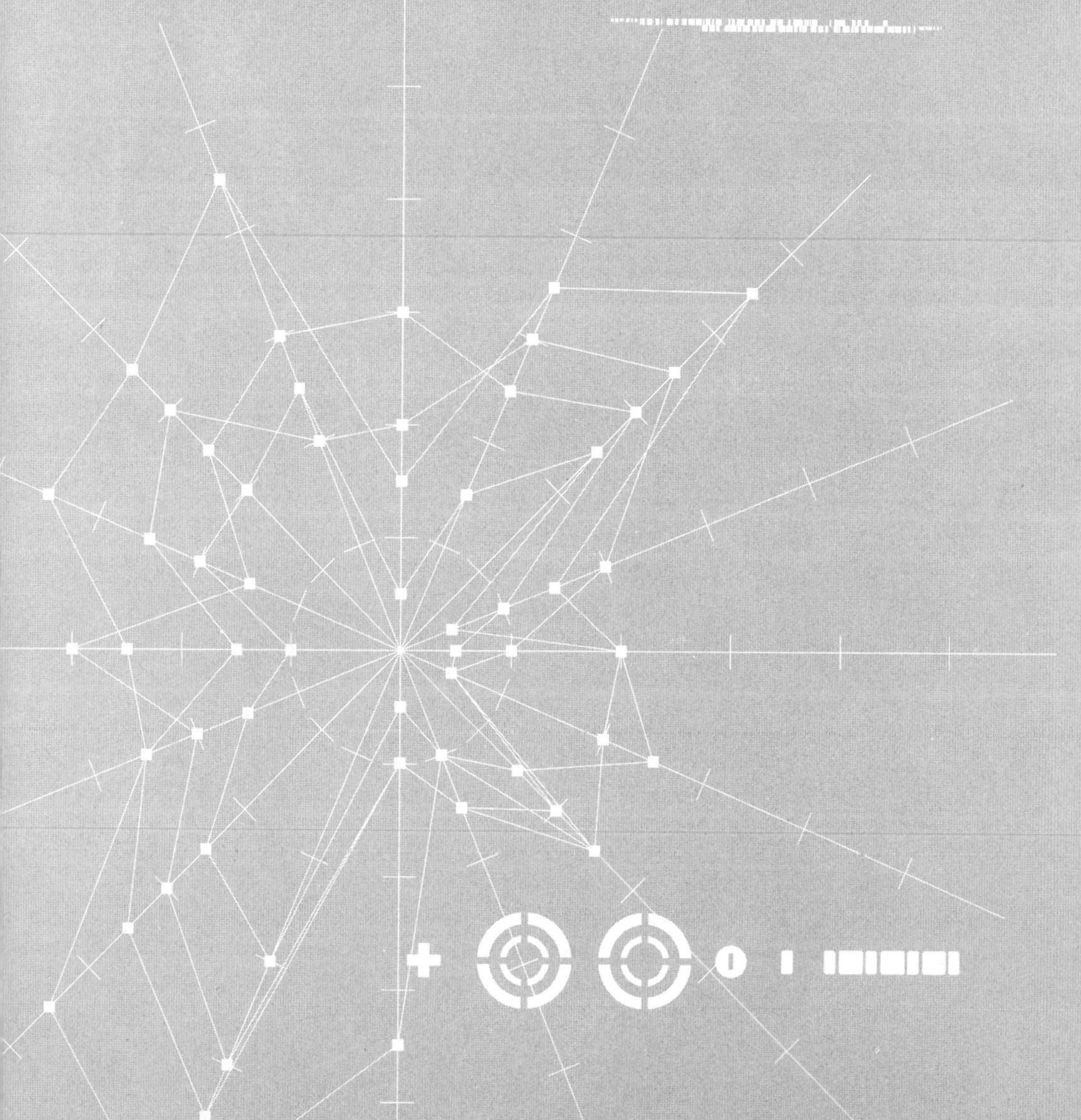

砥砺十载铸品牌　百年辉煌续新篇

——2011—2020年浙江大学离退休工作综述

莫道桑榆晚，为霞尚满天。习近平总书记指出，尊重老干部就是尊重党的光荣历史，爱护老干部就是爱护党的宝贵财富，学习老干部就是学习党的优良传统和作风，重视发挥老干部作用就是重视党的重要政治资源。

岁月不居，时节如流。2011—2020年，十年栉风沐雨披荆斩棘，十年励精图治勤奋进取，离退休工作处高举习近平新时代中国特色社会主义思想伟大旗帜，全面贯彻落实党的十八大、十九大精神，牢牢把握"认真做好离退休干部工作"要求，坚持精准服务工作理念，坚持正能量价值取向，坚持求真务实工作作风，切实加强离退休干部政治建设、思想建设和党组织建设，充分挖掘好、开发好、运用好老同志宝贵资源，在新时代新征程中努力开创工作新局面。

一、离退休工作基本情况

截至2020年12月底，浙江大学现有离退休人员7914人，其中离休干部180人。离退休党支部154个，占全校基层党支部总数的10%，其中离休党支部13个。离退休党员总数为3503人，其中离休党员135人。离休干部平均年龄92岁，普遍进入"双高期"(年龄高龄期、疾病高发期)。

学校成立老干部工作领导小组，由学校分管离退休工作的校领导担任组长，成员单位由党委办公室、校长办公室、党委组织部、党委宣传部、人事处、计划财务处、总务处、离退休工作处、离休党工委、工会、校医院(校园卫生与健康办公室)、后勤集团等组成，办公室设在离退休工作处。

按照离退休工作"四就近"(就近学习、就近活动、就近得到关心照顾、就近发挥作用)要求，离退休工作处对内设机构进行了调整，下设综合管理办公室、玉泉管理服务中心(服务保障办公室)、西溪管理服务中心(信息社保办公室)、华家池管理服务中心(活动指导办公室)、紫金港管理服务中心(思想教育办公室)。

二、改革奋进心向党——不断加强离退休老同志“三项建设”

(一)深入学习党的理论和上级会议精神

离休党工委组织离休党员认真学习马克思列宁主义、毛泽东思想、邓小平理论、“三个代表”重要思想、科学发展观、习近平新时代中国特色社会主义思想,2016年深入开展“学党章党规、学系列讲话,做合格党员”的“两学一做”学习教育,并推进“两学一做”学习教育常态化制度化;2019年开展“不忘初心、牢记使命”主题教育,并不断巩固深化主题教育成果。从老同志实际出发,离休党工委将传统方法与现代手段相结合,通过集中宣讲、专题辅导、支部学习、座谈讨论、体验实践、送学上门等形式,组织广大老同志开展好畅谈和建言活动。班子成员每年围绕学习上级会议精神,为老同志做报告、上党课50余场次,每年为老同志订阅各类党建杂志、报纸3000余册(份)。

(二)推动“三项建设”取得实效

进一步突出政治建设。切实强化政治建设的统领地位和作用。采取多种形式,引导广大老同志牢固树立“四个意识”,不断坚定“四个自信”,坚决做到“两个维护”。组织老同志看变化、谈感受,引导广大老同志把党章党规作为经常性学习内容,自觉学习、融会贯通、积极践行,争做合格党员。发挥老同志政治觉悟高、政治经验丰富的独特优势和突出作用,持续引导和保护好他们的政治热情,通过“在鲜红的党旗下”“相约星期五”(与青年师生交流)、“银龄讲坛”等品牌活动,让老同志、老党员成为加强浙江大学政治建设的一支重要力量。2019年,离退休工作处组织开展庆祝新中国成立70周年系列活动、新中国成立70周年纪念章颁发工作,组织老同志参加国庆升旗仪式。2020年,根据上级统一部署,发放“中国人民志愿军抗美援朝出国作战70周年”纪念章,弘扬伟大抗美援朝精神,在老同志中凝聚不畏强敌、维护世界和平、构建人类命运共同体的坚定决心和磅礴力量。

进一步巩固思想建设。组织老同志深入学习贯彻习近平新时代中国特色社会主义思想、党的十八大及十九大会议精神、全国教育大会精神、习近平总书记系列重要讲话精神。突出理想信念和党性教育,将思想政治工作与思想宣传阵地建设相结合,为老同志深入学习、互动交流创造条件。老同志通过个人自学、专题辅导、集中宣讲、支部学习、座谈讨论等形式,全面学习掌握党的路线方针政策和决议。2011年,举办了老同志庆祝建党90周年摄影作品展,组织老同志参加了“教育部老同志纪念中国共产党成立90周年书画绘画摄影篆刻作品展览活动”并获组织奖，组队参加了浙江大学“党在我心中·永远跟党走”庆祝中国共产党成立90周年歌咏比赛，荣获二等奖。2013年，开展“寻找最美老干部，同心共筑中国梦”活动，树立老干部先进典型，宣传老干部先进事迹，学习老干部崇高品质。陈子元院士被评为浙江省“最美老干部”。

进一步强化组织建设。组织建设是党的建设的重要基础，离休党工委深入贯彻落实中组部《关于进一步加强和改进离退休干部党支部建设工作的意见》，建立健全党建工作责任制，建立“校院两级”分工明确、职责清晰、运作顺畅的工作机制。2019年创建“老党员驿站”党建和思政现场教学基地，搭建好老党员活动平台。加强离退休党支部规范化建设，每年开展两次离休党支部书记读书班活动，组织离休党员骨干赴余姚、义乌、德清等地及校友企业总部经济园考察学习；开展退休党支部书记培训班、退休党建骨干培训等活动，深入挖掘退休党员中的先进骨干，营造典型，引领氛围。根据离休党员的实际情况，对部分离休党支部进行调整和换届。2012年起实施在职党员担任离休党支部党务联络员制度。积极务实推进和改善基层党建运行机制，2019年党委组织部和离退休工作处联合发文《浙江大学退休党支部联络员制度试行办法》，不断加强对退休党支部工作的指导，提升组织力。

（三）加强离休干部和离退休党员教育管理

完善离退休干部阅读文件、参加重要会议和重大活动、通报情况、参观学习、“三会一课”、走访慰问等制度。党工委每年组织近300位老同志参加省委和学校召开的各级各类通报会。以离退休党总支为单位，每月集中召开党员会议，及时通报有关情况，深入开展学习讨论。根据离退休干部实际情况，适时组织离退休党员干部开展党日活动，开展“流动党课”进医院、进病房、进社区活动，把思想教育渗透进离退休工作的角角落落。

（四）形成完善的离退休工作制度体系

根据新形势新要求，离退休工作处牵头起草，学校出台了《关于进一步加强和改进离退休工作的意见》（党委发〔2018〕73号）和《退休教职工发挥积极作用实施方案——“乐龄”计划》（浙大发〔2018〕49号）；2015年组织力量编印《新退休教职工指南》和《离退休人员服务手册》，在学校信息公开平台上及时发布涉老事项办理流程，充分利用学校现有资源进一步便利老同志。定期开展处领导接访日活动并形成长效机制。2017年出台《院级单位离退休工作职责》，2018年1月会同计划财务处制定《关于离退休人员专项活动经费开支范围及标准的通知》,2019年制定《浙江大学离退休工作处合同管理细则(试行)》,2020年出台《离退休工作处关于关心关爱支援西部计划银龄教师的若干意见》,制定《浙江大学离退休工作文件汇编》,不断完善修订《浙江大学爱心基金离退休人员专项基金实施细则》等文件,各项工作有章可循有据可依,做到依制度办事、以制度管人。

三、发挥余热享“乐龄”——持续深入开展正能量活动

持续开展正能量活动,组织引导老同志发挥政治优势、经验优势和威望优势,积极搭建参与中心工作、社会服务、研究宣传、自我服务、关心下一代工作的有效平台和活动载体,不断拓展老同志发挥正能量活动的广度和深度。2015年,深入开展了“红色典藏”行动、“走、看、促”行动、“争做最美老干部”行动、“银色人才志愿”等“四大行动”,进一步引导老同志为党和人民事业增添正能量。2017年,以“畅谈十八大以来变化,展望十九大胜利召开”活动作为正能量活动的重要抓手,迅速在全校范围内掀起热潮;组织参与“网下我点赞、网上晒风采”支部亮星活动,积极为党和人民的事业发展点赞加油、建言献策。2018年,在学校组建银色人才库,启动实施“乐龄”计划。2019年,在全校离退休教职工中开展了“正能量活动示范点”和“正能量之星”评选活动。大力宣传和表彰先进典型,凝聚共识、振奋精神,引导离退休教职工为党和人民的事业、学校“双一流”建设汇智汇力,活动共评选出6个“正能量活动示范点”和24位“正能量之星”。2020年,围绕“全面小康,奋斗有我”以及“颂歌献小康,建言现代化”等主题,组织退休老教授、老专家代表赴学校定点扶贫村实地考察,助力地方脱贫攻坚新进程;选派两位退休教师前往滇西应用技术大学支教,助力全面深化新时代教师队伍建设改革和新时代推进西部大开发形成新格局;组织广大青年学生对亲身经历重大事件的学校“五老”进行采访,教育和启发青年一代立足中华大地,树立爱国情怀,在实现中华民族伟大复兴的征程中建功立业。

(一)搭建参与中心工作的平台

重视不断畅通渠道、丰富载体,组织引导老同志深度参与学校教学科研等中心工作。2018年组织开展“银色人才志愿”行动,依托各类老同志公益团队,不断健全完善银色人才志愿团队。以“银色人才志愿”行动为重要抓手,以项目化形式运作,以志愿者团队建设为支撑,形成具有浙大特色的“银色人才志愿”行动体系。

根据学校“双一流”建设部署,不断挖掘老同志在理论宣传、学生党建组织、

科技指导、教学督导、校史研究、服务联络、实验室安全督查、机关作风督导、文体辅导等方面的作用。据初步统计，目前紧紧围绕学校中心工作活跃着400余位老同志。在每月举行的新退休人员“迎新会”上，每一位新退休老同志都填写“参加正能量活动意向调查问卷”，按照老同志所能所愿建立银色人才库。2020年列出“乐龄”计划专项基金，以项目化形式运作，开展首届“乐龄”计划项目申报工作，进行个人发展史、院系发展史、学科建设史等方面的研究。经评审正能量活动等22个项目被立项并被资助，资助金额达15万元。

（二）搭建参与社会服务的平台

努力为老同志参与地方经济社会发展创造、提供便利，不断拓展老同志校外活动基地。近年来先后与湖州市、湖州市南浔区、德清县、杭州市萧山区等老干部局、关工委开展合作交流，通过老同志宣讲、文艺小分队下乡、联合附属医院青年医生去农村义诊、体育赛事交流等形式，较好地拓展了一批我校老同志校外活动基地，同时展现了浙江大学离退休老同志努力为党和人民事业增添正能量的良好风貌。

鼓励老同志在智库建设、乡村振兴、脱贫攻坚、公益事业等领域发挥自身专长和优势。浙江大学老同志积极参与浙江大学科学技术协会、工业技术转化研究院、新农村发展研究院等科技工作，在全国九个工研院分院、多地技术转移分中心与地方政府、企业进行了科技合作对接；充分发挥老教授、老年学院作用，开展文化下乡、公益讲堂服务社区等活动；组织老专家、老教授为偏远地区和农村开展科技服务，以专业特长助力当地经济发展。

（三）搭建研究阐释的平台

充分发挥学科人才优势，注重对党的十九大精神和党建工作进行研究阐释，注重加强对专业学科以及老龄工作的研究。为适应新时期离退休工作的需要，2011年，离退休工作处与浙江省期刊总社《环球老来乐》杂志合作，建立了反映浙江大学离退休工作动态的信息平台，研究和探索新时期高校离退休工作，加强了与老同志的沟通与交流，提升了管理人员的研究水平，至2020年共出版34期。学校结合纪念抗战胜利70周年，开展“我的抗战，我们的历史”“难忘岁月”“西迁座谈会”等口述历史活动。结合120周年校庆，汇编形成《浙大记忆》《我心中的华家池》和《难忘岁月》等一批珍贵的文字、图片、视频一手资料并结集出版，加深了全校师生对“求是文脉”的理解和认同。浙江大学关工委求是宣讲团出版《托起明天的太阳》宣讲文稿集，共收录了2013—2017年的宣讲稿48篇，计35.8万字。

(四)搭建老同志自我服务平台

依托各类老同志自发公益团队,深化老同志自我服务,实现老同志自我管理、自我服务。离退休老同志中有一批老党员和积极分子,有较高的工作热情,群众工作经验丰富,在离退休人员中有一定威望,在老年大学、老年体协、文艺社团等组织中志愿担任教师、班长、团长、指挥等职务。各管理服务中心均有由联络员、片组长等组成的骨干队伍,协助做好离退休人员服务工作。2014年成功举办"情满求是——浙江大学老同志好声音"展演活动,100余位老同志积极报名参加,评选出十佳好声音,社会反响良好。2019年浙江大学老年合唱团建团20周年,并正式更名为"浙江大学求是合唱团"。

(五)搭建关心下一代工作平台

统筹抓好离退休工作和关心下一代工作,注重引导老同志在学生党建、思政教育、心理健康、社会实践、帮困助学和青年教师培养等方面发挥独特作用。出台了《浙江大学关心下一代工作委员会工作条例》,由分管党政的校领导任主任,校关工委秘书处设在离退休工作处,在44个院级单位设置院级关工委组织,基本做到工作全覆盖。校关工委联动学工系统,主动参与青年师生理想信念教育工作,积极回应"最先一公里"和"最后一公里"问题,凝练形成了"在鲜红的党旗下""相约红领巾""相约新农村"等品牌活动。"在鲜红的党旗下"党建教育平台由校关工委与党委学工部共同建立,并在14个学院(学园)中开展活动。2017年,在120周年校庆期间,在中国关工委、教育部关工委的关心和指导下,校关工委组织开展了"院士回母校"活动,全国关工委主任顾秀莲亲临现场并作重要讲话,对活动的开展予以充分肯定。2019年,开展以"我和我的祖国"为主题的系列活动,通过"读懂中国——致敬五老"视频征文采访活动,发动学生采访"五老"96人,参与学生497人,拍摄微视频38个、征文72篇,其中2个微视频获评教育部关工委"最佳微视频"并在中国教育电视台播放,3个微视频被《人民日报》公众号转载。2020年,联合党委学工部成立"在鲜红的党旗下—邹先定工作室"党建教育平台,围绕马列经典和习近平著作研学、党建理论学习、红色基因传承和"四史"主题教育、青年大学生成才修养、浙大精神的继承与发扬等内容开展思政教育活动。2020年浙江大学关工委荣获全国关心下一代工作先进集体,邹先定同志荣获全国关心下一代工作先进工作者。

四、开拓创新抓落实——着力提升老同志幸福感和获得感

（一）创新方式，优化服务管理新举措

关注“心与心”的交流，构建校院两级座谈机制。定期举办校领导学校工作情况通报会、校分管领导座谈会，及时向离退休老同志通报学校改革发展情况，听取他们对学校在党建工作、教育教学改革、“985工程”建设、学科建设、办学资源、人才培养、社会服务等方面的意见和建议。建立校分管领导与新退休中层干部谈话、各院级单位领导与新退休教职工谈话制度。

自2013年度起举办“浙大感谢您”教职工荣休仪式，校领导向年度新退休人员一一赠送纪念铭牌并合影留念，新退休教职员工以“浙大感谢您”——浙江大学退休教职工荣休典礼为载体，在祝福声中开启人生新篇章。离退休工作处自2018年以来每月召开一次“迎新会”，引导新退休人员顺利完成身份角色的转变。构筑关爱慰问常态化机制，离退休工作处和各院级单位主要负责同志带头关心关爱本单位离退休老同志，将“五必访”制度落实到位，完成重要时间节点的情况通报和老年节、岁末年初走访慰问等规定动作。通过与离退休干部的经常性沟通交流，及时传递党和政府的温暖。

以信息化为载体，推进离退休工作精准化、规范化。定期完善浙江省离退休干部服务管理系统内的老同志数据信息；2015年启动机关事业单位养老保险制度改革工作，积极配合做好全校离退休人员基础信息采集工作，研究对接国家养老制度改革工作，做好与养老保险中心业务对接工作。组建信息化工作小组，推进离退休信息管理系统升级维护，根据工作需求扩建系统字段，为精准搜索、精准服务提供数据支撑，并在2020年将离退休信息管理系统整体性纳入学校云服务器平台。加强信息宣传工作，2015年推出离退休工作处微信公众号，努力开辟离退休工作舆论宣传新阵地，目前已有2500余人关注，许多简讯被教育部老干部之家、浙江老干部等微信公众号转载。设立百岁老人慰问制度，开展校领导带队慰问百岁老人、为百岁老人庆祝生日、百岁老人话健康专访等活动，在老同志中引起热烈反响，其中两篇专访入选教育部专著《百岁人生——教育部直属系统百岁老人话健康》。关注养老服务，为老同志提供优质养老机构推介。通过实地参观考察，与杭州市第三社会福利院、西湖区社会福利院等数家养老机构沟通洽谈，将养老机构服务项目、价格、联系方式等基本信息整理上传到微信公众号，制作适合浙大退休教职工需求的杭州养老指南，为老同志提供更便捷、丰富的养老选择。积极开展医疗、法律、书画、摄影等培训，保障离退休人员的生命和财产安全，提高退休老同志的艺术素养，丰富老同志的晚年生

活。2013年与浙江大学附属第一医院青年医疗科技服务队(以下简称附属第一医院青年服务队)联合,为老同志举办健康专题讲座和医疗咨询活动。2019年与浙江楷立律师事务所合作签约,为老同志开展子女赡养、财产继承等问题的普法教育。

(二)加大力度,落实学校"暖心爱心"工程

将"基本政治待遇不变,生活待遇还要略为从优"作为一项基本政策,使老同志共享改革发展成果。不断完善和落实阅读文件、听报告、参加重要会议和重大活动、情况通报和参观学习制度。认真落实离退休费、医药费和财政支持"三个保障"机制,落实提高离休干部待遇有关政策,按照省委老干部局的统一部署,每年为离休干部发放家政券。综合运用政府公共服务、政府购买服务、社会优待服务、志愿服务以及市场服务满足老同志养老服务需求。

精准传递学校的关心和关怀,做好日常为老服务工作。针对孤寡、"空巢"老人的特殊情况,自2012年起建立了孤寡、"空巢"、特困人员的服务联系网络,进行经常的联络、专访,做到特殊需要特殊服务,每年走访慰问重点关注人员3000余人次。建立了离休干部"一人一库"的动态管理制度,对每位离休干部的出行情况和住院情况进行及时更新,及时了解老干部近况,发现问题,研究问题,帮助解决问题,并加强对离休干部突发事件的处理。2016年积极构建"倾情关爱网""生活服务网""困难帮扶网",进一步做好离退休管理服务工作。2018年,在学校第十四次党代会精神指导下,整合学校资源,助力推动离退休工作的"暖心爱心"工程。每年发放体检表和体检结果各近7800份;认真做好老同志的来访、来信、来电工作,仔细聆听、耐心解释,想方设法为老同志们排忧解难;做好老同志去世后的善后工作,离休干部去世后第一时间报告省里有关单位并赶赴现场处理后事;退休老同志去世后,协助原单位办理告别仪式,负责结算并发放抚恤金、丧葬费等。每月以邮件、书面通知、短信、微信等形式给离退休人员发送通知,通报学校最新情况。

对生活困难的老同志,通过开展党内关怀、推进志愿服务、纳入社会救助、拓宽帮扶资金渠道等办法,给予关心照顾。自2008年学校设立爱心基金离退休人员专项基金以来,12年里向1900余位有特殊困难的老同志发放补助金600余万元,有效发挥了雪中送炭的作用。2017年起,学校每年增拨30万元基金本金,并及时修订完善爱心基金细则,探索发展爱心基金应急能效机制。2020年组建"银耀求是园"志愿者服务队,发挥老同志在助力社会治理方面的优

势和作用。发挥离退休工作领导小组办公室职能，协同相关职能部处，按时保质落实好中央和省委关于提高离休干部护理费的要求。

2012年以来，根据浙江省委老干部局关于开展“走基层、看变化、促发展”主题活动要求，每年组织离退休人员开展“走基层、看变化、促发展”活动，领略国家改革开放新变化，展示阳光心态，体验美好生活，畅谈发展变化。

2020年，面对突如其来的新冠肺炎疫情，根据习近平总书记关于疫情防控的重要讲话精神和学校的统一部署，离退休工作处始终把老同志的生命安全和身体健康放在第一位，搭建口罩采购渠道解决疫情初期老同志口罩采购困难问题，通过微信、电话、短信等形式向老同志宣传最新防疫政策和科学防疫知识，组织形式多样的“云”端诗词书画作品和文体展示活动，丰富老同志精神生活，切实引导老同志增强政治意识，加强自身防控，扎实做好疫情防控常态化下的精准服务工作。

（三）拓宽渠道，丰富老有所乐、老有所为新载体

开展好老年大学、老年文艺团队和老年体协等各类文化体育活动，营造好老有所乐、老有所为的氛围。深入贯彻落实《老年教育发展规划（2016—2020年）》，2017年将老年学院建设列入领导班子目标责任任务的重点事项，加强对老年学院建设的规划，依托院级单位，积极争取办学资源。2013年5月制定老年学院章程，努力为老同志搭建好终身教育的平台。2018年老年学院升级为老年大学，浙江大学老年大学目前开设15种课程，30个班级，在读学员近1100人次。学校在课程设置、教学管理、学员招录、教师聘任等方面实行标准化、统一化、规范化管理。老年文体团队共有合唱团、舞蹈队、时装队、京剧队、越剧队、乒乓球队、象棋队、太极拳剑队、钓鱼队等28支队伍，每年的老年节大会上轮流举办老年人趣味运动会和文艺演出活动，每次参加人数近千人。2013年制定老年文体团队管理条例，规范社团管理。持续加大硬件建设的投入力度，充分发挥“两个阵地”教学乐为作用。

（四）健全机制，形成校院齐抓共管的局面

进一步完善校院二级管理体制机制建设，2014年成立各院级单位离退休工作小组，实现浙大离退休工作全覆盖、零死角，确保每位离退休老同志的事有人问、有人管。2015年以校、院离退休工作二级管理体制完善为突破口，科学谋划离退休工作处工作职能转变和工作模式改进，渐进性开展以模块化运作向条块结合、以条为主转化，在校老干部工作领导小组的统筹领导下，不断开拓具有浙

大特色的涉老工作新局面。2016年深入学习贯彻《关于进一步加强和改进离退休干部工作的意见》(中办发〔2016〕3号),学校在充分调研、开展试点的基础上,提出院级离退休工作"十个一"的工作要求,为文件精神在浙大的落地落实落细打下坚实基础。一是健全一个班子,形成党委主要领导牵头,分管领导具体负责,学院党政办公室、工会负责人等协同工作体制;二是明晰一张清单,要全面掌握本单位退休人员基本情况,主动对接学校离退休人员数据库;三是开展一次谈话和走访,单位主要负责人要在职工退休时主动谈话谈心,离退休老同志生活困难的,要及时看望慰问;四是召开一次情况通报会,要结合有关时间节点,通过通报会等多种形式,及时向老同志通报学校和本单位工作推进情况;五是组织一次参观考察活动,走基层、看变化、促发展,密切老同志与原单位的关系;六是搭建一个正能量活动平台,结合学科专业优势,将老同志继续发挥作用的热情与学院工作有机结合;七是构建一个服务保障体系,鼓励条件成熟的单位创设涉老基金,不断拓宽帮扶资金渠道;八是编密织牢一张特需帮扶网,建立完善以家庭为基础,原单位、社区、社会和党委政府工作部门相结合的特需帮扶网;九是开辟一个老年活动学习阵地,有机整合现有用房资源,为老同志活动、学习交流提供支持;十是建好一个退休党支部,将退休党支部建设工作纳入学院党建总体布局,灵活退休党员"三会一课"开展形式,务求实效。

五、初心永熙续辉煌——倾力打造离退休工作的铁军

(一)锤炼作风强能力

适应新形势下离退休工作的新要求,围绕"聚焦一流,忠诚担当",进一步增强工作人员的责任心和服务意识。注重年轻干部培养,建设合理干部梯队。2014年根据学校的统一部署,离退休工作处选派优秀青年干部到学院系工作,同时通过校内公开招聘选拔校内单位同志来离退休工作处工作,2018年积极选送干部职工去教育部离退休干部局挂职锻炼;鼓励并支持离退休工作处职工尤其是年轻职工参加各种教育,提升文化层次;注重新老交接,在形成合理的工作梯队的同时做到工作不断、质量不减,平稳过渡;通过课题研究、主题讨论、业务培训、活动跟对等形式,多渠道培养锻炼干部。2012年,根据学校创先争优活动领导小组统一部署和安排,及时总结离休党工委、离退休工作处开展创先争优活动的工作经验,确定"立足本职岗位,强化'为老服务'"为今后工作的出发点。全体工作人员坚持真情奉献、真心付出,带着感情、带着责任为老同志服务,做到"五心"(爱心、孝心、热心、耐心、细心),"三勤"(口勤、手勤、腿勤),倾听老同

志心声，了解老同志需求，尽心竭力办实事、做好事、解难事，在为老同志服务的事业中奉献力量，创造业绩，群策群力，共同谱写浙江大学离退休工作的新篇章。

（二）立体打造成铁军

根据离退休工作实际，专职离退休工作者、校院离退休工作联络员、老同志自发公益团队等组成的全方位、立体式离退休工作队伍，切实担负起管理服务离退休教职工的重任。如“银龄志愿服务队”的老同志，实现老同志自我管理、自我服务。全校离退休工作队伍形成了“一点、多线、高效”的管理服务模式，以离退休工作处专职人员为中心点，离退休工作联络员、公益志愿团队、退休片组长等人员为多线，高效推进管理服务工作。

老同志工作无小事，一枝一叶总关情。下阶段我们将继续坚持以老同志为中心的发展思想，面对老同志日益增长的美好生活需要与不平衡不充分的发展之间的矛盾，推进“三项建设”，深化正能量活动，完善服务保障，通过提高政治站位，推动工作创新，夯实一线基层和提高治理能力，充分发挥广大老同志在铸魂育人、推进学校“双一流”建设中的独特优势和作用，创新工作思路，为国家实现“十四五”规划和2035年远景目标而奋斗，共同书写好新时代离退休工作的“奋进之笔”。

2020年12月

红色金辉篇

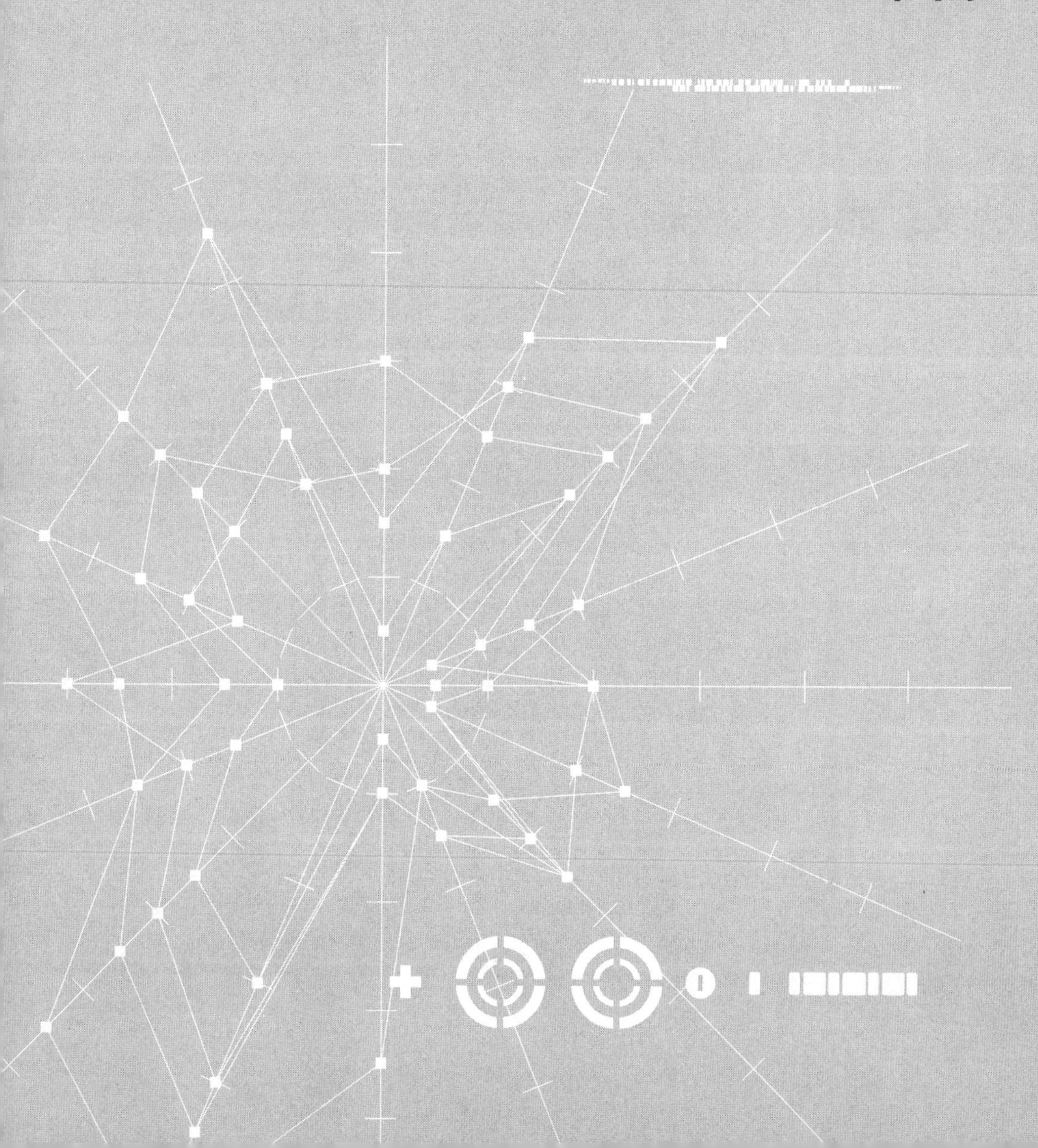

不忘初心　牢记使命

王　东*

2019年，根据习近平总书记在“不忘初心、牢记使命”主题教育工作会议上的重要讲话和《中共中央关于在全党开展“不忘初心、牢记使命”主题教育的意见》要求，在学校党委的统一部署下，浙江大学离休党工委和离退休工作处坚持以习近平新时代中国特色社会主义思想为指导，全面贯彻落实党的十九大精神，牢牢把握“认真做好离退休干部工作”主线，全处上下全面按照“守初心、担使命，找差距、抓落实”的总要求，努力实现“理论学习有收获，思想政治受洗礼，干事创业敢担当，为民服务解难题，清正廉洁作表率”的目标，组织全处党员认真学习研究、深入查摆整改，确保规定动作做到位，力求自选动作有特色，开展了“不忘初心、牢记使命”主题教育活动，稳步推进了各项工作。

一、积极抓好主题教育学习

为主动适应新形势下做好浙大离退休工作对理论武装提出的新要求，加强学习型领导班子建设，提高做好浙大离退休工作高质量发展的能力，领导班子成员时刻保持高标准、严要求，聚焦“不忘初心、牢记使命”主题深化学习，严格执行双重组织生活制度，以普通党员身份参加处党支部和离休基层党组织的学习教育活动，把自己摆进去，把职责摆进去，层层带动示范，层层传递动力，从严从实抓好学习教育。班子牢牢把握工作进度和节奏，多次研究部署各个阶段的学习任务和重点，除了规定篇目，还认真学习了习近平总书记关于教育的重要论述特别是对浙江大学的重要指示精神等，学习习近平总书记关于老干部工作重要论述，坚守“关心关爱广大离退休教职工”的初心。

在充分自学的基础上，处领导班子用五天时间围绕加强政治建设坚定政治方向，聚焦根本任务强化铸魂育人，全面深化改革推动一流发展等，以专题形式组织集中学习研讨。班子成员在学习调研基础上还讲专题党课，讲运用习近平

---

*　王东：浙江大学离退休工作处处长、离休党工委书记、党委组织部副部长(兼)。

新时代中国特色社会主义思想指导实践、推动工作和改进工作的思路措施，通过开展主题党日活动“初心之行”，观看《叩问初心》专题片，撰写理论文章等，不断把学习教育向纵深推进。

二、切实担当改革发展使命

班子成员坚持服务大局，牢牢把握离退休工作为党和人民事业增添正能量的价值取向和助力学校“双一流”建设的历史使命。聚焦贯彻落实习近平新时代中国特色社会主义思想、习近平总书记关于教育工作的重要讲话和指示精神，贯彻落实习近平总书记对浙江大学重要指示精神，紧紧围绕中央关于进一步加强和改进离退休干部工作的要求，对照中共中央办公厅、国务院办公厅2016年1月发布并实施的《关于进一步加强和改进离退休干部工作的意见》，对突出党的政治建设、加强思想政治工作和党的组织建设等开展调查研究。

班子成员着眼广大离退休教职工反映强烈的热点难点问题，深入基层一线开展调研，广泛听取老同志的意见和建议，拿出破解难题的实招硬招，推动党中央关于离退休工作的决策部署和学校第十四次党代会的“暖心爱心工程”落实落地，为检视问题、整改落实提供重要依据。

三、认真寻找存在问题差距

班子成员对照习近平新时代中国特色社会主义思想和党中央决策部署，对照党章党规，对照初心使命，对照新时代对离退休工作的新要求，对照全校广大离退休教职工的期待，采取自己找、群众提、集体议、上级点等方式查找出需重点解决的突出问题，查找工作短板，查找自身不足，深刻检视剖析。

一是广泛听取意见。班子成员着眼我校广大离退休教职工反映强烈的热点难点问题，深入基层一线展开调研，聚焦解决问题，分别组织开展专题调研座谈会，走访调研，以邮件和意见箱等征求意见，注重从涉及老同志和职工切身利益的具体工作中，从群众反映领导干部工作生活的细节小事中筛查问题。二是认真查摆问题。领导班子既着力解决自身问题，又着力解决老同志最关心最直接最现实的利益问题，立足职能职责和当前正在做的事情查找差距。领导班子成员之间、领导班子成员与分管科室职工间开展了深入的谈话谈心，通过自己找、群众提、互相帮、集体议的方式，深度检查扫描，将突出存在的问题摆准、摆实、摆具体。三是深入检视反思。将收集到的问题进行归纳梳理，按照已解决的、正在解决的、一时难以解决的等问题类型进行汇总。领导班子成员针对查找的突出问题，从主观上、思想上进行剖析，一条一条列出问题，深挖背后的思想根源，推动解决问题。四是对照党章党规找差距。领导班子专门安排召开对照党章党规找差距专题会议，在集体学习党章党规的基础上，班子成员既讲自己对照检查出来的问题，也以对同志负责的态度，相互咬耳扯袖、提醒警醒。在查找问题阶段坚持边学边查边改，把检视问题有机融入学习教育、调查研究、整改落实各方面，推动解决问题。

四、努力落实各项工作整改

主题教育活动突出问题导向，立行立改，推动主题教育取得实实在在的成效。一是开展专项整治。根据学校相关要求，结合实际，有针对性地列出需要整治的突出问题，采取项目化方式，逐项推进专项整治。二是列出清单逐项整改。针对检视出的问题，列出清单，明确整改时限和具体措施，将改善老年大学办学条件列入学校为师生员工办的十大实事之中，推动为老服务的文化建设。三是建章立制抓整改。对主题教育中形成的好经验好做法进行总结，形成制度建设成果，建立在职人员担任退休党支部联络员等制度，推进退休党支部党建工作规范化，为退休党建工作的良好开展提供保障。四是开好专题民主生活会。主题教育结束前，领导班子召开专题民主生活会，针对检视反思的问题，联系整改落实情况，认真开展批评和自我批评。

五、完成支部主题教育任务

领导班子成员还指导党支部主题教育活动，召开专题组织生活会，开展民主评议党员，推动离退休工作上台阶。

一是抓好学习教育。个人自学与党员会议相结合，原原本本通读规定篇目，领悟初心使命，增强党的意识，坚定理想信念。结合“两学一做”学习教育常态化制度化，以“三会一课”“学习强国”和党员之家网站为载体组织学习研讨，与结对学生支部开展集体学习讨论，每一位党员在党员之家网站上撰写心得体会，围绕看一次展览、听一次党课、学一次党章、观一次专题片、瞻仰一次红船和重温一次入党誓词“六个一”开展初心之行。二是认真检视整改。组织党员对照《中国共产党章程》《中国共产党廉洁自律准则》《关于新形势下党内政治生活的若干准则》《中国共产党纪律处分条例》等，查找党员意识、担当作为、服务群众、遵守纪律、作用发挥等方面的差距和不足，组织党员开展“话初心”活动，做好走访慰问工作，组织党员立足岗位，履职尽责，以实际行动践行初心和使命。

主题教育活动还与庆祝新中国成立70周年结合起来，以纪念活动为契机开展多种形式的主题党日活动，引导广大离退休工作者和教职工不忘历史、不忘初心，切实加强政治建设、思想建设和组织建设，始终保持奋斗精神和革命精神，在新时代新征程中努力开创离退休工作新局面。

2020年6月

“云上思政课” 助力青年学子健康成长

朱　征*

2020年年初以来，一场突如其来的新冠肺炎疫情打乱了人们的生活节奏，同样给关心下一代工作带来了新的挑战。疫情下浙江大学关工委老同志们在做好自身防护的同时，积极探索思想政治教育工作新思路，用“云上思政课”有效搭建老同志与青年学子交流的平台，引导大学生听党话，跟党走，用自己对党的赤诚之心，为学校立德树人、铸魂育人贡献了一分力量。

一、尺素传情，谆谆教诲寄厚望

面对疫情下的新情况，关工委及时开会讨论、研究部署。在得知学校将以一种全新的网络模式进行线上教学时，及时给分布在全国各地“抗疫”的同学们发出一封慰问信，传递党中央的号召和战胜疫情的信念，表达对浙大学子的殷切期望。这封信通过关工委、学工部门、校团委、各学院的网站、微信群等渠道广泛地传递到学生中，仅微信平台上就有近2万的阅读量，也引起了广大青年学子的积极反响。他们纷纷回信表示：从疫情开始时的恐慌到长期居家不得外出的烦闷，再到后来开展学习和居家运动的充实，生活和心态改变了很多，前辈的来信更给了自己“抗疫”的信心和力量，一定谨遵老师们的教诲，牢记自己的责任与历史使命，与祖国同呼吸，与民族共命运；珍惜青春时光，以饱满的精神状态积极参加线上教学，学好本领。

面对疫情防控的严峻形势，关工委考虑到老党员们与结对支部党员、入党积极分子不能面对面的交流，及时让老同志通过微信群、钉钉群等与之建立线上联系，通过视频连线，点对点寄语学生，既表达关爱，又谆谆勉励。

关工委年近80岁的董守珍老师以参加志愿者的亲身经历给同学们连线分享了特别的党课。她告诉同学们，当国家有难时，作为一名党员应挺身而出，为社会做些力所能及的事，勉励党员们积极主动地发挥模范带头作用，尽自己所

*　朱征：浙江大学离休党工委常务副书记、离退休工作处副处长。

能，投身疫情防控工作。

二、云端连线，现身说法话担当

"在鲜红的党旗下"是浙大关工委与党委学工部共同打造的一个以党建教育为重点内容的平台。2月下旬，在浙江疫情初步得到控制的情况下，我们及时与学工部联系，召开平台活动推进会，确定以抗疫斗争为背景、以中国特色社会主义制度优越性为主题，组织开展线上教育活动，得到各有关学院的积极响应和支持。

3月19日晚，浙江大学医学院关工委举办"党旗下的白衣战士——'抗疫'先锋对话学生党员"线上报告会，连线12名在武汉抗疫前线的浙大医护人员，请他们讲述抗疫故事，给6000余名在线参加活动的青年学子上了一堂生动的党课。活动获得了27万人点赞，收到了很好的育人效果。

3月27日，求是学院蓝田学园通过钉钉直播的方式举办了"在鲜红的党旗下"访谈特别节目，关工委求是宣讲团的张梦新和彭凤仪两位教授就"'00后'，是孩子？还是国家英雄？"这一话题展开对话探讨，为参加此次活动的广大师生带来了富有启发性的全新交流。

4月10日，浙江大学关工委顾问、求是宣讲团团长邹先定教授应邀为农学院、医学院、教育学院联合报告会作题为《从大国战"疫"看中国特色社会主义的优越性》线上主题报告，吸引了1500余人在线聆听。农学院2017级硕士生党员王建蘇听后写道："我国这次疫情防控战役，从行动上体现了中国特色社会主义制度的优越性，从立场上体现了中国共产党为人民服务的根本宗旨。作为一名新党员，在今后的工作生活中，我将积极发挥党员先锋模范作用，牢记入党初心，多做贡献。"

2020年上半年类似上述线上活动先后开展了20余场，吸引上万名学生在线参加。关工委充分利用新媒体等信息化手段，利用线上平台和同学们保持联系，加强思想上的交流，在"为党育人、为国育才"中发挥独特作用，使青年学子在鲜红的党旗下健康成长。

三、西迁述怀，弦歌不辍启朝阳

每年的5月关工委都会围绕校庆进行校史教育，2020年校庆期间，关工委求是宣讲团的三位西迁后代，应邀在党委学工部举办的"文军弦歌 西迁史话"校史主题系列讲座中，用另一种方式启开尘封的记忆，分别在"云"上为青年学子讲述父辈的往昔岁月。

陈健宽老师1935年出生在杭州，是中国植物病理学奠基人、一级教授陈鸿逵先生的女儿，随父母参与浙大的西迁，亲历了那一段筚路蓝缕、艰苦卓绝的峥嵘岁月。讲座中，陈老师带同学们回到了那段难忘的岁月，同学们为偏僻简陋环境下师生孜孜以求的精神所感动，对当年烽火硝烟中坚持办学的竺可桢校长也多了一份敬佩。

朱荫湄老师1944年出生在湄潭，她的父亲朱祖祥先生是土壤学泰斗、中国科学院院士、原浙江农业大学校长。她告诉同学们，在西迁七年的岁月里，浙大师生即使穷困潦倒、困难重重，仍然始终坚持办学、坚持科研，只问是非，不计利害的求是精神犹如一盏明灯，照亮了一代代浙大学子。

陈天来老师的父亲陈锡臣先生是浙江大学著名农科教授、原浙江农业大学副校长，参与了西迁全过程，并将作物种植技术一路传播，造福了我国西南地区的不少农村。他也出生在湄潭，讲座中，陈老师为同学们讲述了父亲在田间工作时被戏称为“老农民”的故事，以及待人接物、真心实意而又坚持原则的率性品格。

通过西迁后代关工委老师们的讲述，同学们纷纷表示作为新时代的求是学子，有属于自己的“西迁路”要走，有自己的星辰大海要去征服。西迁路上那些担当家国重任的浙大师生会被大家永远铭记，浙大精神会被传承和弘扬，并会一直在历史的长河中熠熠生辉，灿若星辰。

2020年9月

“必访”机制在高校离休干部工作中的应用与探索

——以浙江大学离休党工委、离休党总支工作实践为例

王　珏* 商　鸿

走访慰问老同志，是各级组织传承中华民族的尊老、爱老、助老美德，加强联系老同志工作的典型做法。随着群众路线教育实践活动的深入开展，高校和其他基层组织也把“必访”机制引入走访慰问老同志工作，建立了“生病必访”“有困难必访”“节日必访”等基本规范。面对错综复杂的国际形势、艰巨繁重的国内改革发展稳定任务，特别是意识形态工作新形势新变化，高校离退休部门应用“必访”机制，主动探索走访慰问老干部工作的内涵和外延发展，可以把更多的思想政治工作内涵规划设计进“必访”的过程，把握老干部需求变化设计、细化“必访”的节点，从“必访”的内容、载体和满足需求层次上给“尊老”带来更为丰富的体验，进一步调动老干部“积极为实现‘两个一百年’奋斗目标和中华民族伟大复兴的中国梦贡献智慧和力量”。

一、“必访”机制在浙江大学离休干部工作中的应用和探索发展

遵循《关于进一步加强和改进离退休干部工作的意见》(中办发〔2016〕3号)文件精神，浙江大学党委近年出台了有关意见措施，完善了校院两级管理机制：离休干部的管理服务以离休党工委、离退休工作处为主，院级单位协同；退休教职工的管理服务以院级单位为主，离退休工作处做好指导和协调工作。建立健全两级管理机制，明确职责，细化分工，为浙江大学在离休干部工作中先行一步，探索发展“五个必访”机制(见表1)创造了新的条件。

探索发展“生病必访”机制。走访慰问病患是党群工作包括老干部工作广泛应用的关心帮扶机制之一。目前主要建有“突发疾病必访”“常年卧病在家必

---

* 王珏：浙江大学离退休工作处副处长、离休党工委副书记。

访”“慢性疾病常年住院必访”三项工作机制。部门关心突发疾病人员治疗过程需求变化并做出响应，关心常年卧病在家人员季候性行为特点、情绪变化并做出响应，设计细化了“必访”的时间节点；面对离休干部超过75%因慢性疾病等常年住院以及由此产生组织学习难的问题，转变思维，在部分具备一定规模条件的医疗机构探索建立流动党课、集中送学上门的“必访”载体，探索“必访”内容向系统性的学习教育转变。在关心老干部生活层次需求的同时，重视引导和满足他们的思想、文化教育需求和参与政治生活需求。

探索发展“有困难必访”机制。主要建有“突发困难必访”“重点关心人员必访”“空巢夫妇一方入院双方必访”三类工作机制。2020年新冠疫情尤其新冠疫情早期的严重影响，加深了部门对于突发困难、重点关心人员问题的理解认识，推动了“知情即访”应急需求响应机制的探索和发展。空巢问题也因疫情影响更加凸显，驱使工作队伍探索建立新的“一方入院双方必访”机制。

探索发展“遇家中重大事件必访”机制。主要建有“丧事必访”“新政策待遇类工作项目必访”两项工作机制。“丧事必访”是一项传统的政策待遇类关心帮扶机制。党的十八大、十九大持续关注离退休干部工作，各级组织陆续有新的政策待遇类项目落地，譬如老干部居家适老化改造，同样已经被部门纳入“必访”。对于这些家庭利益关切事件和政策待遇类项目，“必访”是过程，平稳“落地”是关键，要求工作队伍把握好执行者（协助执行者）、宣传者、协调者和维稳者的角色，探索如何精准做出需求响应。

探索发展“遇重大节庆必访”机制。主要建有重大节庆“高龄（百岁）必访”“政治生日必访”“异地安置必访”三项工作机制。目前全校离休干部有百岁老人6位、90岁以上老人131位，在全国高校亦居前列。重阳节为百岁老人祝寿活动、高龄老人集体祝寿会，“七一”和国庆前后一年两个批次老干部集体政治生日会，已发展成为工作常态。党的十九大以来，走访异地安置老干部工作提上日程，并形成以“七一”和国庆为主要时间节点、一年至少一次的基本规范。

探索发展“骨干必访”机制。主要建有“离休党支部支委班子必访”“离休党总支委员必访”“专家学者必访”三项工作机制。高校离休干部同其他单位相比，有两个主体结构特点：一是1949年前就参加革命工作、1949年后走上高校管理和领导岗位的转退复军人，“老兵”精神影响深远，浙大离休干部总数的47%属于此类情况；二是1949年前就参加革命工作的优秀知识分子，占本校离休干部总数的53%，分布在7个学部、33个学科院系，有27位教授。有些离休干部至今活跃在青年师生思想政治工作、学科知识分子群体当中。争取其中的骨干任离休党支部书记、支委、离休党总支委员，应用“必访”机制，探索建立“真诚融洽的团结合作关系”“学习共同体”，有助于增强基层组织的思想领导能力，符合高校意识形态工作需求。

离休党工委、各离休党总支在探索发展浙江大学离休干部“必访”机制过程的领导和保障体系建设。离休党工委通过中心组学习、班子会议、部门全体会议专题研讨方式，研究“必访”机制在全校离休干部工作中的设计应用，统筹推进其内涵和外延发展，鼓励有关离休党总支适时发展新的机制，迄今已探索建立“五个必访”等14项具体工作机制。同时，结合新媒体时代的需求多元化发展特点，指导离休党总支建立学习交流微信群，为新冠疫情期间线下保持距离、线上“必访”提供了保障。各离休党总支按组联系有关离休干部，总支书记承担具体领导责任，对“必访”实施全周期、全过程管理。

表1 浙江大学离休干部工作“五个必访”机制

主要事由	工作对象的细化与发展	时间节点的转变与发展	内容载体的变化与发展
生病必访	突发疾病必访 常年卧病在家必访 *慢性疾病常年住院必访	知情即访，入院/出院 季节/节庆/重大政治生活 重大政治生活/节庆/季节	送学上门(政策解读) 送学上门(形势教育) 流动党课(主题教育)
有困难必访	突发困难必访 重点关心人员必访 *空巢夫妇一方入院双方必访	知情即访	
遇家中重大事件必访	丧事必访 *新政策待遇性工作项目必访	知情即访	相关政策解读
遇重大节庆必访	高龄(百岁)必访 *政治生日必访 *异地安置必访	重大节庆/政治生活 重大节庆/政治生活 重大节庆/政治生活	送学上门(主题教育) 集体/个人祝寿会 集体政治生日
骨干必访	离休党支部支委班子必访 *离休党总支委员必访 *专家学者必访	稳定、经常性 稳定、经常性 重大节庆/政治生活	党总支学习交流月会+党总支学习交流微信群 上门学习交流

*为近年新增必访项目，以及有内容和节点设计新变化的必访项目。

二、关于后疫情时代高校离休干部工作“必访”机制的发展与思考

党的十八大和十九大持续关注做好离退休干部工作。新冠疫情，对老龄人口社会生活、社会交往的冲击和制约尤为突出，给相关工作带来的影响和改变是长期的。后疫情时代，研究应用“必访”机制，推动其内涵和外延发展，进一步引导和满足老干部需求层次发展，保障和改善“尊老”体验，将是高校离休干部工作的一项长期课题。

思考适应后疫情时代的“必访”机制。新冠疫情直接改变了人们的社会生活、社会交往方式，一定程度上刺激了老龄人口需求变化和需求层次发展。高校离休干部工作应研究发展“必访”机制，提高做出需求响应的能力水平。设计调整“必访”时间节点，提高应急需求响应能力。研究运用智能信息技术、网络技术，设计建立“必访”虚拟平台，形成需求响应的线上补充手段。

深入研究“必访”内涵和外延发展。高校离休干部工作要研究把思想政治工作系统性植入“必访”体系，针对常年住院人群、集体政治生日人群和相对固定的社群，规范设计形成一批理论学习、形势政策教育和流动党课集中送学上门的“核心课程体系”。要研究在“必访”过程设计“组合拳”，在对老干部生活与健康权益关切事项做出响应的同时，设法因势利导，引导和满足其思想、精神、科学文化教育层面的需求发展，尤其是公共卫生与防疫科学普及、智能信息技术运用相关需求发展。要研究规范“必访”全周期管理，规范源头管理，掌握工作对象一手资料，争取共鸣；规范过程管理，“自带话题”，提高“必访”过程的能动性；规范结果管理，做细做实需求响应，避免走访沦为形式。

推进“必访”内涵和外延发展，势必会对高校老干部工作队伍建设、能力建设特别是思想领导能力提出新的要求，校院两级管理体系应建立健全相关培训学习制度。

2020年10月

高校离退休工作队伍建设的若干思考

——以浙江大学为例

韩东晖*

高校离退休工作作为学校整体工作的一部分，处于“不是中心却能牵动中心，不是大局却能影响大局”的特殊地位。高校离退休老同志是创建和谐校园的重要方面和重要力量，我们要树立对老同志为社会为学校做出的贡献永远不能忘、对老同志长期传承下来的优良作风永远不能忘、尊重和爱护老同志的传统永远不能忘的三个“永远不能忘”观念。随着我国社会老龄化进程日益加快，实现“老有所养、老有所医、老有所教、老有所学、老有所为、老有所乐”成了新形势下做好离退休工作的客观要求。我们要从深入学习实践科学发展观、维护改革发展稳定大局的高度来认识离退休工作；要从关爱党和国家的宝贵财富、创建和谐校园的角度来对待离退休工作；要从以人为本、关心老同志的今天就是关心自己的明天的思路来做好离退休工作。

高校离退休工作队伍是学校管理队伍的重要组成部分，要建立一支开拓创新、与时俱进、全心全意为离退休老同志服务的队伍，才能适应老龄化社会的需要。

一、高校离退休工作者应具备的基本素质

高校离退休工作者应具备的基本素质：

(1)良好的政治素质。作为一名高校离退休工作者，要具备政治意识、责任意识、大局意识。要针对当前高校离退休工作中出现的新情况、新问题进行调查研究，增强工作的前瞻性、针对性和创造性。

(2)较强的业务知识。要掌握和了解法学、管理学、人口学、老年学(包括老年心理学、老年保健学、老年护理学)等领域的知识内容。老干部工作者不应该只是“勤务员”“服务员”，更应该是老龄工作的“研究员”。

---

* 韩东晖：浙江大学离退休工作处副处长、离休党工委副书记。

(3)高尚的道德情操。特别能吃苦、特别能奉献、淡泊名利、乐观向上是离退休工作者最具鲜明的精神特征。他们立足本职工作岗位,经常在节假日里到医院探望老同志,去殡仪馆为老同志送行,默默无闻、任劳任怨。

(4)较高的服务水平。在走访慰问、谈心交流、健康咨询、紧急求助等大量日常服务工作中,要求做到耐心、周到、细致。如接待老同志来电来访,语调要平缓,语气要尊敬,而且要不时重复重点信息加以提醒。

二、浙江大学离退休工作队伍结构现状

高校离退休工作队伍一般以离退休工作部门为主,浙江大学离退休工作实行校、院(处)"两级"管理体制,在学校老干部工作领导小组的指导下,以学校离退休工作处为一级管理单位,各学院(部处)为二级管理单位,形成了一支具有较高政治素质和业务素质的离退休工作者队伍。

(1)政治素质较高。党员占总人数的83%,这与离退休工作的性质分不开,离退休工作与党和国家的方针、政策密切相关,离退休工作者必须具有一定的组织纪律性和较高的政治思想觉悟,他们以高度的政治责任感和历史使命感,认真贯彻执行党和国家的方针、政策,因此在组织凝聚力方面,与其他管理队伍相比具有较大的优势。

(2)学历有待提高。据统计,浙江大学离退休部门具有本科以下学历比例为50%,硕士毕业研究生仅有1人。与高校其他管理队伍相比,文化程度存在一定差距。

(3)中级职称比重偏大。具有中级及以下职称的占90%,副高级职称以上仅占10%。

(4)年龄偏大。平均年龄47岁,50岁以上占50%;5年内接近退休的占30%,35岁以下的占10%,存在年龄结构不合理的现象。

离退休工作队伍的素质直接关系到管理和服务水平。目前,学校离退休工作队伍普遍存在年龄结构老化、文化程度偏低的现象,形成"进不来,出不去"的局面,队伍梯队断层直接影响这支队伍的长远发展。因此必须将离退休工作队伍建设提到议事日程上来,否则会出现后继乏人的局面,从而影响老龄事业的可持续性发展。

综上分析,离退休工作队伍建设是一项长期而又艰巨的任务,离退休工作队伍的素质和结构直接决定着离退休工作的质量、效率和水平。由于离退休工作的政策性强、事务性多,必须加强离退休工作队伍的相对稳定性,将符合离退休工作条件、热爱离退休工作的优秀人才充实到这支队伍中,使这支队伍始终

保持比较旺盛的活力。

三、高校老干部工作者队伍建设的若干建议

高校离退休工作者要深刻认识离退休工作在构建社会主义和谐社会中的地位和作用，全面学习实践科学发展观，不断增强责任感、使命感和紧迫感，牢固树立以人为本、服务为先的理念，认真落实党的离退休政策，努力把离退休工作做得卓有成效。

目前，中国已进入改革发展的转型时期，经济体制深刻变革、社会结构深刻变动、利益格局深刻调整、思想观念深刻变化，迫切需要我们切实履行好工作职责，掌握好服务本领，在政策运用能力、服务管理能力、综合协调能力和开拓创新能力等方面不断提高。

(1)深入调研，科学决策。面对新形势、掌握新情况、解决新情况、实现新发展，必须对工作中的热点、难点问题进行调查研究。要以解决离退休老同志最关心、最直接、最现实的利益问题为重点，研究新时期离退休工作的特点和规律，疏导和化解矛盾，为离退休老同志排忧解难。离休干部整体进入“双高期”(年龄高龄期和疾病高发期)，退休干部面宽、量大、情况千差万别，“空巢”老人日益增多，高校“空巢”老人家庭比例更高，据预测将达到80%，迫切需要我们研究对策。高校离退休工作当务之急是利用社区资源，与社区共建为老服务平台，这也是加强离退休工作队伍建设的必要补充。

(2)健全机制，增加活力。一方面要激发队伍的创造活力，人才的活力是队伍活力的关键因素，要大力破除影响人才成长和作用发挥的机制性障碍，促进优秀人才脱颖而出；另一方面，通过学校党政管理岗位公开招聘，吸收应届毕业生，给这支队伍充实新鲜血液。2009年至今，浙江大学离退休工作处已先后招考录用了4名应届毕业生，成为基层骨干，为各校区离退休办公室增添了活力。同时健全干部交流机制，建议在校内选拔或招聘热爱离退休工作的同志到离退休岗位工作。

(3)加强学习，钻研业务。要加强政策理论学习，熟悉掌握离退休政策业务知识，建立学习型基层组织。

离退休工作者面对的特殊群体是终身学习的榜样，不学习，不进步，与老同志沟通就很难有共同语言，很难有工作创新。

注重离退休工作的基础资料积累，及时建档，做到历史资料有据可查、辅助材料系统齐全、基础数据精确翔实。注重基本规章制度建设，做到工作职责清晰、工作程序明确、工作运转高效。在此基础上，不断加强离退休工作信息化建

设。浙江大学建立了《离退休人员管理系统》，实现了全校离退休人员数据的信息共享，从而提高了工作效能。

培训是加强高校离退休工作队伍建设的重要环节。继续教育和岗位培训成为高校离退休工作者更新知识、提升素质的最有效途径。要鼓励离退休工作者在职进修，优化学历结构。

（4）营造氛围，共建和谐。高校离退休工作实践性强，头绪多，任务重，涉及学校工作的方方面面，要统筹兼顾。离退休工作不仅仅是离退休工作部门的职责，也是学校党办、校办、组织部、人事处、房产处、校医院、校工会、后勤等相关职能部门的职责。涉及离退休老同志切身利益的政策，应该建立校内沟通机制，相互协调，共同做好离退休工作。浙江大学建立了老干部工作领导小组，及时召开离退休老同志座谈会和通报会，形成了广大老同志、理解和支持学校的建设和发展、共享学校改革成果职能部门关心关爱老同志的良好机制。

（5）关爱成长，适当照顾。主管部门要关心离退休工作者的进步和成长，建议在编制、干部录用、培训考核、提拔使用、岗位设置、职级晋升等方面给予政策倾斜，在同等情况下优先考虑。关爱离退休工作者的工作、学习和生活，为他们职业生涯创造条件，做到感情留人、事业留人、适当的待遇留人。

（6）创先争优，弘扬先进。以纪念建党90周年为契机，继续在离退休工作队伍中积极开展“讲党性、重品行、作表率”的满意工程活动，积极开展创先争优活动。浙江大学离退休工作部门还根据自身特点开展了“比学习、比感情、比主动、比付出、比效率、争先进”的“五比一争”活动，大力表彰在平凡的工作岗位上做出不平凡事业的离退休工作者，得到了离退休老同志的充分肯定。

总之，通过工作创新和制度创新，加强离退休工作队伍建设，形成一支政治坚定、充满活力，富有效率、让离退休老同志满意、让学校放心的高校离退休工作队伍。

2011年5月

替代或引领:文化养老与老年大学互动发展刍议

李　民* 张晓亮

一、问题的提出

文化养老是近年来比较新的一个概念,相关的学术研究刚刚起步,大多从与传统保障性养老体制的角度出发进行分析,从社会福利视野下来研究文化养老。从当下社会现状来看,存在把老年大学与文化养老放在等同的位置来思考的倾向,尤其对从事老年教育和老年大学工作的离退休干部工作者来说,这两者间的关系容易模糊不清晰。我们认为,文化养老是老年大学的应有功能和必然要求,但问题是,文化养老是社会发展和人口老龄化的必然产物,老年大学显然不能替代文化养老的全部功能。厘清这个问题,有助于我们更好地理解老年大学和老年教育的发展。

《中国老龄事业发展"十二五"规划》显示,从2011年到2015年,中国60岁老龄人口由1.78亿增加到了2.21亿,老年人口比例由13.3%增加到了16%,到2030年全国老龄人口比例将会翻一番。在老龄化进程日益突出的今天,在物质养老不断得到满足和进步的过程中,保障老年人精神需要的文化养老便成为全社会共同关注的问题。

文化养老,通常意义上认为,是以追求精神生活的满意度为宗旨,以搭建老年人情感交流、养生健体、学习娱乐、文化休闲的活动平台为手段,以享受快乐、愉悦精神为目的的一种养老方式,具有广泛性、群体性、互动性、共享性等特点,是传统的"物质养老"向更高层次养老方式的进步和发展。

从广义的角度分析,文化养老应该是反映特定的价值取向,以满足老年人的精神需要为主,借助文化活动实施的养老制度及其服务体系;从狭义上理解,文化养老特指满足老年人退休后精神需要的各种文化服务活动。随着社会经

* 李民:浙江大学离退休工作处副处长、离休党工委副书记。

济的发展以及社会保障从维持基本生活水准向适度普惠的目标发展，诸如文化养老这样的内容或将逐渐成为法定的社会福利基本内容。但是我们也可以看到，目前文化养老显然不属于基本社会保障的范围，只不过是适度普惠下社会保障、社会福利内涵的扩展。基于这样的判断，当下作为公共服务的文化养老的内涵及其水平都是有限的，不可能无限扩大，文化养老是一个历史的范畴，是社会经济发展的结果。由此可见，作为各种文化服务提供者之一的老年大学乃至老年教育的功能是受制于社会经济发展水平的，那种提及文化养老自然等同于老年大学和老年教育的说法显然是不成立的，老年大学替代不了文化养老的所有功能和要求。文化养老是一项系统工程，涉及老年福利、老年教育、老年文化、老年卫生、老年体育和老年产业等多个方面，在这样的系统工程中，老年大学除了适度满足老年人的基本文化精神需要外，更重要的是通过服务倡导并弘扬文化养老所反映的社会价值取向，以制度化的建设、示范化的作用来回答"以什么样的观念、伦理、习俗、模式、制度设计、活动来养老的问题"。

二、现状的审视

文化养老是社会发展和人口老龄化的必然产物，老年大学满足不了文化养老的全部要求，但在现有的社会经济发展水平下，教育和学习是文化的主体，老年大学显然是倡导文化养老的主要阵地之一，在引领文化养老中具有明显的优势。

一是正确的导向优势。从1983年全国第一所老年大学创办以来，几十年来，通过在实践中探索，在总结中提高，老年大学已经成为传播社会主义核心价值体系、弘扬积极老龄化的主要阵地，在为老年群体提供良好的学习条件和文化服务的同时，也在全社会引领了全民学习、终身学习的良好环境和氛围。二是丰富的教育优势。从最早开设传统文化知识范畴的书法、绘画、文学、历史、诗词课程，到促进身心健康的歌舞、拳剑、保健、心理健康等课程，从实用性的烹调、插花、花卉种植，到与时俱进的英语、电脑、投资理财等课程，老年大学的课程设置使之成为老年人接受新思想、新理念的学习基地，也成为新知识新文化的传播平台，积极老龄化的态势有利于老年人的自我完善和身心健康，引领文化养老风尚。三是广泛的辐射优势。老年大学中原来职务、职业、职称和家庭、文化、阅历的差异被越来越淡化，自愿为原则、自律为要求、情感为基础、和谐为目的的共识正在达成，能够参加老年大学的人在老年群体中的比例或许不高，但这一群体的影响力是毋庸置疑的，广泛的辐射优势为老年人发挥能力、回报社会,引导积极的价值取向奠定了基础。四是重要的稳定优势。离退休人员虽然已经离开工作岗位,但在各个领域仍然有着不可低估的作用和影响。各地老年大学的实践也证明,接受老年大学教育,是化解矛盾、维护稳定的有效模式,社会主义核心价值观体系进入老年教育的全过程和文化教育活动的方方面面,为社会的稳定奠定了基础。

三、互动的发展

在厘清文化养老的内涵与要求及老年大学老年教育的优势后,显而易见,两者在社会经济发展及社会保障发展的进程中是互动的关系,文化养老势必对老年大学的发展提出更高的要求,老年大学则可以助推文化养老的进展,并在这一过程中使自身得到发展。在双方的互动中,有几点是需要我们注意并加以研究的。

(1)要从文化养老的视域出发科学制定和完善老年大学的发展规划。各地区经济水平发展不同,城乡经济社会条件存在差异,对老年人的文化需求认识不同,致使文化养老在各地区存在着发展不平衡的问题,或政策支持力度不够投入不足,或服务体系不健全,老年文化活动滞后。因此,老年大学的发展规划要从文化养老的视域出发,纳入社会事业发展的整体规划中,一是加强养老体系和养老设施建设,制定发展规划,鼓励兴办老年产业,并给予政策指导和相应的政策优惠。二是坚持正确的舆论导向,大力提倡文化养老观念,为文化养老营造有力的舆论氛围,使文化养老深入人心并成为离退休干部的追求目标。明确与社会发展同步的目标,对老年大学的布局、数量、规模、设计等方面进行调查研究,有计划有步骤地明确工作任务和保障措施,从文化养老的高度来审视老年大学的场所、校舍、设备等基础设施问题,改善办学条件,使老年大学的建设与社会经济发展水平同步同行。

(2)要以老年大学为关键平台,加强文化养老的多元化供给。现实中,老年文化供给与需求存在明显差距。首先是量上的差距,受制于社会经济条件,养老资源并不丰富,许多地方开展的文化养老覆盖面相对较窄。其次是质上的不足,目前大多数地方开展的文化养老局限于文体活动,这固然在一定程度上缓解了老年群体的部分需求,但对于老年人深层次的需求,如应对老龄化问题等,则缺乏有效手段。

加强文化养老服务的多元供给,一方面,政府部门应该有所为有所不为,要运用法律和行政手段,鼓励和促进满足老年人文化需求的市场行为。前文已经分析,老年大学满足不了文化养老的全部功能,那么,在加强文化养老服务的供给中,要有意识地将若干基本服务以外的部分让位给市场。另一方面,老年大学作为关键平台,应该主动积极培育、扶持各类老年人自发组织非营利性文化养老服务团体的发展,发挥老年人在自我服务过程中的作用,丰富和补充政府部门在文化养老服务中的职能,向老年人提供内容更为丰富、层次更高的文化养老服务。

(3)要依托老年大学平台,建设文化养老志愿者队伍。政府部门的文化养老服务,不应该仅仅局限于服务的提供,而更应该将服务与价值倡导相结合,弘扬体现文化养老核心价值观的主旋律,建设一支高素质、稳定的志愿者队伍显得尤其必要。视野开阔、知识丰富、善于传播的志愿者队伍不仅仅关系到老年大学的活力,更能助推文化养老的核心理念和氛围养成。要依托老年大学平台,加强对志愿者队伍的管理、培训、引导,通过与社区的对接,进一步加强社区文化养老功能。社区文化养老方式,既是居家养老功能的延伸,也是社会养老的一种变通,能够弥补居家养老的不足,并充分发挥居家养老与社会养老二者的长处;既节约了国家的资源,又方便了老人以及他们的家属,并满足了老人"老有所养、老有所乐"的要求。

(4)要在离退休工作者中统一认识。文化养老与老年大学的发展是互动促进的,无论是从事老年大学教学管理还是企事业单位的离退休干部工作者,都应该树立文化养老新理念,做文化养老的引导者、组织者和推动者。自觉转变服务观念,从小事做起,从细微处入手,不断深化服务内涵。积极组织老同志开展适合自身特点的各类兴趣小组等文娱活动,增强活动的知识性和趣味性,拓宽文化养老的渠道与载体。要不断提升自身综合素质,围绕文化养老不断加强业务培训,通过学习相关专业知识,了解掌握书法绘画、保健养生、歌咏摄影、花卉垂钓等多方面专业技能,以便与老同志进行交流,增强情感沟通,帮助他们培养文化养老兴趣,陶冶情操,实现服务的"零距离",让他们在轻松愉悦的氛围中不断使精神生活得到升华。

文化养老与老年大学的互动发展,不仅可以帮助老年群体树立健康积极的老年价值观,不断进行自我完善和终身发展,还能促进形成全社会的健康老龄化和积极老龄化,促进社会经济可持续发展。

2016年4月

关于做好新时代高校离退休党支部书记培训工作的若干思考

柴　斐*

习近平总书记指出，老干部是党和国家的宝贵财富，是党执政兴国的重要资源，是推进中国特色社会主义伟大事业的重要力量。老干部工作在我们党的工作中具有特殊重要的地位，是党的建设特色。老干部工作本质上讲就是党建工作，核心任务是加强党的政治建设、思想建设和组织建设。

一、离退休党支部书记队伍建设的重要意义

教育和引导广大离退休党员始终保持公仆本色，始终牢记党员身份，始终坚定理想信念，始终保持对党忠诚的政治品格，自觉在思想上政治上行动上同以习近平同志为核心的党中央保持高度一致，是离退休干部思想政治工作的基本要求。党的基层组织是做好离退休干部思想政治工作的基本点和着力点，是贯彻落实执行党的路线、方针、政策和决策的基石，作为基层党组织的“排头兵、领头雁、桥头堡”，党支部书记队伍建设对促进基层党组织工作具有关键性作用。

习近平总书记在全国教育大会上强调“加强党对高校的领导，加强和改进高校党的建设，是办好中国特色社会主义大学的根本保证”。创新高校基层党支部书记培训模式，组织建设一支在思想政治上、工作本领上和学习生活上都过硬的党支部书记队伍，对高校坚持党的领导、更好地贯彻落实党的政策、践行“立德树人”根本任务都具有非常重要的意义。

二、高校离退休党支部书记队伍现状

高校离退休人员整体素质普遍较高，党员比例相对较高。以浙江大学为例，学校现有离退休总人数7877人，其中离休179人，退休7698人。离退休党支部173个，其中离休党支部13个，退休党支部160个，支部数占全校基层党支

*　柴斐：浙江大学离退休工作处综合管理办公室主任。

部总数的10%。离退休党员4021名,其中离休党员135名,退休党员3886名,离退休党员在离退休人员中的比例为51%。广大离退休党员构成了浙江大学"双一流"建设征程中的一支重要力量,这就需要在校党委的坚强领导下、基层党组织的努力配合下、各党支部书记的担当作为下,把离退休干部党的建设纳入高校党建工作总体安排,将这支庞大的队伍有效组织起来、团结起来、凝聚起来,为党和人民事业增添正能量。

党支部书记作为这支队伍中的"急先锋",选配要遵循党性强、威信高、身体好、经验丰富、乐于奉献的原则,但目前广大离退休党员普遍进入高龄期和高发病期,一些党性强、威信高、经验丰富的党员往往存在年事已高、身体状况不佳、党务工作投入精力有限等问题,已不堪重任。在身体好、乐于奉献的人员中选配出来的一些党支部书记,党性修养、党务工作能力等方面尚有较大进步空间,因此加强对党支部书记的培训指导、增强党支部书记队伍的战斗性是目前亟须破解的难题。

三、对高校离退休党支部书记的培训指导

中共教育部党组印发《关于加强新形势下高校教师党支部建设的意见》,对高校教师党支部书记的培训工作提出了明确要求和指示。高校党委要结合学校实际,分级分类组织实施教师党支部书记任前培训、示范培训和集中培训,要把坚定理想信念作为首要任务,把增强党务工作能力作为培训重点,把强化党性锻炼作为重要方式。

浙江大学针对党支部书记队伍建设存在的问题,坚持问题导向、目标导向、效果导向相结合,在长期的工作实践中,逐步形成"4+4+N"的离退休党员骨干教育培训模式。培训体系包含四个层级:组织参加中组部、教育部、省委老干部局等上级部门开展的重大培训,学校开展的集中培训,离退休工作处各管理服务中心组织的强化培训,各院系单位组织的分散培训;培训方式体现四个结合:理论学习与现场教学相结合,党建经典理论与时政形势相结合,学校集中学习与学院分散教学相结合,线上教育与线下教育相结合。基本达到了覆盖人群广泛、教育质量较高、受训对象欢迎、长效机制建立等N个预期效果。

近年来,在重大时间节点,学校组织党员骨干参加中组部和教育部组织的线上培训,并采取统分结合的形式开展学习,由学校离退休工作处牵头,设置学习主会场,组织老同志就近集中学习;分会场设在各院系,由各单位分头组织学习,实现骨干人员全部学习了解国家最新方针政策。学校还组织党员骨干参加省委老干部局在人民大会堂举办的"两会"精神、全会精神等时事政策培训,利

用优质教学资源培养党员骨干力量。学校层面通过采取集中宣讲、座谈交流、现场教学等形式开展集中培训，并计划将集中培训纳入学校“育人强师”培训体系，更加规范化地开展培训教育。离退休工作处各管理服务中心对各中心的党员骨干开展形式多样、时间灵活的强化培训，令教育效果更上一层楼。各院级单位依托“走基层、看变化、促发展”活动，对党员骨干进行现场教学培训。

四、高校离退休党支部书记培训的经验启示

一是培训对象要全面。高校党支部书记体量较大，有些书记已退休多年，接受党性教育的机会和频率远不及在职工作时期，难免存在党性弱化、政治站位不高、知识储备跟不上最新形势等问题，亟须接受系统的培训教育。高校要发动多方力量，整合培训资源，将培训责任和任务层层分解，化整为零，实现培训对象的全面覆盖。

二是培训方式要综合。根据《关于加强新形势下高校教师党支部建设的意见》精神，教师党支部书记培训环节包括任前培训、示范培训、集中培训和轮训，着重贯彻抓好高校思想政治工作和立德树人的工作。无论采取哪种培训方式，培训的目的都是引导党支部书记提高党性修养，充分认识基层党支部建设的重要性，提升自身工作能力。

三是培训方案要创新。一方面，要科学设置培训课程，根据新时代党的建设总要求，结合学校实际，开发现场教学、情境教学、体验式教学、访谈类课程、互动类课程、自媒体学习等多样性的教学方式与课程，充分发挥学校马克思主义学院、思政线上的最新理论研究成果和专业学科资源。另一方面，培训内容突出重点，贯彻落实教育部党组要求，内容设置涵盖坚定理想信念、增强党务能力及强化党性修养三个方面。

四是培训效果要强化。在红色教育基地受教育时，很多党员干部确实深受感动，但一时的感动与一生的践行之间转化率较低。高校基层党支部书记培训效果需从低效转向高效，通过设置一些检验培训效果的标准，来考核培训的实效。

五是人文关怀要跟上。在对支部书记进行培训过程中，注重以人为本，关心他们工作和生活上的情况，对培训效果进行补充。当他们工作遇到困难或阻力时，应主动排解和疏通；当他们工作取得成绩时，应大力肯定和表扬；当他们出现家庭上的困难时，应主动慰问和关心；当他们家里有矛盾时，应及时上门调解和处理。

2020年12月

浙江省老干部工作管理创新研究与启示

樊　婷*

习近平总书记指出,老干部是党执政兴国的重要资源,是推进中国特色社会主义伟大事业的重要力量。党的十九大报告将“认真做好离退休干部工作”放在党的建设部分加以部署,更进一步突出在新时代加强和改进离退休工作的重要性。浙江省是习近平新时代中国特色社会主义思想的重要萌发地,浙江省老干部工作在“红船精神”“浙江精神”的指引下,推进新举措,开拓新局面,形成老干部工作独有的浙江特色。

一、浙江省老干部工作现状与特点

(一)理念超前,展现新思路

面对全省老龄人口数量急剧增加现状,浙江省理念超前,用心谋划,形成离退休工作新思路。一是强调离退休工作重心从“落实政治待遇+生活待遇”向“党建+正能量”转变,着重引导老同志发挥正能量;二是倡导老同志在5年内从“单位人”向“社会人”转化,从“精准服务”定位向“公共服务”转变,努力构建以家庭、社区、单位、社会、政府、企业等为主体的多元化、社会化的为老服务新体系。

(二)党建引领,开创新模式

中组部常务副部长姜信治在2018年全国老干部局长会议讲话中指出,“从本质上讲,老干部工作就是党建工作”。浙江省以大党建思维为引领,推进“三项建设”深度融合,创新离退休党支部工作新模式,开创了“党建+正能量”“党支部+志愿团队+阵地”等新模式,将党支部建设与老同志志愿团队相结合,形成“一支部一亮点一品牌”效应,着手打造融党建示范基地、志愿团队孵化基地、组织生活一条龙服务为一体的百个标准化“老党员驿站”,充分发挥党建引领作用。在浙江省委老干部局党建新理念、新模式的指导下,地方市委老干部局采

* 樊婷:浙江大学离退休工作处华家池管理服务中心副主任。

用积分制管理办法，让支部管理更科学、评估可量化；部分地市的老年大学与老干部党校两者功能整合，将离退休党建融入老年大学课堂。

（三）能量发挥，搭建新平台

浙江省充分贯彻落实习近平总书记关于“必须正确认识和把握老干部这一人才资源优势，充分发挥老干部的优势和作用”的要求，注重发挥老同志的政治优势、经验优势、威望优势，为全省老同志正能量发挥，积极搭建多元化新平台。一是开展“四大行动”，组织开展了“红色典藏”“走基层、看变化、促发展”“争做最美老干部”“银色人才志愿”四大行动。二是实施“十百千万工程”，“十”即发挥老同志在参政议政、红色宣讲、环境保护、关心下一代等十个方面的作用；“百”即组织百名红色讲师，建立百家品牌工作室；“万”即吸纳万名老干部志愿者。三是推进“五级联动”，成立“银耀之江”志愿服务办公室，制定志愿服务考评办法，省、市、县、乡镇（街道）、社区（村）建立五级联动机制，统一规划与部署，统一落实与考评，加强工作指导。

（四）精准服务，打造新品牌

习近平总书记指出，做工作“贵在精准，重在精准，成败之举在于精准”。浙江省在精准服务上悉心谋划，打造为老服务新品牌。一是8890虚拟养老院。金华市通过给符合年龄的老人安装“一拨灵”话机，并发放家政服务券，用信息化手段保障年纪大、行动不便的人员养老不离家、服务送到家。二是老年大学“文化养老”，精准满足老同志多样性、个性化的精神需求与服务。

（五）机制保障，统筹新力量

浙江省通过加强资源整合、政策组合、部门配合，制定离退休工作新机制，统筹为老服务新力量。一是落实由同级党委组织部副部长兼任老干部局局长政策要求，加强部门间资源整合和合作配合。二是成立老干部工作领导小组，研究解决老干部工作重大问题。建立领导小组成员单位为老干部办实事制度，每年由各成员单位领办具体实事项目，要求一年办好一件事，并纳入干部年度考核。三是成立各级离退休党工委，让离退休党建工作师出有名，用制度与机制来保障离退休党建工作的有效推进。

二、浙江省老干部工作存在的困难与问题

(一)信息化建设体系尚未形成

党的十九大报告指出,要“善于运用互联网技术和信息化手段开展工作”。加强离退休工作信息化水平建设是新时代老干部工作的新趋势。浙江省虽积极探索、加快信息化建设进程,但现阶段信息化水平还主要表现在利用工作网站、微信公众号、主流媒体等发布信息和宣传推广路径上,大部分地方和单位还没建立离退休人员信息库,缺乏供老同志使用的信息互动平台,也还未形成信息化综合管理服务体系。同时考虑到省情复杂、涉及面广、多层联动等现状因素,综合管理服务平台开发时面临职能定位、板块设计、多层共建、权限设置、运营维护、数据安全等方面的设计难题,加大了平台开发难度。在离退休工作信息化体系尚未形成时,信息化的内涵发展和应用提高等要求就更加难以实现。

(二)各级部门发展水平参差不齐

浙江省离退休工作系统的省、市、县、乡镇(街道)、社区(村)五级联动机制,从制度设置上保障全省离退休工作的统一规划、部署、执行与考评,但由于地域经济发展水平不平衡、对离退休工作的重视程度、工作人员素质能力高低,以及执行落实的力度差异等,浙江省各级政府、不同机关、不同企事业单位之间老干部工作发展水平参差不齐,影响到离退休工作的总体成效与水平,也降低了老同志总体的幸福感和满意度。

三、浙江省老干部工作经验借鉴与思考启发

(一)理念引领,研究离退休工作新规律

做好新时代离退休工作,研究离退休工作新规律。首先要有顺应时代潮流、紧跟时代步伐的新理念和新思想,要将工作重心向发挥老同志积极作用转移,要逐渐引导老同志从“单位人”向“社会人”“社区人”转化,要探索构建为老服务多元化公共服务体系,要努力搭建离退休党支部进社区的多样载体;其次要用心研究离退休工作新规律,研究老龄社会背景下为老服务工作的新要求,研究信息化技术手段带来的便捷与挑战;最后要强化老干部工作的政治本色,“老干部工作就是党建工作”,充分发挥老年大学、老年活动中心“两个阵地”作用,整合资源,协同共建。

（二）高位谋划，挖掘银色人才库新资源

广大离退休干部党性强、威望高、经验足、阅历广，是改革开放的亲历者、见证者和推动者，是各自领域的宝贵财富和重要资源。发挥离退休干部作用，要高位谋划，兴办实事，重视挖掘“银色”人才新资源，根据“银色”人才专长和特征，搭建发挥正能量的平台载体，引导离退休干部发挥正能量。

（三）创新带动，探索党组织建设新路径

探索离退休党组织建设新路径需要创新带动。一是将离退休支部建设与老同志正能量发挥相结合，让老同志通过党支部载体发挥光和热；二是将党支部与老同志志愿团队融于一体，形成每个党支部的独特亮点与品牌；三是将党支部引入社区，让老同志在就近社区参加支部党建活动，并采用积分制科学考评支部党建成效。根据各支部情况实际，开创“党建＋正能量”“党支部＋志愿团队＋阵地”等新模式，形成“一支部一亮点一品牌”效果。

（四）落实为要，开创“安专迷”队伍新境界

先进理念、科学制度、创新举措、特色品牌、精准服务、常规管理等离退休工作每一方面，要着重突出绩效，开创工作新境界，关键在于落实为要，落实为要又主要依赖“安专迷”的干部队伍。通过定期培训、轮岗交流、挂职锻炼、压担子等多种方式，增强老干部工作队伍服务意识、开拓工作视野与思路、锤炼务实工作作风，提高为老服务水平，开创做人有追求、有境界、有奉献，做事“事事有着落，件件有回音”的“安专迷”工作队伍新境界。

2018年10月

高校离休党支部建设的思考

赵胜荣*

离休干部是一个特殊的群体，随着离休干部高龄化日益严重，体弱多病人员逐年增加，离休干部党员也进入高龄化、高发病期。如何加强离休党支部建设，是当前老干部工作中的重要课题。为进一步贯彻落实中组部《关于进一步加强和改进离退休干部党支部建设工作的意见》的精神，切实抓好离退休党支部的思想、组织建设，改善和加强新时期离休老同志的思想政治工作，使他们做到“政治坚定，思想常新，理想永存”，改革创新管理服务理念显得尤为重要。本文就如何加强离休党支部建设这一课题作进一步探讨。

目前，离休干部党员较多的高校，多数都单独成立离休党支部，在上级党委的领导下，主要由离休党支部来组织形式多样的党内活动和日常的党员管理。进一步做好离休党支部的工作是整个离休干部管理与服务中的一项重要工作内容，也是做好党员思想政治工作和做好老干部稳定工作的重要组成部分。

离休干部是个特殊群体，有着诸多的实际情况。如何进一步做好离休党支部的建设工作，笔者以多年来从事离休干部工作和兼任浙江大学西溪校区离休第一党支部党务联络员的经历和体会，认为在新形势下，务必努力做好以下几个方面的工作。

一、要充分体现学校领导重视，让老干部们舒心

以浙江大学为例，截至2012年1月全校尚有离休干部329人，其中党员254人，隶属于15个离休党支部，平均年龄84岁，常年生病住院的约占1/4。离休干部对学校有着特殊的感情，对学校的建设和发展也特别关心。所以在开展离休党支部建设过程中，要始终让离休干部感受到学校领导的关怀，让他们意识到自己依旧是学校的主人翁。因此，学校应高度重视老干部工作。一是学校每次举行重大的校务活动如党代会、职代会、学期工作报告会等，都应坚持安排

* 赵胜荣：曾任浙江大学离退休工作处西溪离退休办公室副主任，现已退休。

离退休党员干部代表参加；二是学校领导每年组织安排若干次全体离休干部情况通报会，传达中央有关精神；三是不定期召开座谈会通报和介绍学校近期建设发展情况，主动听取他们的意见和建议；四是每逢岁末学校领导要召开老干部新春团拜会送温暖，对65年以上党龄的老党员和特殊困难党员还要专门进行慰问；五是学校领导要不定时前往医院看望生病的老干部、老党员；六是在老干部的活动场所建立“党员之家”，宣传党的方针和政策，努力营造“我为党旗增光辉”的活动氛围，切实改善离休党员的学习条件。

二、要建立党务联络员制度，提升离休党支部活动质量

如何有效地改善和提升离休党支部的活动质量，浙江大学离休党工委的做法是在离休党支部中建立党务联络员制度，要求给每个离休支部配备一名在职党员担任兼职联络员。联络员的职责是：①宣传党的路线方针政策，深入贯彻落实科学发展观，以人为本，协助离休党支部做好党支部的思想、组织建设；②协助党支部书记安排好党支部的日常学习、活动和组织活动的服务工作；③参与支部组织生活，协助离休党支部做好党务联络和学习资料发放以及工作台账的建设；④协助党支部做好党员及生病住院党员的党费收缴及党务信息传递；⑤向上级党组织反映党支部工作信息，做好上情下达、下情上传工作；⑥完成离休党工委、党总支交办的其他工作任务。此外还有一些日常事务也可由联络员承担，如起草并保管支部文件、落实支部的各项活动及车辆安排、陪同支部书记走访行动不便和生病住院的党员等。此项工作开展后立刻得到了广大老干部的好评，切实有效地改善了离休党支部的工作状况。

三、要注意工作原则，让老干部们看重支部

在离休党支部的党员中，有些过去曾经是学校或院系领导，有的则是有声望的教授、专家和学者。虽然离休后大部分的时间赋闲在家，但不可否认的是，他们曾经是学校的骨干，是具有高素质和好传统的好党员，对党的组织原则和工作程序非常熟悉。在开展离休干部党支部的党务工作时，一定要注重遵循党的纪律和原则，不要让离休党员同志感觉到组织上对他们放松了要求。如在政治学习活动中，不要主观地认为老同志已经不想学习了，便放松对其学习上的要求，只是从形式上加以组织，这样其实是对老党员的不尊重，会令其对支部失望。再如在老同志中发展新党员，也应该严格按照组织程序，不要让老党员认为在老同志中发展党员可以降低标准。在支部工作中要坚决做到“党要管党”，严格按照党章、党规办事，坚决执行正常的组织生活制度，使每一名党员始终置

身于组织之中。这样,我们的离休干部党员才会意识到组织上还是对自己一如既往地严格要求,才会继续以党员的先进性来要求自己,继续起到团结周围群众的作用。

四、要创新活动形式,提高离休干部党员参与性

老干部们已进入双高期阶段,有的身患多种疾病。因此,不论是组织学习,还是开展集体活动,都要从实际出发,不能强求一致,以一个模式进行,那样势必难以开展工作。如在深入开展某方面学习活动中,有些需要以集中学习的形式来开展,这样就会面临一个困难,即有病的和居住在外地的人无法参与到学习中来,影响参学率。对于这种情况,就必须采取对于有病不能参加学习活动的将资料送到家、进行个别宣讲等形式,将资料寄给居住在外地的同志等形式,较好地解决了老党员集中学习的问题。在例行的民主生活会中,不要拘泥于形式,讨论主题和范围主要是思想政治方面,但也可以是交流健身养老体会,更新思想上和生活上的传统观念,以及提高防骗意识等多个方面。所以,党支部组织活动时,要因时因地因人进行,让每次活动都能够得到离休干部党员的真心喜欢和参与,让他们在离开工作岗位后能够跟上时代,安度晚年,永葆“政治坚定、思想常新、理想永存”。

五、要建设好工作人员队伍,加深服务意识

要搞好离休党支部的建设工作,工作人员的政治与业务素质也是非常重要的。加强离退休工作人员队伍建设,增强业务素质,强化服务意识,提高管理水平和办事效率,是我们时下的主要任务。要切实增强老干部管理部门和工作人员的全局意识、责任意识、服务意识和忧患意识,强化“精管理、大服务”理念,以理顺管理职能、规范工作流程、加强队伍建设为关键,以提升服务能力、服务效能为重点,不断推进职能部门和工作人员的作风建设。工作人员要讲党性、重品行,要高度地负有责任感、使命感,积极投入“五比一争”活动和创先争优活动中,从思想上、行动上、感情上认真做好老干部工作。除了建立党务联络员制度外,教工党支部与离休党支部实行共建也不失为一个好方法,大家可以互相交流心得体会,提高和改善学习风气、活跃活动气氛及共享多项资源等,同时还能有效地拉近工作人员与老干部的距离,与老干部们心连心。

综合上述五点,从本质上讲,离休党支部的建设工作其实就是“心”的工作,要用心与离休党员交流,要用诚心感染离休党员,要用爱心温暖离休党员,要将心比心,只有这样才能得到离休干部党员的理解和支持。我们要认真执行党和

政府关于离退休工作的各项方针政策，继续重视和做好离退休工作。努力做到“在政治上尊重老干部、思想上关心老干部、生活上照顾老干部”，我们的工作才算做到位，才能真正达到“四满意”，即老干部们满意、自己满意、师生满意、领导满意。

2012年11月

浙大离退休党支部与学生党支部共建机制探析

董业凯*

高校党支部一般由在职教职工党支部、离退休教职工党支部和学生党支部三种形式组成，其中在职教职工党支部和学生党支部的联系通常较为紧密，而离退休党支部相对独立一些。然而离退休党支部有其独有的特点和优势，如果能有效地利用好这一优势，发挥老党员的作用，更好地开展离退休党支部与学生党支部的共建活动，会为高校党建工作创建新的平台，助力党组织建设和大学生思想政治教育。

一、浙大离退休党支部及学生党支部现状分析

（一）离退休党支部特点

离退休党支部是一个特殊的群体：离退休党员信仰坚定、满腹经纶，但离开了工作岗位，缺少继续发光发热的舞台。浙大的离退休党员中有曾在战争年代为中华人民共和国成立立下汗马功劳的老党员，也有为新中国“四化”建设奉献一生的老教师，他们政治优势明显、党务经验丰富、待人接物热情。但是受年龄、身体等原因影响，部分老同志长期住院、卧床，给支部定期召开组织生活、老党员参与党组活动的积极性等带来一定的影响。

（二）学生党支部特点

高校本科学生党支部有以下几方面特点：①支部组成中年龄层次低，正式党员人数少，预备党员居多，接受的党性教育较少，对党的认识不深，入党动机不明确；②朝气蓬勃、满怀激情，社会活动丰富，政治敏锐性比一般学生强，但缺乏足够的党性修养和社会经验，政治辨别能力不强；③学院本科生党支部存在

* 董业凯：曾为浙江大学离退休工作处工作人员，现任浙江大学求是学院蓝田学园分团委书记。

周期较短，支部凝聚力不强，部分党员对支部活动参与积极性不高，支部工作积淀不深，党建工作开展难度大。

二、离退休党支部和学生党支部共建的意义

通过对两个支部的特点分析，我们不难发现，二者在很多方面存在互补性。

第一，离退休老党员参与学生党支部的党建工作，有助于增强大学生思想政治教育工作的实效。离退休老党员信仰坚定，政治思想扎实，再加上自身的经历和多年党务工作的经验，在开展学生思想政治教育工作时，可以更好地发挥老干部、老教师的先进典型示范作用，端正大学生的思想认识，教育年轻学生党员成长成才。

第二，学生党员参与离退休党支部活动，有助于实现离退休党员的社会价值。离退休支部与学生支部开展共建，能够为老同志找到继续发光发热的舞台，有助于老党员社会价值的实现，也有利于他们的身心健康。此外，还可以在共建中发挥青年人的长处，把信息时代的新知识普及给老党员，加深离退休党员对新时代、新社会、新技术的认知，提升他们的社会认同感和幸福指数。

三、浙大离退休党支部与学生党支部共建的可行性分析

（一）共建体制开展现状及形式

1. 党务知识探讨，加强理论学习

大学新生党员除了在高中时期通过政治课教学等形式被动地接受了一些党务知识外，对党史整体认识不深。而大部分老党员都有亲身经历，对党的历史和发展有着深刻的了解和认识。为此，离退休党支部与学生支部可开展一些有针对性的党史学习共建活动，分享学习心得，充分体现中国共产党与时俱进的先进性，让年轻党员在认识到党务知识重要性的同时，夯实理论基础。

2. 时事政治研究，提高党性认知

在对时事政治的敏感度上，年轻党员和老党员相比还有着较大的不足。现在的大学生缺乏政治敏感性，许多年轻党员的党性认知不足，入党动机不够明确。因此，离退休党支部可与学生支部共同研究分析时事政治，相互学习交流，让年轻党员重新考量自己入党动机的纯洁性，进一步提高自身的思想意识，更注重对时事政治的关心。

3. 爱国主义教育，感悟科技发展

“90”后、“00”后学生接受能力强、反应快，对新鲜事物敏感、好奇、熟悉，如果能很好地利用这一特点来帮助老同志，既能培养大学生党员的爱心、孝心和耐心，又可以让老党员学习新的知识，让他们的老年生活过得更加充实，让他们不再感到孤独。

（二）共建产生的问题及解决对策

1. 活动形式单一，互动不够，缺乏吸引力

目前的共建活动主要以座谈的形式开展，“又红又专”的党支部活动显得形式单一、缺乏趣味性，较难对年轻党员产生足够的吸引力，在活动过程中经常是老同志讲、学生党员听的“一边倒”模式，互动性不强。支部可考虑拓展活动形式，通过形式多样的理论教育和丰富多彩的实践活动，来帮助学生党员提高思想认识，帮助离退休党员实现人生价值。

2. 活动覆盖面窄，受众范围小，缺乏针对性

支部党员参与活动的覆盖面较为狭窄，老党员大多因长期住院或卧病在床无法外出活动；而学生党员、入党积极分子以及入党申请人，都应该进一步了解共产党，树立正确的入党动机。因此，支部可吸纳更多有条件的老同志参与学生党建工作，不断加强离退休党员队伍的思想建设，促进老同志党性修养的与时俱进；同时扩大学生参与面，灵活选择支部活动地点，在不影响老同志正常休息的情况下，上门或上医院和老党员一起开展组织生活会。

3. 支部活动经费少，报销难，到位不及时，不利于活动开展

学生党支部存在活动经费少、报销难等问题，对一些支部活动的开展造成了一定的影响。在支部共建活动中，需要学院及上级党组织合理、及时地划拨支部活动经费，在严格规范经费开支的同时加大经费使用的灵活性；而支部也应做好经费支出记录，合理使用经费，避免吃喝玩乐、铺张浪费的现象。

（三）支部共建长效机制的路径探索

支部共建是加强党组织建设的有益尝试，想要巩固党支部共建成果，推广共建模式，发挥更大的效力，则应该不断探索党支部共建的长效机制。

1. 明确党支部共建目标和基础

共建活动的目标是抓好高校基层党组织建设，推进学生党建和思想政治教

育工作;而共建的基础是两个党支部各有所需、优势互补。因此,共建双方要深入贯彻党的十八大以来的有关文件精神,高举中国特色社会主义伟大旗帜,以邓小平理论、"三个代表"重要思想、科学发展观、习近平新时代中国特色社会主义思想为指导,找准切入点,发挥各支部的优势,取长补短,共同开展共建党支部的组织生活。

2. 加强共建党支部领导班子培养

党支部共建是两个支部的联合,如果没有坚强有力的党支部领导,支部共建工作就难以开展,共建目标就难以达到。因此,作为支部的支部书记,应以支部领头人的身份时刻提醒自己,加强理论知识学习,提高自身素质,同时还应配备好支委班子,保证党员干部政治素质高、群众威望高、工作能力强,这样才能增强共建支部的领导力,才能更好地开展支部共建活动。

3. 建立可持续发展的长效机制

党支部共建需要可持续发展的长效工作机制来维持,不能虎头蛇尾,有始无终。因此,应当在现有基础上加强研讨和交流,注重共建支部之间、支部内部的沟通和信息反馈,重视普通党员对支部共建活动开展的意见和建议,注意工作技巧、组织管理等细节问题。此外还应注重实践和创新,要坚持实践与理论并行,工作传承和工作创新同步,要鼓励研究式、探索式的工作模式,建立健全规章制度,保证共建工作的可持续发展。

4. 注重共建工作的激励和保障

支部共建需要有上级党组织的经费支持和激励机制保障,同时,上级党组织还可对支部共建进行一定的指导,并督导共建支部及时总结,推广有益做法,以点带面,推动共建成果的延伸,全面提升高校基层党组织的吸引力和凝聚力。

四、总　结

离退休党支部和学生党支部的共建工作是高校基层党建工作的探索和创新,为建设社会主义和谐校园提供了坚实有力的政治保证,是高校基层党组织培养好下一代年轻党员义不容辞的历史责任和神圣使命。党支部共建作为加强新时期高校党建工作的有益尝试,需要各级党组织的关怀和领导,需要不断地摸索和完善,从而更好地发挥支部共建应有的作用。

2014年11月

泮水雅音篇

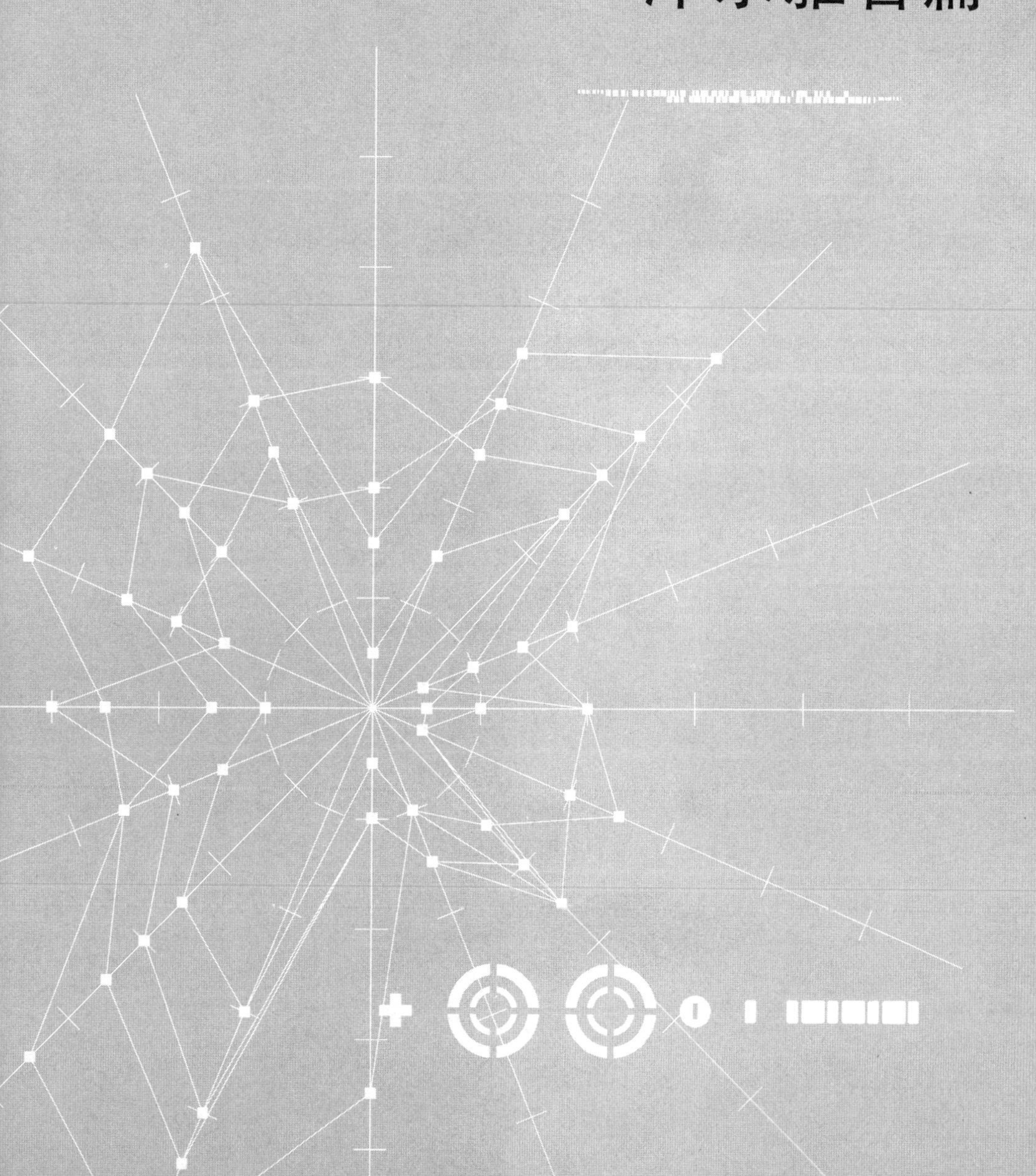

高校“空巢”老人志愿服务的调查和对策建议

——以浙江大学学生志愿者与“空巢”老人结对为例

朱　征

中国人口老龄化呈现出速度快、规模大、未富先老等突出的特点，老年人特别是孤寡、“空巢”老人在经济供养、生活照料、精神慰藉等方面的问题逐步凸显。在高校离退休人员中，“空巢”老人高达50%～60%。“空巢”老人普遍感到寂寞、孤独，甚至出现心态不平衡、精神低落不振等现象。高校“空巢”老人呈现的上述特征一是生活困难日益增多。随着年龄的增加，很多老人特别是一些体弱多病、行动不便的“空巢”老人在日常起居、出行、沟通交流、看病等方面的困难逐渐增多。二是老人需求与实际满足程度之间的差距日益加大。随着经济的发展、社会的进步和文化事业的繁荣，老人除对物质要求外，可能会更注重追求精神生活。三是尊老助老意识有待强化。少数干部和教职工尊老助老的意识不够强，表现在老人需要帮助时，态度不够热情，说话不够礼貌，甚至有厌烦情绪；当老人遇到特殊困难时，有的部门重视关心不够，支持帮助不够，安慰服务不够。

浙江大学是一所百年老校，现有离退休人员8848人，其中“空巢”老人4030人，孤寡老人251人，合计4281人，占离退休人员的50.7%。离退休老同志的人数在逐年增加，学校的老龄化问题日益突出。所以，高校除了强化做好离退休工作的意识，更要尝试思考和探讨一种为孤寡、“空巢”老人服务的全新模式。在浙江大学团委、浙江大学青年志愿指导中心的具体指导和浙江大学离退休工作处的大力支持下，浙江大学于2007年11月成立了“守望工程”志愿服务队，并迅速启动了“求是青春银丝带”活动，活动以浙江大学孤寡、“空巢”老人为关爱服务对象，学生用一对一或多对一的形式结对孤寡、“空巢”老人。志愿者们从每位老教师的实际情况出发，为老人读报、与老人聊天、帮老人举办生日会，元旦、母亲节、教师节等节日上门问候，春节电话祝福。经过近3年的尝试和努力，已有300余位学生志愿者与近90位孤寡、“空巢”老人结对，并取得了初步成效。他们以无私博爱的志愿精神给老人们送去温暖和欢乐，架起了一座供求是青春学子与老同志交流互动的桥梁。

为及时了解活动开展的情况，掌握有关信息，寻找差距与不足，以便为其他高校和相关部门提供决策依据，使此项工作在今后做得更好或得到推广，笔者对志愿服务队开展的情况进行了跟踪回访和调查，并根据存在的问题提出相应的对策建议。

一、调查样本、方法和结果

（一）调查样本

调查样本数量（服务对象）合计52人，按照其离退休前的档案关系分布在浙江大学4个校区，在被调查的52位老人中，女性老人为22人，男性老人为30人，年龄最大的已有百岁高龄，年龄最小的也有65岁，其中有5位老人因身体状况存在行动和语言不便的实际情况，我们采取与家属的交流形式。

（二）调查方法

笔者通过电话询问、发放问卷调查和到部分老人家中走访的形式对浙江大学结对孤寡、“空巢”老人的学生人数、上门次数、电话问候次数、结对内容、活动情况以及满意程度等方面进行跟踪回访。

（三）调查结果

（1）一名老人志愿者与其服务的人数情况：一般为“2～3人对一”，其中有二位老人是“一对一”，最多一位老人是“五对一”。

（2）学生上门和电话问候次数情况：上门最多的志愿者是每隔1～2星期一次；大多数志愿者是基本一个月左右上门一次，平时每隔两星期通一次电话；其中有一位老人家中的志愿者一次都未上门。

（3）结对活动内容：主要与老人聊天，给老人读报，陪老人散步，并视老人的实际沟通交流能力，适时探讨相关专业、学校变化、国际形势等问题，陪同老人参加节假日的主题活动等。

（4）满意程度：结对双方互动性较好，满意的有29人，所占比例为56%；较为满意的有21人，所占比例为40%；表示不满意的有2人，所占比例近4%；总体满意度较高。

（5）今后是否需要继续结对：明确表示不需要继续结对的有2人；认为此项

活动意义不大或成效不大的有8人;对结对活动持无所谓态度的有12人。

二、问题分析

对调查结果分析研究,我们发现存在的主要问题有:

(1)宣传力度不够,接受服务的“空巢”老人数量少,有待于进一步扩大。

(2)志愿服务质量还有待于进一步提高,如在结对活动中充分考虑老人的学科背景,了解其所从事的专业,这样志愿者与老人的沟通会更加方便和融洽;针对部分老人对志愿者有特定要求的情况,可在提前摸底了解、相互征求意见后再进行结对。

(3)需要建立规章制度,规范志愿者的服务活动。

(4)志愿者活动主要是陪聊、读报、散步等活动,还可从结对老人的实际出发,拓展服务的活动范围。

三、对策建议

为使这一有意义的活动能够长久、持续、全面地开展下去,不断拓宽服务对象范围,深化服务层次,提高服务质量,共同营造一个知恩报恩的和谐社会,提出六条对策。

(一)加大宣传力度,使更多的“空巢”老人得到关爱

学校离退休工作处需进一步做好老人的需求摸底、调查工作,团委以组织开展咨询活动等形式来加大宣传力度,使更多的老人们了解服务的内容,经过一段时间的了解、接触和沟通,逐渐接受志愿者的服务,使老人们真正感受到来自社会、来自学校、来自组织、来自学生的关心、照顾和温暖。

(二)开展调研活动,将服务效果最大化

积极开展调研活动,建立老人档案,进一步启动更有针对性的志愿服务工作。开展服务项目的全面调研,按照分小队形式对全体已经结对的老人和志愿者的资料进行整理并建立档案(包括老人的个人信息,如出生日期、家庭住址、电话、原工作单位、子女联系方式,也包括性格爱好、身体状况、饮食禁忌等资料),更新原始记录,及时跟踪服务情况,更好地开展既符合关爱孤寡、“空巢”老教师价值理念,又为老人解决实际问题的服务工作,努力将服务效果最大化,提高工作服务质量。

（三）建立例会制度，及时了解工作情况

此项活动的学校相关部门应每两个月进行一次信息沟通，志愿者服务队将前段时间的相关工作予以反馈和汇报，并递交书面汇总情况。学校对活动情况进行跟踪，针对服务老人的特点进一步提出要求，并就希望双方配合、解决、明确的事宜予以商定。

（四）制定规章制度，规范志愿者结对服务活动

制定《浙江大学"守望工程"志愿服务队章程》和《项目手册》，进一步完善服务的需求和内容。规范志愿者的服务活动，给予大学生素质拓展认证、志愿者星级认证、第二课堂计分和其他相关评奖评优推荐等。同时定期邀请校医院和相关老师为志愿者开展专题讲座和集中培训，提高志愿者的服务水平和质量。另外，在部分志愿者因毕业、出国交流等原因无法继续结对服务时，服务队应及时招募新志愿者，做好传帮带工作，以保证志愿服务的延续性和长效性。服务队建设开通了"守望工程"活动的主题网站，将行动的一点一滴与大家分享。

（五）拓展活动范围，参与活动工作

志愿结对活动刚开始时，服务队以日常陪老人散步、读报、聊天等活动为主，志愿者们也在实践中发现老人生活上的困难是次要的，老人的苦闷来自心理上的孤独。随着与老人的熟悉，感情的融洽，志愿者们逐渐改进了原来的服务模式，开始与老人展开深入沟通，真正开展无障碍的服务。志愿者们发送节日祝福短信，为老人举办生日会，甚至还用上了网络聊天软件等各种途径与老人进行心灵的沟通，帮助老人排解了内心的孤寂和烦躁，从精神上给予他们温暖。举办母亲节、教师节、重阳节等大型主题活动等。这些活动将服务老人的生活变成了丰富老人的生活，细微理念的转变使得"求是青春银丝带"受到了老人们的喜爱和追捧。

（六）创新活动形式，进一步做好结对工作

针对服务老人的群体特点，志愿者们分批分时独立地开展志愿结对服务工作。在此基础上，根据实际情况，还可以团队形式为老人开展活动，如与学院的退休支部挂钩，这样不仅参与者会更多，也能让孤寡、"空巢"老人们有多向度的感情寄托。

四、结 语

“尊重老人、关爱老人、照顾老人，是中华民族的优良传统，也是一个国家文明进步的标志。我们要大力弘扬中华民族尊老敬老的传统美德，给予老年人更多生活上的帮助和精神上的安慰，让所有老年人都能安享幸福的晚年。”这是胡锦涛总书记2008年元旦前夕到天津养老院看望老人时，说出的饱含深情的话语。而正是这句话温暖了全国1.53亿老人的心，也鼓舞着社会各界将更多的尊重和关爱献给我们的长者。相信在我们大家共同努力下，采取一些针对性措施，不断拓宽服务对象，深化服务层次，提高服务质量，关爱“空巢”老人，像“求是青春银丝带”这样新的志愿服务形式一定会受到更多老人的欢迎，也必将得到社会的支持和认同。

2011年1月

关于人口老龄化社会养老问题的思考

——透过“空巢家庭”现象看居家养老

郦　平*

一、人口老龄化社会与“空巢家庭”

按照通常标准,一个国家或社会60岁以上年龄的老年人占总人口的比重大于10%,或65岁以上老年人口占总人口的比重大于7%,就称其为老龄化国家或社会。2009年全国60岁及以上老年人口达到1.6714亿,占总人口的12.5%。“十二五”期间,全国老年人口突破2个亿,老年人口占总人口比例将超过15%,进入了中华人民共和国成立后的第一个老年人口增长高峰期。目前中国城乡老年空巢家庭超过50%,部分大中城市老年空巢家庭达到70%,随着第一代独生子女父母进入老年,“空巢家庭”将进一步增多。

经济制度、家庭制度、传统文化的变迁以及亲情纽带的松弛,正在动摇现代中国家庭养老传统的根基。随着经济的迅速发展,频繁的工作变动,快速的人口流动,尤其是子女到外地甚至国外求学或工作的情况日渐增多,不少家庭只剩下难离故土的老年一代人。此外,市场经济推动下住房制度的改革和住房水平的提高,使许多子女结婚后都有条件拥有自己的住房,老人与子女分开生活的越来越多,实质意义上的“空巢家庭”就此形成。

二、“空巢家庭”面临的生存问题

“空巢家庭”的问题实质是老年安全危机。随着年龄的增长,老年人的生理功能逐渐衰退,他们在行动上越来越迟缓,对他人的依赖性越来越高,需要家人和社会的帮助。因此,“空巢家庭”面临着四大生存问题的困扰。第一是生活的照料问题。随着年龄的增加,身体日渐羸弱,“空巢家庭”老人总有一天会丧失独立照料自己的能力,因一点生活小事就会陷入困境。第二是疾病的医护问

---

*　郦平:浙江大学离退休工作处华家池管理服务中心主任。

题。“空巢家庭”老人，特别是单身老人，生了病以后感到特别无助。由于抢救不及时，生命也时常受到威胁。第三是心理情感问题。与病痛等肉体上的伤害相比，精神慰藉的缺乏、孤单寂寞，在老人心理上造成“空巢感”，对老人来说则是更大的伤害。第四是经济供养问题。“空巢家庭”的经济保障能力不强也困扰着老人们。调查数据显示，70％左右的城镇老人是离退休职工，稳定的离退休金收入是他们生活的基本经济来源。在支付了日常开支后，有较多结余或稍有结余；但我们仍然发现有30％左右的老人对于日常开支的支付或正好够用，或略显不足，或非常欠缺，有40％左右的老人担心或非常担心可能出现的难以承受的额外支出主要是“医疗费”。

关注老年人群，关注空巢老人，已成为摆在我们面前的现实问题。人口老龄化社会的快速到来，传统家庭养老模式已不能满足空巢老人对照料需求的连续性、即时性要求，这就迫切需要有一个科学完善的社会保障体系。

三、解决“空巢家庭”养老问题的途径

（一）居家养老是解决“空巢家庭”问题的主要载体

（1）从家庭养老资源需求方面看，老年人对资源的需求在增加。寿命延长，高龄化程度提高，老年人对晚年生活质量有了新要求，对养老资源的需求也随之增加。

（2）从中国传统的历史文化渊源看，赡养父母是子女应尽的义务，是中国人的传统美德，居家养老也是国家一向积极鼓励和倡导的养老制度，是目前养老的最主要方式，为国家节约了大量资金，也保持了社会安定，为老年人生活带来了幸福和欢乐。大多数中青年仍认为居家养老是应该的。

（3）从老年人自身来看，他们对家庭，尤其是对家人的精神慰藉和心理支持的需求是社会无法取代的。

（二）社区居家养老服务体系的构筑和完善

1.建立政府在依托社区推行养老社会化过程中的主导作用

首先，要做好市政规划，在新建居民小区或改造老居民区时要将为老服务设施纳入城市规划；其次，要大力培育中介组织，按照市场化运作方式，建立社区养老服务体系，为养老市场的发展搭建社会平台；最后，制定优惠政策，鼓励企事业单位、社会组织、个人等社会力量投资养老设施和参与社会养老，保护其产权、服务和劳动成果。

2.人口的老龄化使家庭和政府的养老压力越来越大,社会广泛参与养老是必然的趋势

社会广泛参与就是充分发挥社区的力量,组织利用各种养老资源,组建各种服务队伍,使多元化居家养老服务有序开展,使全社会老年人老有所养。具体措施主要包括三个方面。

(1)加强社区基础设施建设。社区要为居家养老承担服务,就离不开硬件设施,它们是居家养老服务的物质基础。第一,加大基础设施建设。为保证养老服务的顺利开展,社区要建设的设施有文体活动室、社区服务站、社区诊所、社区社会保障站、社区学校、社区养老院、老年公寓等。第二,合理利用社区现有资源。统筹使用现有设施,授予街道以综合配置社区资源的能力,合理整合社区软硬件资源,使现有社会资源得到充分利用,为老年福利设施建设节省资金。

(2)健全和完善社区养老服务信息网络体系。区级服务中心开通社区服务智能化信息网络系统,实现区、街、居三级社区服务中心(站)联网。通过与区各相关职能部门联网,实现各部门联动为老服务:与公安、消防、急救中心联网,实现老年人家庭的应急处理服务;与社会孤寡老人、高龄老人、特困老人家庭联网,实现老年人"一拨通"紧急呼叫服务。

(3)构建社区居家养老服务平台。建立社区老年人档案,社区服务组织对社区内的服务对象和服务内容做到心中有数,把老年社区服务网络建设纳入社区建设,形成具备物质养老和精神养老的社会化养老服务体系。第一,提供生活照料服务。以居家养老服务中心为依托,开展家电维修、家政服务、护理服务、法律服务等多种服务项目,确保老人日常生活的便利。第二,提供社区卫生服务。大力发展社区卫生服务,形成一个包括老年疾病预防、老年医疗、老年康复的三级网络。第三,开展社区文体活动。充分利用社区文化广场、健身点、养老服务站、老年学校等设施,广泛开展各种活动,这样可减轻老人的孤独,使其感到自身价值,活得更有尊严,增强老年人自立、自理、自信,从而实现老有所为。

四、结论与思考

居家养老是东方文化也是中国传统,关键还是要大力发展社会养老,培训大批有专业技能的高素质老年服务者队伍,提高"空巢家庭"养老的社会化水平。在人生的整个阶段,老龄时期是最难面对的,因为老龄人口是社会最脆弱

群体，对家庭和社会的依赖性最强、自立性最弱，而他们的今天就是我们的明天。日益严峻的人口老龄化趋势和“空巢家庭”逐年增长趋势给现代社会发展带来了巨大的压力，“关爱老人，共享和谐”是我们面临的一个新课题。我们要制定和完善相应的法律、法规和政策，不断健全和完善社会养老保障体系，切实解决“空巢老人”的养老和服务等实际问题，发扬敬老、爱老、养老、助老的中华民族传统美德，让所有的老年人安享幸福的晚年，这也是构建社会主义和谐社会的客观需要。

2011年1月

对两级管理体制下高校离退休工作的思考

——以浙江大学为例*

张晓亮*

浙江大学是一所历史悠久、规模较大的综合性大学，现有离退休人员7500余人，其中离休干部256人。2000年开始，学校根据实际情况，对离退休教职工实行校、院（部）两级管理体制，由学校统一领导，院（部）分工负责，分级管理、服务。校离退休工作处是学校离退休人员管理、服务的职能部门，即一级管理部门；各院（部）作为二级管理部门，建立了离退休工作小组，由单位领导、办公室、部门工会、离退休人员代表等组成，为加强离退休工作搭建了协调平台，为工作的开展提供了有力支持。

2016年3月，中共中央办公厅、国务院办公厅印发了《关于进一步加强和改进离退休干部工作的意见》（以下简称《意见》），《意见》主动适应协调推进“四个全面”战略布局和人口老龄化的新形势新要求，积极应对离退休干部队伍在人员结构、思想观念、活动方式、服务管理等方面的新情况新问题，对做好新形势下离退休干部工作提出了要求，做出了部署。离退休工作处和各院（部）单位深入贯彻《意见》精神，紧紧围绕“思想凝聚、待遇保障、精神富有、作用发挥”目标，在推进“两项建设”“两项待遇”，激发老同志释放正能量方面，做了大量扎实有效的工作，取得了新成绩。本文对如何进一步夯实离退休工作的两级管理体制，推动离退休工作科学发展作了如下思考。

一、健全班子，规范制度，完善离退休工作小组机制

各院（部）对离退休工作均给予了充分重视，离退休工作小组由单位主要负责人担任组长，党政办人员担任联络员，各项涉老工作在离退休工作小组的协调推动下有序开展。各退休党支部充分发挥单位与退休人员之间的桥梁纽带

---

* 原载：《绍兴文理学院学报》2016年第36卷第12期。

* 张晓亮：浙江大学离退休工作处玉泉管理服务中心副主任。

作用，深入了解老同志情况并及时向单位反馈，协助单位有效开展各项涉老工作。

同时，各院（部）均建立了情况通报制度、探望慰问制度和分层管理制度，做到日常工作常态化、个性服务特色化。情况通报制度：单位领导利用组织开展涉老活动的机会，向老同志通报学校和本单位各项工作开展情况，听取老同志的意见建议。探望慰问制度：春节前必访，老同志生病、住院必访，老同志过世必访，各单位党委始终坚持集中性慰问与经常性慰问相结合，让老同志感受到学校的关怀和温暖。分层管理制度：针对老同志生理、心理分层管理，细化服务，建立本单位离退休数据库，对孤寡、"空巢"等重点关注对象能做到心中有数、及时探访。如管理学院制定《管理学院教职工（含离退休）慰问项目及标准（暂行）》，办法适行范围包括全体离退休人员，并针对离退休老同志情况作了明确规定。农学院开辟了较完善的离退休教职工交流渠道，每年的学院工作简报在离退休团拜会上分发给老同志，建立了关爱文化，慰问探望制度完备，"守望工程"品牌活动成为关爱"空巢"老人的最大亮点。光华法学院关注老师退休那一刻的心理感受，举办荣休会、文集研讨会等活动。

二、以党建工作为龙头，创新管理，切实发挥退休党支部的教育、引导和凝聚作用

目前，离退休老同志党支部班子老龄化问题越来越突出，新退休的党员社会活动多，年龄偏大老党员体力精力有限，推选政治素质高、工作能力强、群众普遍认可的支部书记较困难。党员组织教育难，老同志居住地开始分散化，对外地党员的教育管理难，因部分退休党员年龄、身体或居住分散等情况，各项党内活动组织难度大。离退休老同志心态日益年轻化，对于活动平台建设有了新需求，新近退休老同志与75周岁以上的相对高龄的老同志一起组织活动有一定难度。针对这些新问题，尤其需要注重发挥退休党支部的桥梁和纽带作用，使老同志相互关心，信息沟通畅通，做到自我管理、自我服务。

了解老同志群体中存在的共性问题并能及时协助解决，需建立并不断完善党务联络员制度，在职党员定期参加退休基层党组织活动。如后勤集团在每个退休党支部中设一名在职人员参与工作，离退休工作小组成员与退休党支部建立了定期联系制度。传媒与国际文化学院将退休人员党小组纳入在职员工党支部，有效增强了在职员工和离退休老同志之间的沟通联系，有助于工作和学习的及时开展。

加强班子建设，配强支委，强化培训至关重要，把党性强、威信高、作风实、身体好、有丰富党务工作经验的老干部党员选配到支部书记的岗位上来，让热心党支部工作的老同志党员担任支部委员，支委成员要明确联系对象，主动加强与老同志思想、感情等方面的交流与沟通，及时传达支部要求和学习内容，把组织的温暖送到老同志心坎上。同时，各院（部）注重加强党支部书记培训，不断提高支部书记的能力素质。如马克思主义学院定期组织退休党支部书记及支委参加学院重大工作会议，使退休老同志及时了解学院工作情况。

灵活设置退休党组织，本着有利于老同志参加学习和参加组织生活的原则，改进创新退休党组织建设，强化党组织服务功能，实现老同志自我管理、自我教育、自我服务。立足实际，针对老同志的特点，采取有效的形式，拓展学习渠道，通过“坐下来学”“走出去学”“请进来学”“送学上门”等方式，以老同志喜闻乐见的方式推进学习教育的开展。如机关党委定期给退休党支部委员上党课，做好学习PPT，方便老同志传阅学习，分管领导定期听取工作汇报，切实加强工作指导，及时解决离退休老同志党支部建设工作中的新情况、新问题。

三、完善财务政策，畅通经费筹集渠道，提升保障服务的专业化、精细化水平

编制紧缺、场地有限是各单位开展离退休工作的主要障碍。一些单位的离退休人数已经超过在职人数，负责离退休工作的人员配备相对紧张。学校涉老经费的列支渠道没有明确，活动经费、慰问经费等报销受限。

浙江大学的离退休老同志孤寡、“空巢”比例较高，目前以居家养老为主，但相应配套措施缺位，离退休工作仅仅依靠学校一方的资源，难以满足老同志在日常生活起居、生病护理和精神慰藉等服务上的需求，居家养老工作推进乏力。对生活困难老同志的人文关怀和精神慰藉有待加强，帮扶资金渠道有待拓宽，困难帮扶和紧急救助机制有待完善。这些现实问题都给离退休工作的保障服务提出了新的要求。

拓宽帮扶资金渠道，面向社会、校友，多渠道筹措基金，充分发挥单位自身优势。如电气工程学院、材料科学与工程学院、信息与电子工程学院等单位均由校友发起了平安基金，旨在补助学院退休老同志医疗保险以外的某些急需医疗费用，起到为重病老同志雪中送炭的作用。医学院于2016年拟定了困难慰问帮扶办法，经费来源主要是工会经费和福利费以及学院自筹的合理经费。机械工程学院设立了“浙江大学机械工程学院晶盛退休教师基金”，主要为学院退

休教师提供困难补助。

合理编制经费预算，有序开展各项涉老工作。例如，后勤集团主动将离退休工作经费纳入总体预算。也可以积极探索公益基金支持、校友捐赠等经费筹集方式，盘活资源，适当将校友的捐赠划拨一部分用于涉老工作，弥补经费缺口。例如，建筑工程学院校友设立的关爱基金中部分用于老同志慰问。生物系统工程与食品科学学院从2007年建立的教育基金中开支慰问金。

面对离退休人员群体庞大、工作人员编制紧缺这一现状，离退休工作小组创新思路，积极盘活人力资源，以双向关心、双向受益的“结对工程”为抓手，积极组织学生、青年教师与老同志结对或在职党支部与退休党支部间结对。如高分子科学与工程学系将退休党支部与学生党团支部对接，并将学院团委副书记纳入工作小组参与离退休工作，积极组织学生党团支部与退休支部一对一自愿结对。人文学院组织学生开展“青春银丝带”活动，与空巢老同志进行结对。

充分利用有限资源为退休老同志开展活动提供场地支持。部分单位将党员之家、职工之家、咖啡吧等公共场所资源共享，根据老同志自身特点，设定时间段供老同志使用，提升场地设施资源的运转效率，充分创造学习交流的空间。如能源工程学院和电器工程学院专门为退休老同志开辟活动室，用于日常活动。设计院每月固定一天将职工之家安排给全体退休职工，提供畅谈学习的场所。

在保障服务的专业化、精细化中，各院（部）根据工作实际，研究制定了服务老同志的有效举措。注重发挥家庭在养老中的基础性作用，教育引导家庭成员切实履行应尽义务，同时进一步整合资源，完善困难帮扶机制，加强人文关怀和精神慰藉，健全党内关怀机制，推进志愿服务，给予生活困难的老同志更多关心照顾。如信息与电子工程学院发起“守望夕阳红”活动，退休党支部与学生党支部结对，学生党员在老党员有生活困难时及时伸出援手，有效缓解老同志外出难、看病难等问题。

四、着眼个性化、多样化，拓宽活动组织方式思路

众所周知，在开展外出参观考察活动中，最令人担心的是老同志的出行安全问题，虽然采取了家属陪同等保障措施，但无法从根本上规避风险，这影响了院级单位开展活动的积极性。鉴于此，改进活动组织形式，着眼个性化、多样化，拓宽活动组织方式，显得尤为重要。

可以将大型活动小型化，针对老同志居住分散、参加活动途中安全无法保

障等现实问题,可采用以党支部为单位组织活动,按年龄、身体状况分组开展活动等。也可以组织高龄老同志活动"由动转静",如物理系以退休党支部为单位组织老同志到茶室喝茶座谈,在轻松愉快的环境中交流思想、愉悦身心。

对于70岁以下精力比较充沛的老同志,开展各类活动时,可通过外包给旅行社、选择短途游、购买保险等手段降低风险。如生物系统工程与食品科学学院建立的学习考察制度,均以参观考察杭州周边地区为主要形式,这样的"走基层、看变化、受教育、促发展"活动特别值得提倡。又如能源工程学院、信息与电子工程学院组织老同志赴新校区考察,参观感受学校办学新成就,凸显"展示阳光心态,体验美好生活,畅谈发展变化"的活动主题。

五、激发优势,构建载体,引领老同志为党和人民事业释放正能量

在现实中,我们发现,老同志发挥余热的有效组织不够,缺少组织平台,发挥作用的渠道不够畅通。投身正能量活动的老同志平均年龄偏大,其身体机能日益下降,新近退休的老同志投身正能量活动的积极性未被充分调动。

离退休老同志有政治优势、经验优势、威望优势,可多层面聚能发热。应该引导离退休老同志以积极的心态、历史的眼光、辩证的思维,正确对待自己、他人和社会,形成积极、乐观、开明的思想观念,选树可亲可学的先进典型,注重培育、挖掘,加大宣传力度,表彰正能量活动中涌现出的先进模范。如农业与生物技术学院邹先定老师在2015年被评为浙江省"最美老干部",系列专题片之《邹先定——我的中国梦 代代相传》在学校广为宣传,树立了正确的行为导向。

构建务实有效的活动载体,可以围绕重大时间节点,紧扣主题主线,以老同志的关注点为工作切入点,有效调动老同志的热情,打造活动品牌,提升活动效果,引导老同志把经验智慧贡献出来。如信息与电子工程学院邀请离退休老同志编撰院史,于学校120周年校庆暨该院60周年院庆时结集出版。生命科学学院每年以"生命科学节"为契机,结合"学术起航,领跑人生"系列讲座,邀请退休教授面向青年学子进行对话交流,起到良好的"传帮带"作用。

引领离退休老同志发挥自身专业优势,继续为社会服务,辐射科学技术研究,推动正能量活动。例如,出版社组织有经验的退休老同志建立了审读室,参与审读校对工作,发挥政治优势和专业特长,为图书质量把关。航空航天学院的退休教师们继续发挥余热,编撰的教材居全国同类教材发行量首位。

"莫道桑榆晚,为霞尚满天",事实证明,老同志在推动科学发展、促进社会和谐、关心教育下一代、加强党的作风建设等方面具有不可替代的优势。学校

还需不断创造条件，坚持服务大局、稳中求进、改进创新，结合“两学一做”学习教育活动，不断加强离休干部思想政治建设和党组织建设，进一步在院级单位中加强离退休“两项建设”“两个阵地”工作，紧紧围绕“六高强校”战略，创设务实有效载体，广泛引领老同志做全面深化改革的“压舱石”。

2016年9月

新时代高校离退休工作两级管理的思考*

陈会贤*

人口老龄化是中国目前必须正视的现实问题，党的十九大报告明确提出，要积极应对人口老龄化问题。高校离退休服务管理是社会老龄工作的重要组成部分，随着离退休人数不断攀升，其年龄结构和需求结构也发生了新变化，而高校传统的离退休工作体制机构，很难适应新时代下全面做好离退休工作的需求。对标新时代新要求，如何进一步做好离退休工作，实现对离退休职工的有效管理，是高校必须面对的新课题。

一、高校实施离退休工作两级管理的现状

截至2018年3月底，浙江大学离退休人员7749人，其中离休干部221人。2000年开始，浙江大学对全校离退休人员实行校院两级管理，学校统一领导、分工负责、分级管理服务的工作制度。

学校成立离退休工作领导小组，由学校党、政分管校领导任双组长，成员单位包括党委组织部、人事处、计划财务处、房地产管理处、后勤管理处、离退休工作处、校工会、校医院等与老同志服务保障相关的部门。

各院级单位作为二级管理部门均成立由单位主要领导任组长的离退休工作小组，领导班子定期研究离退休工作，与在职教工的教育管理服务同部署、同落实。例如，控股集团专门设立了离退休管理办公室，电气工程学院成立由学院领导、退休老师和学院团委组成的老龄委。

二、离退休工作两级管理存在的问题

(1)对3号文件认识不够深入。部分单位存在离退休工作就是做好老同志生活待遇落实保障的传统思维定式，没有将离退休党建工作纳入本单位党建工

---

* 原载《才智》2018年总第30期。

* 陈会贤：浙江大学离退休工作处西溪管理服务中心副主任。

作整体部署来研究，退休党支部建制单一，没有充分考虑离退休党员专业、居住地、人数多等因素。没有牢固树立正能量活动“主业”意识。

(2)老同志动态信息掌握不及时。部分单位离退休群体基数较大，老同志异地居住或随子女居住较多，单位不能及时了解掌握每位老同志的动态情况，有时会出现工作被动的情况。

(3)老年活动学习阵地利用率不高。各院级单位老同志活动场所普遍不足，主要采取错峰使用的方式，在职教工与老同志共享“党员之家”等空间资源，但难免影响正常的教学科研秩序，老同志利用率有限。

三、对标新时代新要求，全面提升离退休工作两级管理水平

新时代高校离退休工作要主动立足新矛盾，面对人民日益增长的美好生活需要与不平衡不充分的发展之间的矛盾，离退休工作要突出精准理念，做到工作系统化、服务精细化、帮扶精准化。全面提升离退休工作两级管理水平。

（一）稳妥谋划工作创新，推动离退休工作新发展

(1)工作机制创新。高校在实行离退休工作校院两级管理体制工作实践中，存在院级单位工作开展不平衡的短板。要理清学校与院级单位的权责，加强对院级单位的工作指导，从模块化管理向“条块结合”转化，强化业务指导功能，进一步提升工作科学化水平。

(2)工作理念创新。牢固树立正能量“主业”意识，以政治建设为统领，坚持为党和人民事业增添正能量的价值取向。深入学习“双先”典型，大力弘扬“安专迷”精神，教育引导高校离退休干部职工爱岗敬业、干事创业。加强理论研究，不断提高专业素养和能力水平。激发离退休干部职工工作热情，推进干部能上能下，进一步加强离退休工作干部队伍建设。

(3)工作方式方法创新。善于运用互联网技术和信息化手段，增强离退休工作的吸引力、感召力。完善离退休人员数据库建设，推进智慧化服务管理。建立完善的离退休人员信息系统，强化对老同志的动态服务保障。

（二）坚持以人民为中心，做好离退休工作的“十个一”

浙江大学在充分调研、开展试点的基础上，提出院级离退休工作的“十个一”的要求，为3号文件在高校的落地落实落细打下坚实基础。

(1)健全一个班子，要形成党委主要领导牵头，分管领导具体负责，学院党政办公室、工会负责人等协同工作体制。

(2)明晰一张清单,要全面掌握本单位退休人员基本情况,主动对接学校离退休人员数据库。

(3)开展一次谈话和走访,单位主要负责人要在职工退休时主动谈话谈心,离退休老同志生活困难的,要及时看望慰问,协助解决相关实际困难。

(4)召开一次情况通报会,要结合有关时间节点,通过茶话会、座谈会等多种形式,及时向老同志通报学校和本单位工作推进情况。

(5)组织一次参观考察活动,积极开展"走基层、看变化、促发展"活动,通过活动的开展,密切老同志与原单位的关系。

(6)搭建一个正能量活动平台,要结合学科专业优势,将老同志与学院工作有机结合。

(7)构建一个服务保障体系,鼓励条件成熟的单位创设涉老基金,不断拓宽帮扶资金渠道。

(8)编密织牢一张特需帮扶网,综合利用政府公共服务、社会优待服务和市场化服务,推动建立完善以家庭为基础,原单位、社区、社会和党委政府工作部门相结合的特需帮扶网。

(9)开辟一个老年活动学习阵地,要有机整合现有用房资源,因地制宜,探索通过固化本单位活动场所老同志活动日,教工之家、党员之家错峰使用等方式,为老同志活动、学习交流提供支持。

(10)建好一个退休党支部,将退休党支部建设工作纳入学院党建总体布局,根据"四就近"原则,设立党小组,务求实效。

2018年2月

浅谈如何对待高校教职工的退休生活

郭银火*

人无远虑，必有近忧。在职时，几十年的忙忙碌碌，生活都有规律，心理上也有一定的压力，可以成为个人的动力，日子也就可以过得丰富充实。对于“退休”这一概念，每位教职工一点都不陌生。从退休这一刻起，个人面对的再不是教学和管理事业，而是每时每刻的家庭生活，面对这种生活重心上的转变以及可能存在的一些心理落差，该如何去面对与适应，成了摆在每一位退休人员面前的“必修”课题。

一、高校教职工退休所面临的状况

退休后，从不上班的那天起开始，一切都变了，会感到无所适从，一时间不能完全适应悠闲下来的生活，也不知道如何去安排退休后的生活，从而出现种种“退休综合征”，有的甚至出现病症。

退休后要过上幸福的生活，必须得有相对富裕的经济和物质基础，得有自己相对独立的住房，得保持一定的经济实力，这样就能过上有尊严的幸福生活。高校退休教职工老有所依、老有所养毫无悬念。

退休后要过上幸福的生活，必须得有精神支柱，要有一定的社会活动，保持自立、自强、自理，关心社会，关心时事，拥有自己独立的思想，积极参加社会活动，努力使自己的精神保持在充实的状态。有了丰富的社会活动，也就有了高质量的幸福生活。高校教职工一旦退休，没有了在职时的那份压力，也得仔细考虑退休后怎样让自己的生活变得幸福且丰富多彩。

退休后要过上幸福的生活，必须得拥有健康的身体，没有健康的身体就谈不上老有所学；没有健康身体，就谈不上老有所为；没有健康的身体，就谈不上老有所乐；没有健康的身体，更谈不上真正意义上的老有所养。

* 郭银火：浙江大学离退休工作处玉泉管理服务中心工作人员。

二、高校教职工追求的退休生活

社会上流传着一句话："家有一老如有一宝。"意思就一个家庭中有老人帮忙处理日常家务，照顾孙子孙女，免得雇请保姆做家务和带小孩。这是对结婚刚生小孩的年轻父母来讲，家有父母、岳父母、祖父母等老人帮忙照顾小孩，帮忙买菜做饭等家务，不用花钱雇请保姆，就是"家有一老如有一宝"。这是因家庭条件而异的，在生活中只反映少数退休男女的晚年生活，只代表个性，不代表普遍性。对于多数老年人来讲，普遍追求的晚年生活有如下几种：一是老有所知。他们要知道国内国际形势、身边人身边事，做到与时俱进。二是老有所学。他们已退休不在岗，没有工作任务，但有空可报名上老年大学，通过学时事学文化、学唱歌学跳舞、学练功学打球等来充实晚年生活。三是老有所乐。与退休男女一起到老人活动中心、公众广场唱歌跳舞、下棋打球，甚至一起报名参团外出观光旅游，感受各个地域的风俗人情。四是老有所为。高校是知识分子云集的地方，一些老专家、老教师退休后会更加吃香，有的人甚至身兼数职，讲座、顾问、编写校院史等，忙都忙不过来；高校退休的教职工积极参与关心下一代的工作，体现自己的价值，调节自己的心情。五是老有所爱。中国的传统美德敬老爱老，往往体现在机关、团体、企事业单位对长者的家庭生活、身体状况的关心。每逢佳节的慰问，家庭遇到困难、身体患病等及时得到组织上的关怀和探望，就是长者们的期待和追求。以上老有所知、老有所学、老有所乐、老有所为和老有所爱，都普遍反映了离退休后的晚年生活，也涵盖了离退休生活的追求。

三、丰富高校教职工退休生活的做法

在社会上"人越老越吃香""家有一老如有一宝"确实反映在高校离退休人员的离退休生活中，但不具有普遍性。高校离退休部门对待离退休教职工生活应给予高度重视，使每位教职工对在岗工作和离退休生活都倍感光荣，以增强队伍的凝聚力和战斗力。具体做法有如下几方面：一是高校应设立专门的管理部门。按照高校职能部门分工，对于退休人员的管理，应归属高校的离退休管理部门，其中一些规模比较大的高校，实行校、院二级管理，即学校、原工作单位共同管理。正确组织他们参加各种专题活动，及时做好各项走访慰问等工作，让他们时刻感到人在外心在内，思想步调一致，与时俱进。二是建立长效的关心机制和活动场所。为了及时了解退休人员的身体状况、家庭情况和个人意见，可建立长效关心制度，如定期召开茶话会听心声、每逢佳节带上慰问品和慰问金上门探望，遇离退休人员患病住院派专人前往慰问。设置离退休活动中心,让他们活动有所归属,丰富他们的晚年生活。三是组织他们参加各种形式多样地活动。高校可利用运动会和专题教育活动的平台,及时组织他们踊跃参与,为他们订阅报纸杂志,不定期地组织他们参观学习,达到开阔视野、增强队伍凝聚力和增强身心健康的目的,使他们老有所知、老有所学、老有所乐、老有所为和老有所爱。

人生的历史长河使大家经历了许许多多,半个多世纪过去了,大家已不再朝气蓬勃和年轻,但伴着夕阳依然找到了属于自己的快乐与幸福。愿高校教职工们退休生活丰富多彩!

2012年5月

以信息化建设助力高校离退休工作高质量发展

——以浙江大学离退休管理服务工作为例

张文馨*

随着我国老年人口增加，人口老龄化形势日趋严峻，相应地，高校离退休工作也面临着更大挑战。以浙江大学为例，当前学校有离退休人员7900余名，近3年来离退休人数不断攀升，这些老同志居住在杭州市十大区，部分分布在市区以外的其他省市区或国外。离退休总人数庞大，居住较为分散，而离退休工作队伍相对稳定，这就为相应的管理服务工作带来了压力。

党的十九大报告提出要"认真做好离退休干部工作"，对新时代离退休工作提出更高要求，这就需要工作人员不断进行理念和实践创新，持续优化为老服务方式。随着"互联网＋"的热度不断升温，各行各业开始重新审视其在与互联网的交联互融中实现价值增值的种种可能性。以互联网为基础，深度运用多种信息技术，以信息化驱动为老服务精准化、规范化，正日益得到老干部工作部门的重视。

一、信息化建设在高校离退休工作中的重要意义

信息化建设作为完善为老服务工作的重要手段，近年来正逐步推动高校离退休工作转型发展。以浙江大学为例，学校专门建立浙大离退休人员信息管理系统、离退休工作处网站，开通浙江大学离退休工作处微信公众号，打造"一库一网一微"平台，以信息化助力离退休管理服务科学化。

(一)促进电子档案建设，提升精准化服务水平

高校离退休人员档案丰富，涵盖个人自入职以来到退休，包括任职、年度考核等各类人事信息，纸质材料保存在学校档案馆。浙江大学建立浙大离退休人

* 张文馨：浙江大学离退休工作处西溪管理服务中心工作人员。

员信息管理系统，通过系统对全校离退休人员信息进行采集、整理、存储、分析和维护。系统内不仅涵盖离退休人员基本信息（姓名、年龄等）、政治面貌、职务职称等，而且从老同志实际情况出发，增设身体健康状况、重要联系人联络方式、爱好特长等字段。此外，还结合具体工作情况，增设师生志愿者结对、兴趣协会、爱心基金困难帮扶等特色字段。依托系统做到离退休人员“一人一档”，实现基本信息数据化，做到老同志基本情况和特殊情况全方位掌握，为学校精准开展个性化、定制化服务工作奠定扎实的数据基础。

信息系统的建立方便日常查询和检索，能够简化工作流程，提升工作效能，推进线上线下协同，实现档案信息网络化、服务管理在线化。此外，利用信息化平台大数据特点，工作人员能够全面、精准地掌握全校离退休人员情况，根据实际需求开展统计分析，为领导决策提供信息支撑，进而实现精准把握服务需求、精准制定问题对策、精准提供服务管理。

（二）推动信息共建共享，助力校院两级管理服务工作

浙江大学对离退休教职工实行校院两级管理体制，由学校党政统一领导，离退休部门牵头抓总，各院级单位负责本单位教职工管理服务，最终形成各部门密切配合、齐抓共管的工作格局。

学校专门为两级工作人员开设离退休人员信息管理系统账号，方便查询老同志信息并进行核准工作。同时系统采用用户授权功能，对不同账号设置分级分版块查看、修改权限，在保证信息保密性、安全性的同时，方便各校区工作人员实时协同开展工作，实现数据联接化、资源共享化，推进离退休工作“互联网＋管理”建设。

此外，在离退休工作处网站、微信公众号实时展示全校为老服务动态，专设“情系求是”“院系动态”两大板块，专栏展示院系离退休工作成果，构筑起校院两级信息发布和互动交流平台。通过“一库一网一微”平台建设，推动全校离退休工作一盘棋。

（三）开展网络宣传教育，打造正能量展示平台

高校离退休工作要注重做好离退休人员的宣传教育，发挥老同志正能量。浙大离退休人员众多，需求多元，难以一一开展“面对面”管理服务。特别是在新冠疫情防控期间，各类线下工作开展受限，学校充分利用“一库一网一微”平台，及时做好老同志现居住地等统计上报，及时关心帮助困难老同志，做好线上防疫宣传和舆论引导，增添网络正能量，确保疫情期间各项工作科学有序开展。

此外，在日常工作中注重通过网站和微信公众号，实时发布文章，做好老同志的政治引领、文化养老、服务管理、作用发挥等工作。注重通过网上开展宣传教育，选树正能量榜样，做好典型人物事迹宣传。引导离退休人员积极参加学校启动的“乐龄”计划，助力国家、社会和学校各项建设。真正实现“互联网+教育”“互联网+服务”“互联网+宣传”，搭建正能量展示线上“窗口”，助力老同志体验美好生活。

二、关于高校离退休信息化建设的几点思考

信息化是推动高校离退休工作创新发展的有效手段，加强信息化建设需要整体规划、科学布局、有序实施。

(一)坚持问题需求导向，促进信息化建设长远发展

认真听取校院两级意见，深入开展专题调研，加强数据分析研究，智能化理解老同志潜在需求，科学制定信息化短期和中长期发展规划，明确信息化建设的总体方向和实施步骤。建立和完善信息化管理制度和经费保障机制，编制信息系统、网站、微信公众号等平台使用手册，为信息化长远发展奠定扎实基础。

(二)完善队伍建设，打造专兼职信息化工作铁军

高度重视离退休信息化人才队伍建设。充分利用学校离退休工作联络员会议契机，引导强化学院专兼职离退休工作人员的信息化意识。加强信息化小组知识技能培训，深化与学校信息技术中心、教育学院等单位合作，充分发挥学校信息化专职队伍优势、教育信息化等专业学科优势，有计划地组织部门内训，参加全校网络信息安全集中培训，提高工作人员互联网使用技能，提升工作效率和质量，打造离退休信息化工作铁军。

(三)推进平台建设，提升老同志网络使用技能

深入推进“互联网+党建+管理+服务+宣传”建设。不断充实细化离退休人员信息管理系统字段，丰富党建、爱心基金等模块建设。推进该系统与学校人事处、校医院等单位数据库衔接，打破数据壁垒，推动数据交互。推动网站、微信公众号品牌建设。探索云会议、云课堂模式，突出老同志主体地位，让老同志足不出户就能接受宣传教育和精细化、个性化服务。

充分考虑部分老同志不会上网、不会使用智能手机等移动终端的“数字鸿沟”问题。定期开展讲座、培训及“一对一”指导，由工作人员亲自指导老同志熟

悉平板电脑、智能手机功能，提高全校离退休人员触网率，推进信息化和老同志离退休生活深度融合。

三、结　语

加强信息化建设是探索新时代高校离退休工作转型发展的重要路径，要不断加快互联网思维、互联网技术与高校离退休工作的深度融合，以信息化驱动精准化、规范化，打造新型为老服务工作平台，帮助老同志紧跟时代潮流，共享信息化发展成果，助力高校离退休工作再上新台阶。

2020年11月

正能量作用发挥视角下高校离退休老同志志愿服务的实践与探讨

张晓昀* 樊 婷

习近平总书记指出广大离退休干部是党和国家的宝贵财富，是党执政兴国的重要资源，是推进中国特色社会伟大事业的重要力量。党和国家历来十分重视离退休干部工作，早在1982年就提出要从老干部的实际情况出发，充分发挥离退休老干部的作用，并逐渐形成以“为党和人民的事业增添正能量”为核心的发挥作用模式。

当前中国已进入人口老龄化快速发展时期，2019年，中共中央、国务院正式印发《国家积极应对人口老龄化中长期规划》，将应对老龄化上升为国家战略。高校离退休老同志退休后，摆脱了照顾年幼子女和应对繁重工作的双重压力，正处于乐享“夕阳”的宝贵阶段，为此促进了老年志愿服务的发展。开展志愿服务活动不仅有利于老同志改善晚年生活质量，使他们老有所为，而且有利于强化社会资源的有效配置，实现积极老龄化。

一、高校离退休老同志开展志愿服务活动的积极意义

（1）适应角色转化，实现老有所为。社会老年学有关研究理论认为，老同志退休后心理上会产生空虚焦虑感，导致心态失衡。开展志愿服务活动，有利于老同志离岗不离心，参与学校建设，实现自我需求，完成从“劳动者”到“志愿者”角色转变，解决退休后的心理适应问题，引导老同志保持与外界环境和同龄人的密切接触，维持一定的活动水平和精神状态，提升自我价值，实现老有所为。

（2）发挥优势作用，参与社会治理。高校离退休老同志受教育程度普遍较高，离退休后可以积极适应社会发展趋势，具备为党的事业增加正能量的专业优势和能力优势。离退休老同志参与高校志愿服务活动，为身边的同龄人提供爱心暖心服务，帮助老同事、老邻居，不仅为学校的建设发展贡献力量，更重要

---

* 张晓昀：浙江大学离退休工作处华家池管理服务中心工作人员。

的是在离退休老同志中树立良好的榜样，有助于形成"我为人人，人人为我"的良好社会风尚。

二、高校离退休老同志开展志愿服务活动的实践案例

当前，新冠肺炎疫情给人类经济生活带来了前所未有的巨大冲击。结合浙江大学华家池离退休老同志实际情况，浙江大学"银耀华家池"退休老同志志愿者服务队于2020年6月4日正式成立。队伍紧紧围绕"助人自助、守望相助"服务理念，致力于"服务老同志、服务学校、服务社会"，分阶段开展了"银暖夕阳""银尚乐服""银耀有我"志愿服务。银耀志愿者通过奉献爱心发挥余热，为求是园增添守望相助正能量。

（1）关爱"空巢"，守护孤老。"银耀华家池"志愿者们先后开展了"银暖夕阳·守望相助"空巢独居老人志愿结对帮扶行动和"银暖夕阳·守望相助"与"空巢"独居老人中秋话团圆关爱行动。志愿者以二对一结对的形式，精准帮扶11位高龄"空巢"独居老人，定期开展"三个一"爱心帮扶行动，同时在暑期为老人上门送清凉和爱心结对卡，在中秋和国庆双节前夕为高龄"空巢"独居老人送温暖、送祝福。

（2）启动义诊，守护健康。"银耀华家池"志愿者王沁亚利用自身医学专业优势开展爱心义诊，服务社会，开展了"银暖夕阳·守护健康"服务社区老同志健康义诊专项行动。她每逢周二上午定期来到华家池社区，为华家池老同志测血压、量体温，进行基础身体检查，解决部分老同志外出就医难问题。行动启动至今已累计服务数百位老同志，受到广泛赞誉。

（3）定格时光，守护幸福。志愿者尹立刚、姜海发挥摄影专长，开展了"银暖夕阳·时光留影"摄影服务专项行动，为高龄"空巢"独居老人与结对志愿者一一拍摄中秋团圆照，用于制作高龄"空巢"独居老人定制专属相框和"银暖夕阳·时光留影"浙江大学"银耀华家池"退休老同志志愿者服务队活动相册，定格老同志的团圆幸福时刻。

（4）精心服务，守护秩序。"银耀华家池"志愿者先后开展了"银尚乐服·云游华家池""银尚乐服·发放求是月饼""银尚乐服·秋游华家池"等系列服务活动。志愿者们分工协作，相互配合，有效协助现场工作人员完成老同志活动的秩序维护、人员引导、纪念品发放等工作。

通过系列志愿服务行动，志愿者们有效助力解决"空巢"独居老人社会新难题，为助推学校改革建设发展贡献力量，营造了华家池老同志守望相助、服务学校、服务社会的正能量氛围。

三、高校离退休老同志开展志愿服务活动的对策建议

（1）注重党建引领。发挥离退休老同志正能量，党建引领是关键。为积极调动老同志“围绕中心、服务大局”的服务意识，老干部工作者要主动转变工作方式，深入到老同志当中去，将身体条件允许、有服务意愿和专业特长的老同志组织好、引导好，着力建设一支听党话、跟党走的“党建＋银龄志愿”队伍，充分发挥老同志志愿者服务队的先锋模范作用。

（2）加强安全保障。老同志志愿服务不同于青少年群体，他们不适宜参加高强度、长时间、远距离的服务活动。因此，在组织老同志开展志愿服务的过程中，应遵循“热心自愿、量力而行”的原则，主动征求老同志意见，细化服务方案，适时调整休息，务必使老同志保重身体，量力而行，切实做好安全保障工作。

（3）健全激励机制。通过挖掘暖心爱心事迹、选树志愿服务典型、定期总结经验做法、建立优秀志愿者评比制度等方式，建立健全志愿服务回馈机制。一方面积极的反馈对于老同志来讲是一种工作激励方式，表示自己的善举得到认可；另一方面也可以鼓励更多老同志参与到志愿服务中来。

四、结　语

“莫道桑榆晚，为霞尚满天”，离退休老同志通过开展志愿服务活动无私奉献，服务他人，不仅能够使自身保持良好的精神风貌和健康的身心状态，而且能助推学校改革发展，营造互帮互助、守望相助的良好社会风尚，展示“重要窗口”建设时期的“银耀”正能量。

2020年12月

加强信息化建设,推进高校离退休教职工管理工作

蒋明妹*

一、加强高校离退休教职工管理工作信息化建设的重要意义

离退休教职工管理工作信息化建设是高校信息化建设的一个重要组成部分,可以有效地提高管理工作的效率和质量,更好地做好为老服务工作,并且能够及时地提供可靠数据,为学校领导的科学化决策提供重要依据。

离退休教职工管理工作信息化建设可以提高管理工作效率,实现管理水平创优目标。离退休教职工管理工作是一项十分烦琐的例行性事务工作,其中大部分是基于经验的重复劳动,但又是管理中不可或缺的基本事务,是和学校每位离退休教职工息息相关的重要事务,需要占据管理人员的大量时间。因此,离退休教职工管理工作的信息化可以使管理人员从日常烦琐的事务中解脱出来,能方便、快捷地实现各种信息的统计分析,从而提高工作效率和服务水平。

离退休教职工管理工作信息化建设可以为离退休职工提供增值服务。离退休教职工管理工作信息系统,可以借助学校统一的信息化管理平台为离退休人员提供更多的增值服务。离退休职工可以通过各高校校园网对所需的信息进行快速查询和互动,管理人员也无须在重复的事务性工作上花费大量的时间和精力。

离退休教职工管理工作信息化建设可以加强高校各部门团结协作,实现信息资源的高度共享。目前,离退休管理部门对信息的处理大部分应用了EXCEL和一些相对比较简单的数据库,有些科室虽然建立了具有一定应用程序的管理系统和数据库,但要实现信息资源的共享依然比较困难。离退休管理工作信息化后,信息系统能使高校各部门管理人员对信息进行共同操作,从而保持数据的一致性、完整性和实效性,实现信息资源的高度共享。

---

* 蒋明妹:曾任浙江大学离退休工作处华家池管理服务中心副主任,现已退休。

离退休教职工管理工作管理信息化建设可以充分利用现有的离退休信息资源,实现信息资源利用的最大化。传统的离退休教职工信息资源大都是以纸为载体的实物资源,不仅不便携带,更不利于传递。实现管理工作信息化后,各种信息资源不再以实物的形式出现,而是以磁信号和数字信号的形式出现,这就极大地便利了传输和使用。且应用各种功能齐全的管理软件,还可以对现有信息资源进行分析整理,实现资源共享,为充分实现信息资源利用最大化提供可能。

二、高校离退休教职工管理工作信息化建设现状

(一)高校当前信息化应用现状

以浙江大学为例,现有离退休教职工7000余人,90岁以上80人,80～89岁908人,70～79岁3263人,平均年龄70.7岁,同时退休干部队伍还以每年2%～3%的速度在增长。这些离退休教职工曾为学校的建设和发展做出了重要的贡献,有着丰富的教育工作经验,对学校来说是一笔宝贵的财富。面对离退休教职工居住地分散,队伍越来越庞大,老龄化趋势日益加剧,老弱多病人员的逐年增加等情况,离退休教职工管理服务工作主要还停留在点到点这样传统单一的管理服务模式上,已严重影响离退休教职工管理工作的服务效能。据了解,这是高校在离退休教职工管理工作中存在的共性问题,如何通过加强信息化建设,进一步拓展管理服务新途径,提高管理服务水平,努力实现老有所养、老有所医、老有所教、老有所学、老有所为、老有所乐的工作目标,是我们当前急需解决的课题。

近年来,高校离退休管理工作信息化建设虽已取得一定成效,但目前各高校离退休教职工工作的信息化应用还处在初级阶段。就拿浙江大学离退休教职工管理工作来说,信息化建设只停留在建立了离退休工作网,工作网的功能比较单一,主要还是针对工作人员;工作网虽然也设立了离退休教职工信息通知栏目,张贴离退休教职工一些活动信息等,但对广大离退休教职工来说,工作网缺少信息的广泛性和互动性,远不能满足离退休教职工及时获得相关信息的需要。

(二)加强高校离退休教职工管理工作信息化建设的有利因素

首先,从高校当前信息化应用的现状来看,加强离退休教职工管理工作信息化建设已具备了有利的外部环境。其次,从各高校目前离退休教职工的基本情况分析,高学历和高职称的双高人员占的比例比较大。就拿浙江大学来说:

现有离退休教职工中具有本科及以上学历3400人;具有中、高级职称4097人,分别约占我校离退休人员总数的49%、59%。这些双高人员对电脑和网络知识的学习和应用有一定基础,学习的热情也非常高。据了解,各高校还针对性地举办名种电脑和上网知识培训班。再次,从近几年退休的人员情况发展趋势分析,高校绝大部分新退休人员的信息意识和信息化应用的技能均有了很大的提高,这些使在高校离退休教职工管理工作中推进信息化建设具备了广泛的群众基础。最后,从信息化建设的硬件设施和技术要求来看,高校有着强大的网络信息资源和良好的硬件配套设施,并拥有大批的软件设计高科技人才,为我们的信息化建设提供了硬软件方面的保障。

三、高校离退休教职工管理工作信息化建设的设想

依托高校校园网构架,在离退休教职工工作网上开设一个“离退休教职工之家”应用平台,平台中开辟7个信息模块和1个专用账户。

(1)离退休教职工工作信息。主要公布离退休教职工工作的有关政策文件、离退休教职工工作计划、离退休教职工工作动态、离退休教职工工作活动等信息。

(2)离退休教职工工作问答。解答本校广大离退休教职工提出的有关问题和近期需要离退休教职工知晓的事项,及时向广大离退休教职工反馈信息。

(3)通知通告。发布学校、离退休教职工工作处等有关通知通告,及时告知离退休教职工有关事项,改变以往点对点、面对面的工作方式,提高工作效率。

(4)学习园地。宣传国家、省、学校的政策和规定,有关领导的讲话,使广大离退休教职工通过网络信息学习领会政策精神,谈谈心得体会。

(5)文体生活。发布有关文体方面的常识和活动信息,丰富广大离退休教职工文体活动,提高他们踊跃参加文体活动的积极性和荣誉感。

(6)健康园地。发布有关健康卫生方面的常识和信息,积极引导离退休教职工养成良好健康的生活方式。

(7)外界信息。发布外埠和社会的有关信息,使广大离退休教职工及时了解社会生活动态。

(8)专用账户。给每位离退休教职工提供一人一户的账号和密码。专用平台设置:

① 可以查询学校离退休教职工姓名和原工作部门等基本信息。② 用户个人可设置邮箱,收发本校离退休教职工之间的信件和留言。③ 本处工作人员

可以对本校区离退休教职工的邮箱发布通知通告,快速传递有关信息。④ 用户个人可以网上发短信,加强日常联系和沟通。⑤ 本处工作人员可以对本校区离退休教职工群发短信,快速传递有关信息。

笔者认为在切实做好面对面管理服务工作的前提下,要积极拓展离退休教职工管理工作信息平台建设,充分发挥网上离退休教职工之家的功能,使广大离退休教职工实时掌握学校离退休教职工管理工作动态和信息,使高校离退休教职工管理工作形成一张管理和服务的立体网络,进一步提升高校离退休教职工工作的管理和服务水平,真正实现“六个老有”的工作目标。

2011年9月

中国老年群体互联网使用现状分析及对策

成光林*

一、中国社会老龄化状况

联合国的传统标准是，一个地区60岁以上老人占总人口的10%，新标准是65岁以上老人占总人口7%，即视该地区进入老龄化社会。有关数据显示：截至2016年年底，中国60岁及以上人口23086万人，占总人口的16.7%，其中65岁及以上人口15003万人，占总人口的10.8%；截至2017年底，中国60周岁及以上老年人口24090万人，占总人口的17.3%，其中65周岁及以上老年人口15831万人，占总人口的11.4%。因此，无论以哪个标准来衡量，中国社会已经迈入老龄化社会。

国务院公布的《"十三五"国家老龄事业发展和养老体系建设规划》中提出：到2020年，全国60岁以上老年人口将增加到2.55亿人左右，占总人口比重提升到17.8%左右，65岁以上老龄人口将达1.67亿人，约占全世界6.98亿老龄人口的24%。单纯参照上述统计公报中数据的增速，中国将提前达到预计的数字。

二、中国老年群体互联网使用现状

面对老龄化社会的现实，借助何种高科技手段，让老年人更好地共享改革开放成果，使他们的精神生活更丰富，互联网成了一个重要的选择。但是，老年人使用互联网的状况，目前看来还不是很乐观。

据全国老龄办、民政部、财政部联合发布的《第四次中国城乡老年人生活状况抽样调查成果》，2015年有5%的老年人经常上网，其中城镇老年人中这一比例也仅为9.1%。而中国互联网络信息中心(CNNIC)2016年8月3日发布的第38次《中国互联网络发展状况统计报告》显示，截至2016年6月，中国网民规模

---

* 成光林：曾任浙江大学离退休工作处副处长、离休党工委副书记，现任浙江大学建筑工程学院党委副书记。

达7.10亿，但以10～39岁群体为主，占整体的74.7%，60岁以上的网民仅有3.7%。2017年8月4日发布的第40次《中国互联网络发展状况统计报告》显示，截至2017年6月底，中国网民规模已经达到7.51亿，年龄结构依然偏向年轻，以10～39岁群体为主，占整体的72.1%。与2016年6月相比，60岁及以上群体占比由3.7%增长到4.8%，增长了1.1个百分点。

综上分析，60岁以上高龄群体网民的占比有所提升，互联网向高龄人群持续渗透，但增长速度不是太快，老年人使用互联网的绝对人数的提升还有很大的空间。在全社会网络生态系统中，当越来越多的人享受到了信息社会的便利和快捷的时候，老年人群体中的大部分出于种种原因被隔离在了信息社会之外，呈现出与互联网时代"脱节"的现象。

三、老年群体使用互联网的特点及其原因

（一）老年人群中使用互联网的占比较低

随着老年人理念的更新以及老年人群体中"新人"的不断加入，老年人群网络使用率在逐步提高，带动了一些适宜中老年人使用的网站的建立，如"中国老年网""人过50网""乐龄网""夕阳红论坛"等。尽管使用比例已经呈现逐步提高的态势，但总体占比还是很低。

究其原因，网络技能缺失以及文化水平限制是老年人使用互联网的两大掣肘。调查显示，电脑或网络知识缺失，以及拼音等文化水平限制导致不上网的占比较高。年龄也是不使用互联网的另一个主要原因，很多老年人因为无需求或兴趣丧失，自己感觉难以适应互联网环境下的生活。不少老年人囿于对互联网的认知，对"看不见、摸不着"的互联网抱有不信任的态度。

（二）老年人使用互联网目的多为拓宽交流渠道

老年群体学习电脑、参与网络冲浪的主要目的是排解寂寞，开拓新的人际渠道。由于离开工作岗位退居家庭，老年人的社会交往面变窄了。而网络可以让他们更方便、更快捷，同时可以成本相对较低地扩大社会交往面，结识更多的人，甚至结交到志同道合的朋友。对于那些因为身体状况变差，行动越来越不便的老年人来说，网络就像他们的精神拐杖，带着他们去探索身体所不能达到的世界。

（三）老年人在线上线下的身份定位基本统一

老年人在虚拟空间中的自我展现和角色定位基本是自我现实社会角色的

延伸,在网络中展示出和现实情况大致相符的个人形象。

在自我展现方面,老年网民和年轻网民有较为明显的区别。青年网民是充分运用网络的匿名性来发展多元化的个人身份认同,甚至虚拟出与现实相反的社会角色。老年群体则倾向在网络中展示出和现实情况大致相符的个人形象。

产生上述身份定位差异的原因,主要在于对自我展现的方式和上网的目的的认知差异。不少青年人是把上网当作一次探险,网络的隐秘性给他们探索到不同的自我提供了场所;但老年网民更多地把上网作为拓展自己现实生活人际圈的一种渠道,只有真实地展示,才能换来网友间真诚的交流。

四、应对策略

(1)加强对老年人互联网使用的指导,鼓励更多的老年人尝试上网,让网络世界来张"全家福"。

互联网的受众群体主要以青少年为对象,老年人大体上处于被忽略的状态。但是,没有老年人参与的网络世界,也是一个有缺陷的世界,一个不完美的世界。所以,应该让老年人分享社会科技发展的成果,吸引更多的老年人进入网络朋友圈,拍张"全家福"。

(2)开发适宜老年人使用的网络应用程序,增加适合老年群体使用的网络资源,使中老年人在网络上也能老有所乐、老有所得。

从目前来看,为了迎合活跃的年轻用户,大部分网站的主题和应用都针对年轻人设计,相比之下适宜中老年人使用的网络资源与中老年人增长的上网需求还存在缺口。与年轻人相比,中老年人休闲时间较多,社会交往更为单一和稳定,社交网站的互动游戏使中老年人在得到一份乐趣的同时,也密切了人际联系。适度上网不但有助于老年人锻炼和提高大脑功能,还能延缓脑力的衰退,因此,需求呼声很高。这就要求网络媒体在技术上、服务上、业务上开发更多适合老年群体使用和消费的硬件和软件,满足老年群体的个性化需求,争取更大的市场空间。这样网络媒体才能在提高自身的同时加快积极应对老龄化进程。

(3)加强正面教育,提升培训力度,引导老年群体融入互联网,在网络媒体上体现正能量,为构建和谐社会,引领正确的舆论导向发挥作用。

进行多维度的宣传和倡导,尤其是报纸、电视等老年人熟悉的传统媒体,对互联网知识技能要进行更全面和有针对性的宣传报道,正确地引导老年人使用网络。既要曝光网络诈骗风险、交易支付安全风险等不安全因素,也要通过机制的完善，保证互联网产品的使用安全，让老年人更加放心地享受网络带来的便利。

老年人适应互联网生活应从“退前教育”开始，加强对退休职工进行互联网新技能的培训，以便职工退休后能够更好地适应数字化的生活环境。同时，社会组织、街道社区、老年大学等针对老年人的网络技能的培训，应该纳入老年教育的范畴，并且从政府层面加大投入。要引导老年群体关注社会热点、焦点和难点，从大处着眼，小处着手，积极建言献策；要树立网络世界的正面形象，敢于和不正当言论叫板，营造健康的网络文化。

2018年11月

晚晴如炬篇

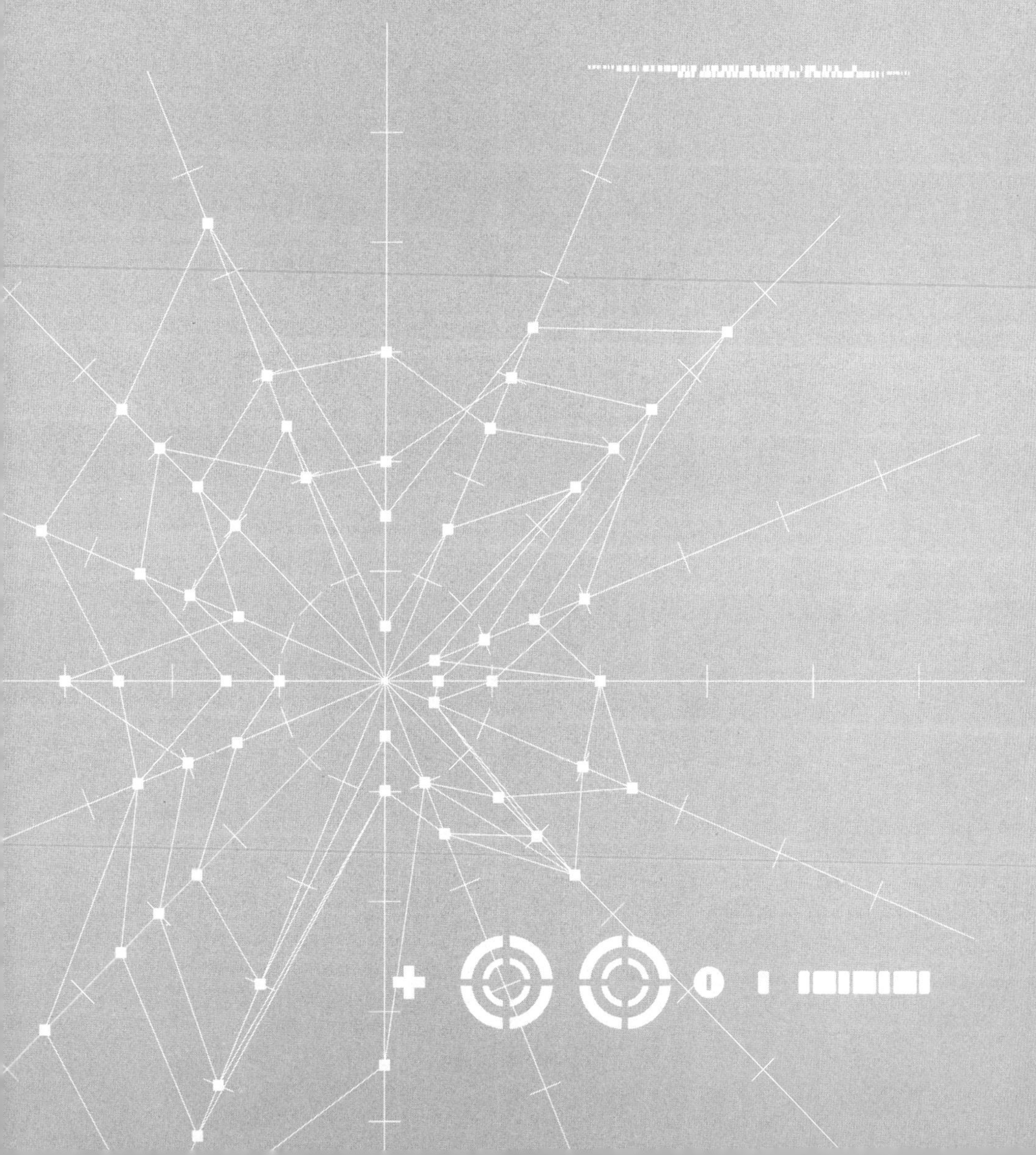

做好新时期高校老干部工作的若干思考

——以浙江大学离退休工作为例

徐国斌[*]　朱　征

当今世界正经历百年未有之大变局，中国特色社会主义进入新时代，我国社会主要矛盾发生新变化，老干部工作面临诸多新机遇新挑战。当前，老干部工作领域平台不足、创新滞后等问题与老干部巨大政治优势、经验优势、威望优势难以得到有效发挥的矛盾日益突出，这就要求我们紧密结合新时代老干部工作高质量发展的新目标，主动适应协调推进"四个全面"战略布局和人口老龄化的新形势新要求，积极应对老干部队伍在人员结构、思想观念、活动方式、服务管理等方面的新情况新问题，努力开创老干部工作新局面。

一、新时期老干部工作的新要求

习近平总书记指出，老干部是党执政兴国的重要资源，是推进中国特色社会主义伟大事业的重要力量。《关于进一步加强和改进离退休干部工作的意见》指出，做好老干部工作要充分体现离退休干部特点和优势，更好地服务党和国家工作大局，积极稳妥推进离退休干部工作转型发展。

近年来，中国高等教育事业稳步发展，高校离退休老干部群体数量逐年增加，做好新时代高校老干部工作，对于维护社会大局稳定、促进高校和谐发展意义重大。加快推动高校老干部工作转型发展，与时俱进推动高校老干部工作融入新时代、展现新担当，是摆在我们亟待解决的新的时代课题。

二、新时期高校老干部工作的方向

高校老干部群体有诸多特点，比如高校老干部数量较大、社会责任感较强、学历层次高、发挥余热愿望强烈等。做好新时期高校老干部工作，要从老干部

---

* 徐国斌：曾任浙江大学离退休工作处处长、离休党工委书记、党委组织部副部长（兼），现任浙江大学安全保卫处处长。

的要求与实际情况出发,深入贯彻落实习近平总书记关于做好离退休工作的重要论述,牢牢把握为党和人民事业增添正能量的价值取向,遵循“四个更加注重”原则,按照“四个坚持”要求,重点抓好离退休干部党建工作、作用发挥、服务管理、两个阵地建设。树立“思想凝聚、服务保障、精神富有、增添正能量”的工作目标,以政治建设为统领,以思想建设为基础,以提升组织力为重点,以开展正能量活动和实现老干部晚年幸福为两翼,把精准化要求贯穿工作全过程,用执政的理念、党建的思维、创新的办法、务实的作风,不断创新工作方法,努力提高工作实效。

三、新时期高校老干部工作的路径转型

(一)老干部工作方式要向“党建引领”转型

老干部工作承载着党中央关心爱护老干部的重要任务,在党的工作中具有特殊重要地位。新形势下,在认真落实老同志政治待遇和生活待遇不变的情况下,深化教育引导,发挥优势作用。在继续做好服务工作的同时,履行管理职能,强化管理手段,探索管理方法。统一思想,更新观念,实现工作方式由“服务型”“管理型”向“党建引领”转变。坚持把政治建设摆在首位,在理论学习上突出政治教育,在党组织建设上突出政治功能,在服务管理上突出政治要求,在作用发挥上突出政治导向,坚持不懈引导广大高校老干部增强“四个意识”,坚定“四个自信”,做到“两个维护”,始终在政治上思想上行动上与党中央保持高度一致。健全组织设置,做到组织全覆盖,在各项活动中突出党建引领的作用。

(二)老干部工作的机制要向“科学型”转型

离退休干部工作经历30多年的发展,积累了丰富的离退休干部工作经验,形成了一套科学的政策体系和工作体制机制,并形成长效机制。浙江大学离退休工作在学校老干部工作领导小组统筹协调、指导监督下,坚持“统一领导、分工协作、分级负责、分类管理”的工作原则,加强校、院两级管理,科学研究解决工作中的重大问题。新时期要进一步统一认识,创新机制,实现工作机制由“经验型”“实用型”向“科学型”转变,进一步打造党委统一领导、组织人事部门牵头抓总、离退休干部工作部门组织实施、有关职能部门各负其责、社会各方积极参与的工作格局,强化制度意识,健全完善制度执行机制,不断增强制度的权威性和执行力。

（三）老干部工作方法要向“精准化”转型

我校离退休干部队伍日益壮大，思想活跃、需求多元、居住分散、服务管理难度不断增大。要突破惯性思维固化的藩篱，积极应对外部环境和自身状况变化带来的新挑战。整合社会资源实现共同服务、精准指导、分类管理，推动离退休干部工作由封闭向开放转型。坚持老有所教、老有所学、老有所乐和老有所为相统一，进一步整合资源，工作方法由“大水漫灌式”向“精准化”转型。不断健全离退休干部就近学习、就近活动、就近得到关心照顾、就近发挥作用的社区平台，充分挖掘和联系社会养老、福利、慈善以及社会经济机构、社会团体等资源，强化与各地市县老干部局沟通联系，结合老干部各自不同的需求，合力打造丰富多彩、积极健康的文化活动，提升高校老干部的幸福感和满意度。

（四）老干部工作重心要向“发挥正能量”转型

我校离退休老干部队伍为社会为学校做贡献的愿望和热情比较高。要积极搭建平台，做好对接，保护好、发挥好老同志的积极性，让老同志在发挥余热的同时，解决面临的工作需求甚至痛点。浙江大学关工委在学校成立“在鲜红的党旗下”思政教育平台，发挥了很好的育人作用。“守望相助”志愿者行动一定程度上充实了对独居老人的扶助力量，取得很好的社会效果。“乐龄计划”为更多的老同志搭建了继续为学校发展贡献力量的平台，得到了老同志和学校的热烈欢迎。新时期老干部工作在做好服务的基础上，要开动脑筋，挖掘老同志的正能量资源，持续创新机制，为老同志发挥正能量创造条件。

“莫道桑榆晚，为霞尚满天”，广大高校老干部在缔造和捍卫中华人民共和国的艰苦斗争中，在建设和发展中华人民共和国的伟大征程上，在推动和提升中国高等教育事业发展的接续奋斗里，书写了浓墨重彩的华丽篇章。面向新未来，新时代高校老干部工作将坚定不移的以习近平新时代中国特色社会主义思想为指导，以浙江大学第十四次党代会精神为引领，以党建为龙头，以实施“暖心爱心”工程为抓手，锻造一支“讲政治、重感情、作风好、业务精”的老干部队伍，为学校“双一流”建设和推进离退休工作转型发展、科学发展、创新发展增添正能量、再做新贡献！

2018年6月

加强“银色人才”资源建设，推进正能量活动的开展

朱　征

2016年3月，中共中央办公厅、国务院办公厅印发了《关于进一步加强和改进“离退休人员”工作的意见》（以下简称《意见》），《意见》主动适应协调推进“四个全面”战略布局和人口老龄化的新形势新要求，积极应对离退休人员队伍在人员结构、思想观念、活动方式、服务管理等方面的新情况新问题。《意见》的最大特色是对做好新形势下离退休人员工作提出了要求，做出了部署。特别是把为党和人民的事业增添正能量作为价值取向，对坚持不懈在老同志中开展以“展示阳光心态、体验美好生活、畅谈发展变化”为主要内容、为党和人民事业增添正能量的活动做出明确要求和规定。

挖掘、开发和利用“银色人才”资源，对推动正能量活动的持续开展有着极其重要的意义。

一、认识“银色人才”资源建设的重要性

只有对“银色人才”发挥作用的工作有正确的认识，各级组织和社会才能做到思想上重视，工作上落实。认识必须先从四种意识开始：

（1）人才资源意识。离退休人员积累了丰富的知识和经验，具有一定的理论和科学知识修养，开发利用他们的潜能，让他们施展才华，对维护社会稳定、繁荣经济、社会进步、正能量的带动等方面有一定的积极作用。

（2）老龄化意识。统筹应对老龄化的工作是中共中央、国务院统筹解决人口问题的“五大统筹”之一，通过“银色人才”发挥正能量的工作，可以改善六个“老有”，从而促进老龄工作的落实。

（3）主动参与意识。离退休人员在离退休前按部就班的工作、生活，有一定的规律。退休后如果无所事事，精神空虚，就可能疾病缠身。而有所作为，忙忙碌碌，生活有了一定规律，必然会减少疾病，益于身体健康。

(4)教育引导意识。各级组织、各单位对各类离退休人员应该积极加以教育和引导，对他们加以关心和支持，让他们觉得还有用武之地。因此，离退休人员应树立积极的意识，踊跃地投入到正能量发挥的各项活动之中。

二、“银色人才”资源优势是发挥正能量的基础

离退休人员有丰富的工作阅历，在长期的工作生活中积累了丰富的知识、经验，具有以下四种优势：

(1)政治优势。广大的离退休人员在政治上坚定，作风上优良，经验上丰富，事业心和责任感强烈，不少人有继续为党、为国家、为社会、为人民做力所能及新贡献的真诚渴望。发挥政治优势当好“播种机”。

(2)经验优势。一些离退休人员有独特的一技之长，知识渊博，是经济社会发展中的一笔可贵财富，如果将他们的经验、知识、智慧继续用于社会，用于国家建设，将为社会创造更多的财富。发挥经验优势当好“二传手”。

(3)威望优势。离退休人员阅历丰富，联系社会广泛，群众基础深厚，人文关系密切，处事经验丰富，通过他们来反映群众的愿望和诉求，帮助群众排忧解难，在社会上可起到一定的承上启下桥梁作用。发挥威望优势当好“压舱石”。

(4)时空优势。离退休人员比在职时的时间空间上更有优势，可以适当自由支配时间，调剂时间。他们本着自觉自愿、量力而行、方便易行的原则，根据实际需要，施展自己才华，积极发挥作用。发挥时空优势当好“收割机”。

三、“银色人才”资源挖掘是发挥正能量作用的前提

如何挖掘“银色人才”资源，鼓励、引导离退休人员更好地发挥正能量作用，应着手做到以下“四到位”：

(1)组织指导到位。发挥离退休人员“银色人才”作用是一项社会系统工程，各级党委、政府要积极搭建政策上扶持、经费上倾斜、活动上帮助的支持平台，因地制宜、因人制宜做好组织指导工作。

(2)纳才建库到位。将离退休人员人才建设纳入人才队伍建设总体规划，按照年龄结构、身体素质、工作经历、专业特长、技能水平、志趣爱好、家庭状况等情况，分类建立离退休人员“银色人才”库，挖掘资源。

(3)拓宽渠道到位。本着围绕中心、服务大局，自觉自愿、量力而行，人尽其才、才尽其用的原则，组织引导广大离退休人员为经济社会发展施才展智，确保他们发挥“银色人才”作用的空间扩大，实现人生价值的领域众多。

(4)营造氛围到位。充分利用广播电视、报纸杂志、互联网络等媒体，多形

式、全方位地宣传发挥离退休人员“银色人才”作用的现实意义、各领域涌现出的离退休人员发挥正能量的先进典型，在全社会形成老有所为的共识。

四、“银色人才”资源必备素质是正能量发挥的保障

离退休人员能作为“银色人才”来实现“老有所为”，从而发挥正能量的作用，除了社会上重视，本人应提高素质，具备以下四种精神：

(1)强身健体精神。保持健康的身体，是“银色人才”发挥作用的基础。“银色人才”更要树立事在人为、夕阳未情、老骥伏枥的意识，为自己正确定位，树立良好的心态，保持健康体质。

(2)奉献有为精神。“银色人才”必须树立正确的人生观、价值观，对具体工作欣然面对，热心去做，热情去做；勤于思考，肯于开拓；干一行，爱一行，钻一行，干好一行，就能在平凡的岗位上有所成就，实现“老有所为、乐在其中”。

(3)求真务实精神。“银色人才”必须要有虚怀若谷、宽以待人的胸怀，用自己的思想、品德和行为带领大家一起工作，产生凝聚力和亲和力，更好地开展工作，为正能量发挥自己的作用，从而实现“老有所为”。

(4)开拓创新精神。树立与时俱进的观念。加强自身学习，熟悉党的大政方针，保持政治上的敏锐性，促进知识更新，提高知识的适应性，做到在心态上、思路上、方法上、技术上适应新形势、新任务的需要，提高办事能力。

五、“银色人才”资源搭建平台和载体是发挥正能量作用的手段

为“银色人才”发挥正能量作用建设好载体，搭建好平台，是一项十分重要和十分具体的工作，必须抓好四个落实。

(1)管理机构落实。各级应建立健全离退休人员管理机构，根据离退休人员的需求和这些人员的体质、爱好、特长、技能等状况，建立健全各种发挥离退休人员的组织机构，投其所好，建立人才数据库，按其所需，施展才能。

(2)硬件投入落实。老龄化的工作是时代发展的社会性工作，各级政府和社会应高度重视，加大投入，做好离退休人员“老有所为”的硬件建设，为“老有所为”提供必要的设施和良好服务。

(3)计划措施落实。选用热心老年人事业、熟悉老年人工作、热心服务老年人的人员担任。按照党和政府对老龄工作要求，制定好“老有所为”的计划和措施，确保“老有所为”工作有计划、有目的的开展。

(4)工作责任落实。做好调查研究，将具体工作落实到具体的单位和个人，将责任夯实。同时做好协调、协助、督促、检查、落实工作，总结推广“老有所为”

好经验、好做法，及时发现存在的不足和问题，提出改进和加强的措施办法。

六、结　语

霜叶红于二月花，最美莫过夕阳红。离退休人员是老年群体的一类特殊对象，思想觉悟高、业务能力强、整体素质好，是宝贵的人才库。老干部工作部门应认真学习领会党的十九大的精神，切实将离退休人员在安度晚年的同时，充分发挥“银色人才”作用，更好地凝聚起“四个全面”强大力量，用“党建＋”来凝聚和引领，激励他们争做感恩社会、回报社会、奉献社会的时代老人。

2017年9月

新时期开展离退休老同志正能量活动探析

——以浙江大学为例

韩东晖

中央办公厅、国务院办公厅出台的《关于进一步加强和改进离退休干部工作的意见》(中办发〔2016〕3号)指出:离退休干部工作是党的组织工作和人事工作的重要组成部分,承载着党中央关心爱护广大离退休干部的重要任务,具有特殊重要的地位。我们要按照党的十七大、十八大关于"全面做好离退休干部工作"的总要求,牢牢把握为党和人民的事业增添正能量的价值取向,充分体现离退休老同志独特优势,树立"四个意识",积极推进离退休工作转型发展,激励离退休老同志围绕党中央"四个全面"战略布局,为实现"两个一百年"奋斗目标和中华民族伟大复兴中国梦贡献出智慧和力量。

一、开展离退休老同志增添正能量活动的必要性

中国是世界上人口老龄化程度比较高的发展中国家,《"十三五"国家老龄事业发展和养老体系建设规划》显示,到2020年,中国60岁以上老年人口将增加到2.55亿人左右,占总人口的17.8%左右;80岁以上的老年人将增加到2900万左右。在人口老龄化程度日益加深和养老服务体系尚未健全的背景下,高校离退休工作面临的社会条件、制度环境、内部结构等因素都发生了深刻变化。离休干部占比呈现加速减少的趋势,而退休人员的数量每年呈大幅增长,他们的思想观念、兴趣爱好、活动方式出现了新情况,我们要积极应对退休人员实行社会化服务保障的趋势,积极探索发挥老同志为党和人民的事业增添正能量的有效途径。

(1)开展高校离退休老同志增添正能量活动,是认真贯彻落实中办发[2016]3号文件精神,引导广大离退休老同志旗帜鲜明讲政治的有效途径。我们要通过机制和平台的创新,形成工作合力。

(2)开展正能量活动,使人力资源有效整合,如建立健全专业人才数据库,

发挥老教授、老专家、老干部的作用，使组织行为规范有序。高校离退休工作普遍实行两级（校院）管理，更加强调统一协调。使正向能量不断叠加，表彰老干部工作先进集体和先进工作者，就是激励积极进取、乐于奉献的正能量。

（3）开展高校离退休老同志增添正能量活动，符合老同志的生理和心理特点。目前，浙江大学有离退休人员7641人，其中离休干部241人。离休干部整体进入高龄、高发病和重病高发期，退休人员中健康和相对健康的比例较高，这是组织身体好、有责任心的离退休老同志发挥作用的重要基础。同时，有相当一部分离退休老同志虽然离开了原部门岗位，但仍然有自我价值实现和获得他人尊重认同、服务社会的诉求。组织老同志发挥作用，一方面有利于建立老同志对组织的归属感，另一方面老同志得到组织及社会的认同，能够实现晚年的人生价值。

（4）开展高校离退休老同志增添正能量活动，是加强基层党组织建设的有力抓手。浙江大学离退休党员有3909人，占离退休总人数的51%，离退休党支部有153个。因此，开展正能量活动，能够反映离退休党员先锋模范作用和离退休党支部的战斗堡垒作用发挥的程度。浙江大学高度重视离退休党建工作，积极探索多元化的组织方式，如建立流动党支部、联合党支部、临时党支部等，积极创建“五好党支部”。

二、“四大行动”是我们开展离退休老同志增添正能量活动的主线

浙江省委老干部局自2015年实施了“四大行动”（即“红色典藏”行动、“走基层、看变化、促发展”行动、“争做最美老干部”行动、“银色人才志愿”行动），聚焦精准，是开展离退休老同志增添正能量活动的遵循依据和有效载体。浙江大学积极开展“四大行动”，并与开展老同志增添正能量活动有机结合。

（1）弘扬革命传统，回忆难忘岁月，撰写光荣历史。结合纪念建党95周年、红军长征胜利80周年、抗战胜利70周年、国庆、校庆等时间节点，组织开展红色寻访活动，赴四明山浙东抗日根据地旧址、解放一江山岛烈士陵园，重走浙大西迁之路等。老同志还撰写了《我心中的华家池》《难忘的岁月》等文章。

（2）围绕“绿水青山就是金山银山”的“两山理论”，充分感受“两富”“两美”浙江建设和新农村建设，积极开展“走看促”主题活动。浙大每年举办两次离休党支部书记读书班，安排组织老干部到德清、长兴、安吉、余姚等地参观，还组织老同志参观紫金港校区西区、舟山校区海洋学院、海宁校区国际联合学院、附属第四医院等。

(3)树立和宣传先进典型,积极争做“最美老干部”。学校在老同志中开展了学习优秀共产党员和先进基层党组织的先进事迹的活动,学习“最美老干部”陈子元院士,表彰老年学院优秀学员和老年文艺工作先进集体和个人,营造了老同志向榜样看齐的良好氛围。

(4)树立品牌意识,实施银色人才志愿服务行动。除建立专业人才数据库外,还建立老年志愿者队伍及桥牌、象棋、围棋爱好者数据库,浙江大学充分利用关工委、老年学院、老年体协、老年文艺团队等四个平台开展银色人才志愿行动。如助力G20杭州峰会,组队参加社区平安巡逻。品牌意识得到进一步加强,如关工委求是宣讲团的相约系列品牌、校老年合唱团的“求是夕阳·好声音”等。

三、对开展离退休老同志增添正能量活动的建议

(一) 明确政治导向

讲政治,是开展好离退休老同志增添正能量活动的出发点。老同志具有政治智慧、工作经验、人生阅历等优势,要向广大离退休老同志讲中国特色社会主义理论,讲社会主义核心价值观,讲“四个全面”战略布局,讲中办发[2016]3号文件,讲“两会”精神,让老同志在思想上政治上行动上与党中央保持高度一致。

通过座谈、讨论、采访等形式,组织离退休老同志围绕“展示阳光心态,体验美好生活,畅谈发展变化”主题,积极发声、抒发观点、献计献策,如组织离退休党员缅怀革命先烈、重温入党誓词、交流心得体会,做到永葆革命本色。

(二) 创新宣传平台

(1)通过橱窗、黑板报、简报、《环球老来乐》浙大增(专)刊等载体,广泛及时宣传报道老同志、老党员为党和人民的事业增添正能量的先进事迹。

(2)通过摄影和书画作品,以直观生动的形式展现国家和学校日新月异的面貌及老同志健康向上、老有所乐的夕阳风采。

(3)通过大数据分析比较,引导老同志算数字账、晒幸福指数,畅谈比较改革开放前后家庭、子女在收入、住房、就学、就业、医疗、社保等方面的变化。

(4)通过新媒体宣传党的政策,传播党的声音。利用微信公众号、门户网站、手机短信、邮箱等,向老同志通报文件精神、党建信息、工作动态和保健知识等,形成立体多面的发声渠道。

（三）准确定位活动

开展离退休老同志增添正能量活动要做到主题鲜明、定位明确。

(1)立德树人是高校的根本。广大离退休老同志是立德树人的宝贵资源。引导老同志关心大学生和青年教师的健康成长，帮助他们扣好人生的“第一粒扣子”。除关工委求是宣讲团外，离退休党支部可与大学生党支部结对子，开展支部活动。老同志将理想信念讲给大学生听，大学生也可以将遇到的人生困惑告诉老同志。如“七一”建党日，组织离休党员与大学生一起座谈，收到了很好效果。

(2)文化养老是老同志开展增添正能量活动的最大平台。上老年大学、举办文艺演出，举办书画摄影作品展等都可以与开展增添正能量活动结合起来，要统筹考虑加强“两个阵地”建设，要将社会主义核心价值观融入文体活动中，如大型活动，必须奏唱国歌，并安排表彰先进集体或个人。

(3)建立帮扶机制，能够充分发挥增添正能量的示范效应。走访慰问工作，送上党的温暖和组织的关心，就是正能量的传递。如慰问离退休老党员和困难党员，慰问住院和在家行动不便的老同志，补助发放爱心基金、离退休人员专项基金。今后，我们要引导年龄相对较轻、身体相对健康的老同志帮助年龄相对较大、身体较差的老同志，开展互助结对活动。大力推行“银龄之友”，宣传爱心基金，将帮扶的正能量延续下去。

总之，开展老同志增添正能量活动的范畴十分广泛，需要我们不断增强担当意识、责任意识、使命意识，不断激发我校广大离退休老同志为党和人民的事业增添正能量。

2017年3月

关于建立高校银色人才服务机制的探索与思考

——以浙江大学为例

薛　冰*　李　民

自2003年7月全国老龄委组织启动“银龄行动”以来，老年人才即银色人才越来越受到重视。高校银色人才是高校自身实现跨越式发展，以及高校服务经济社会发展的宝贵资源。浙江大学拥有非常丰富优质的银色人才资源，具有人数多、层次高、职称高等特点，是可以深度挖掘、充分利用的智力富矿。浙江大学现有离退休人员10000余人，并以每年150多人的速度净增，有些院级单位的离退休人员已经超过在职人员。离退休人员中省部级干部11人、厅局级59人，离休干部304人；具有副高级职称以上的3033人，占41.5%；80岁以下的有5877人，占80.4%。近年来，浙江大学以建立高校银色人才数据库为核心，以为党的事业增添正能量为价值导向，强化数据分析和服务对接，搭建高校银色人才服务高校发展、服务经济社会发展的有效平台，为高校银色人才发挥余热提供有力的制度和机制保障。

一、建立高校银色人才服务机制的现实需要

知识经济的繁荣不是直接取决于资源、资本、硬件技术的数量、规模和增量，而是直接依赖于知识或有效信息的积累与利用。高校银色人才属于比较典型的知识型离退休人才。在很多学科领域，很多人在60多岁时正步入知识经验积累升华、创造重大成果的高峰期，不少诺贝尔奖获得者都超过了60岁，美国加州硅谷的不少高科技民营企业都是由50岁以上的人创办的。高校银色人才具备的前瞻视野、知识储备、人文传承等，对于推动高校乃至整个社会的发展具有重要的战略意义。

---

*　薛冰：曾任浙江大学离退休工作处综合管理办公室主任，现任浙江大学继续教育学院现场教学部主任。

(1)建立高校银色人才服务机制,是缓解高校跨越式发展的人才资源紧张,提升高校软实力的战略需要。随着高校教育体制不断深化改革,在各个高校跨越式发展的进程中,领军型人才对于带动学科发展的重要性日益凸显,甚至出现了很多高校高薪抢夺人才资源的局面。不少高校往往容易忽视已有的银色人才,很多高校离退休人员教学经验丰富、工作责任心强,对高等教育事业有着深刻的认识和把握,在学科研究领域有很强的影响力,他们体现并传承着学校的人文传统,对于整合学科资源、提升学校软实力具有重要作用。

(2)建立高校银色人才服务机制,是应对老龄社会提前到来、促进社会和谐稳定发展的客观需要。与发达国家相比,中国已提前步入老龄社会,人口老龄化速度快、数量多,更加深刻地遭遇劳动力资源的供需矛盾。一方面是每年有大量的具有丰富知识技能、工作经验的人员退出工作岗位;另一方面是中国知识型人才较为短缺,专业人才缺口十分严重。从人力资源开发利用来看,知识型离退休人才再开发成本低、收益高,具有经济上的可行性。因此,高校银色人才是我们实施创新驱动、建立创新型国家、构建和谐社会进程中不可忽视的重要力量。

(3)建立高校银色人才服务机制,是满足高校银色人才发挥余热、实现人生价值的内在需求。随着生活水平的提高,大部分高校离退休人员身体健康,精力充沛,很多老同志为党和国家的高等教育事业奋斗一生,对学校、学生有着难以割舍的情怀,仍有继续从事教育事业或者相关领域工作的意愿和热情。据调查显示,高校离退休人员中身体健康能够承担工作的占70%,有强烈意愿、愿意为社会再做贡献的占81%。但在实际生活中,由于信息不对称、渠道不畅通、政策支持有限等,高校银色人才服务社会的途径相对狭窄,作用发挥受到很大程度的限制。

二、高校银色人才服务机制的制度设计和具体实践

结合浙江大学的实践探索,我们认为高校银色人才服务机制应该以建立高校银色人才数据库为核心,以为党的事业增添正能量为价值导向,搭建高校银色人才开展服务的有效平台,建立健全高校银色人才社会化的工作机制,保障高校银色人才在更高层面、更大范围发挥作用。

(一)建立高校银色人才数据库

摸清家底,建立准确翔实的高校银色人才数据库,是建立高校银色人才服务机制的核心和关键。浙江大学各院级单位普遍建立了离退休人员数据库,在

此基础上，应通过上门走访、座谈等方式，拓展建立银发人才资源库。按照工作岗位、技术类别等不同，立足实际，设置党政人才、专业技术人才、热心公益等若干类别，同时，在基本信息设置相同的基础上，又根据不同人才类别增设不同的科目，进行详细统计，做到既有共同点，又有特殊性。对资源库进行动态管理，根据入库老同志的身体条件和个人意愿，实时更新有关信息，既发挥人才蓄水库的作用，又发挥活水池的作用。

（二）制定实施体现高校银色人才优势和特色的各类举措

充分认识高校银色人才的优势和特色所在，科学设计“党委行政所想、银色人才所能、高校社会所需”的活动载体，推动高校银色人才实现再就业，这些举措取得较为突出的社会成效。

(1)开展各类决策咨询活动，发挥老同志的政治优势、威望优势和经验优势，做深化高校教育改革的“压舱石”。浙江大学发挥老领导的咨询和顾问作用，使其适当参与到学校的发展方向和建设规划中来。定期推荐或组织浙江大学老干部参加各类情况通报会和座谈会，听取老干部对高等教育事业和其他战略决策的意见建议。围绕浙江省委“五水共治”的战略部署，积极开展“走基层、看变化、促发展”活动，组织老干部体验发展变化，积极为科学发展、共建和谐建言献策。

(2)深入开展传帮带活动，挖掘和感受老一代教育工作者的学术风范和高尚品行，推动师德师风薪火相传。浙江大学人文学院开展“人文学术大师”编辑计划、浙江大学出版社开展“缘来是书”社史编辑等工作，很好地起到“存史、资政、团结、育人”的作用。浙江大学大部分学院成立了督导小组，聘请有经验、高水平的老专家、老学者担任教学督导员，参与到学校专业课程教学、教务管理服务等工作中，形成“督教、督学、督管”的督导工作模式。浙江大学管理学院开展“青春银丝带”活动，医学院开设名医名师大讲堂，外语学院开展“大手牵小手”活动，药学院开展30年老教师感谢表彰会等，推动离退休老同志参与到青年教师、年轻学生的培养工作中来，以老同志的言传身教激发鼓励教师学生的成长进步。

(3)紧紧围绕高校立德树人的根本任务，充分发挥离退休老同志在理想信念教育、思想道德教育、革命传统教育等方面的特殊优势。浙江大学从2012年浙大关工委求是宣讲团成立以来，为院(系)举办50余场宣讲活动，受众面近7000人；走出校园，定期为小学生举办爱国主义教育讲座和科普讲座。浙江大学还建立了多个教育基地，比如新四军教育基地以“党员之家”为主要活动平台，以“相约星期五”为品牌活动，组织新四军老战士长期向学生宣讲党的革命传统和党的路线、方针与政策,已开展了200余次活动。

(4)针对高校师资力量紧张的现状,充分发挥离退休老教师专业的技术能力和丰富的教学经验,推动优秀的离退休老教师实现再就业。浙江大学的科研顶尖人才或者重点学科、重点课题带头人以及社会联系面广、知名度高的人士退休后参与社会途径较多也相对容易,他们通过创办或者管理原有的公司,担任各类社会职务等形式来实现再就业。浙江大学附属医院继续聘请退休专家坐诊,开展各类科研教育活动。由于浙江大学宁波理工学院、浙江大学城市学院等独立学院对师资力量的需求较大,学校积极推荐其对优秀退休老师进行返聘,继续开展教学工作。

(三)建立健全高校银色人才社会化的工作机制

围绕搭建高校银色人才服务高校发展、服务经济社会发展的有效平台,探索建立高校银色人才信息共享机制、定向服务机制等长效工作机制,推动形成党委、行政、社会共同重视支持高校银色人才的良好氛围。浙江大学建立了老干部工作领导小组和离退休工作校院两级管理机制,在各单位设立了离退休工作小组。根据中组部离退休"四就近"(就近学习、就近活动、就近得到关心照顾、就近发挥作用)的工作要求,浙江大学充分利用社区资源,加强与社区共建,在教师集中居住的社区如浙大求是社区和御跸社区,形成学校、社区、家庭三位一体的横向到边、纵向到底的工作网络。浙江大学积极探索建立定向服务的长效机制,以各类服务基地、教育基地为载体,通过定期组织老干部老专家开展教育宣讲、结对帮扶活动,直接促进当地教育事业乃至经济社会的发展。比如浙江大学关工委结对南浔区练市镇第一中学,多次开展爱心图书捐赠活动,还建立专门图书室;浙江大学航天航空学院建立了校外基地,定期组织老教授为航空航天小学的学生开展科普讲座等,取得了很好的社会反响。

三、建立高校银色人才服务机制的问题与对策

随着中国老龄化社会的提前到来和知识经济的飞速发展,加快推进高校银色人才服务机制势在必行、迫在眉睫。民政部公布的数据显示,目前中国60岁以上老年人数量已超过2个亿,占总人口的14.9%。未来20年中国将进入老龄化高峰,到2050年左右,老年人口将达到全国人口的1/3。建立高校银色人才服务机制,应该成为高校主动为整个社会全面应对老龄化社会所做的先行试验和示范举措。

高校银色人才服务机制对高校管理体制、管理水平提出更高的要求,对传

统的高校离退休工作带来挑战和考验。在原有的体制下,高校离退休工作管理处往往属于支撑部门,人员编制偏少,二三十人组成的职能机构管理服务规模达到七八千离退休人员这样庞大的群体,往往使得离退休工作疲于应付、捉襟见肘。在新的形势下,高校离退休工作需要转变工作理念,对离退休群体进行细分,提升工作的有效性和针对性,同时需要整合组织部、人事处等各有关部门的力量,变以往单兵作战为联合作战,共同搭建高校银色人才施展才华的大舞台。当前和今后一段时间,在夯实以往工作基础上,要重点做好以下几项创新性的工作:

(1)要拓展高校银色人才数据库,强化数据分析和动态管理。要整合资源,打破原先不同归属的管理模式,汇总各个部门掌握的银色人才名单,特别是要把院士、省部级干部等高层次人才纳入其中,建立覆盖高校所有银色人才、重点体现高校优势资源的大名单。加强与各有关部门的协调联系,强化数据分析和分类管理,便于进行供需对接。健全完善两级管理制度,学校层面加强指导规范,院级层面加强创新探索,建立各院级单位互动交流的平台,对于各单位的特色做法进行推广,形成整体推进、各具特色的工作格局。

(2)要把高校银色人才纳入社会管理模式中,加强与社会人才管理部门的合作。增强离退休工作管理处的力量配备,逐渐改变现有的机构设置和管理模式,为广大退休教职工提供全方位的服务。积极开拓离退休专业人才再就业渠道,协同学校各部门,与各类人才市场、人才中介组织合作,举办人才交流活动,为离退休专业人才继续发挥作用提供广阔的空间。

(3)要把高校银色人才作为高校人文传承的重要资源,加强各类校史、人物历史的记录和整理,作为体现高校学术精神、提升高校软实力的重要途径。要真正展示高校学术风范、体现高校发展的灵魂型人物,强化高校师生思想情感纽带,加强高校当代发展的口述历史记录,以丰富生动的史实来记录高校的发展历程。

(4)要把高校银色人才适度组织化,发挥各类专业老年社团的作用,鼓励和支持他们自我管理、主动服务。高校离退休群体规模很大、相对分散、需求多元化,管理难度非常大。在推进社会治理的语境中,要鼓励和支持高校离退休群体成立各类老年社团,通过相同的志向、兴趣把他们适度组织起来,推动他们进行自我服务、自我管理。老年社团围绕经济社会的发展需要,发挥专业特长和优势,可以发挥更大的作用。

2015年7月

浙江大学离退休老同志助力青年教职工成长成才

王卓尔*

作为国家重点建设的“双一流”大学、区域高等教育的排头兵，浙江大学全校上下聚焦一流，不断加快高质量的内涵式发展。学校离退休工作处坚持把紧扣中心开展工作作为根本原则，持续深入地做强做优正能量活动，在融入中心中创设载体，在聚焦主题中抓出实效，立足我校实际，积极发挥高校离退休老同志的独特优势和作用，站位全局精准定位，拉高标杆组织谋划，善作善成全力推动，不断为学校“双一流”建设增添正能量。

浙江大学离退休教职工7810人，其中75周岁以下的教职工逾4000人。大部分老同志身体健康，精力充沛，经验丰富，与学校的联系比较密切，对学校改革事业发展有着比较强烈的参与和关注的需求，有意愿和能力继续为学校发展做出贡献。同时，随着学校新引进青年人才和年轻教职工比例逐步加大，年龄断层，工作交接出现间隙，学校有退休教职工发挥作用的岗位和需求。2018年11月14日，《浙江大学退休教职工发挥积极作用实施方案——“乐龄”计划》（浙大发〔2018〕49号）正式颁布，设立党建工作类、教育教学类、科学研究类、管理服务类、文化建设类、公共事务类等固定和临时岗位，并给予一定资助；同时，设立“乐龄”专项经费，以项目化、品牌化运作，“大力支持双一流建设高校和学科发展”的项目将予以经费支撑。浙江大学老干部工作领导小组统筹协调，积极搭建工作平台。据统计，目前从事学校相关工作的退休教职工已达300余人。

一、聚焦贯彻落实高校思想政治工作会议精神，充分发挥离退休教职工在关心爱护青年的独特优势

将敬老活动和青年德育工作有机结合，在师德师风和业务能力建设上发挥

---

* 王卓尔：浙江大学离退休工作处紫金港管理服务中心主任。

作用。传道者自己首先要明道、信道,坚持教育者先受教育。离退休教职工在青年德育工作中,有着政治、经验、威望、时空、亲情等多方面优势,懂教育、爱学生,能够促进青年知行合一,帮助青年一代理解、继承、发扬传统,引导广大青年教工以德立身、以德立学、以德施教。

浙江大学把立德树人作为中心环节,围绕“双一流”建设的新要求,通过开展浙江大学退休教职工“乐龄”计划,激励广大离退休教职工为党和人民事业增添正能量,实现全程育人、全方位育人,学校牢牢把握高校离退休老同志中中高级领导干部和专业技术人才相对密集的智库资源,围绕人才培养关键问题,充分发挥老教师的经验优势、智慧优势,在加强顶层设计的同时,尊重并有效发挥院级单位的首创精神,依托各学院(系)的学科和专业背景开展关心关爱青年教职工的正能量活动,力求形成一院一品的生动局面。例如:环境与资源学院在青年师生思想政治工作中,以双向关心、双向受益的“结对工程”为抓手,组织退休党支部与师生党支部结对,在发挥老同志余热的同时,促进青年的成长成才。生命科学学院每年以“生命科学节”的举办为契机,结合“学术起航,领跑人生”系列讲座,邀请退休教授面向青年教职工进行对话交流,成为青年教职工的精神导师,共同进步。

学校机械工程学院84岁的蒋克铸教授重返讲台,坚持站立3小时为师生传授毕生科研实践心得,《人民日报》、新华社等近百家新闻媒体争相报道,点赞关注量突破千万,蒋克铸教授成为当年中国教师中最令人感动的人物之一。以此为契机,该学院组织开展“银龄讲坛”,邀请包括蒋教授在内的退休老教师重返讲台,为青年教师、学生传授科研教学经验并形成长效工作机制。

二、聚焦学校高质量内涵式发展,增强青年教职工对学校的认同感

近年来,浙江大学秉持“只问是非、不计利害”的求是精神,扎根中国大地加快推进“双一流”建设。学校离退休工作处始终以学科建设和人才队伍建设这两个关键点为牵引,积极搭建平台,组织老同志参与学校各项工作。

人文学院开展“人文学术大师”编辑计划,通过年轻教师和学生采访老教师的形式,使大师风范、学术品行薪火相传。目前,大多数院系单位都充分发挥老同志的作用,编撰本单位发展历史。例如:农业与生物技术学院邹先定教授两度主编浙大第一本学院史——《浙江大学农业与生物技术学院院史》,共计字数130余万。依托院史向新加盟浙大的师生办专题讲座,成为近年农学院始业教育的内容之一。

60余位老同志受聘为学校教学督导员，通过随堂听课、审阅课程教学大纲、查阅考试卷等，充分发挥其教学经验丰富的优势，对青年教师进行“传帮带”；同时经常与师生沟通交流，了解意见建议并及时反馈给有关职能部门，为学校改进教育教学及管理工作、提高人才培养质量提供参考依据。

三、聚焦全面深化改革，创造青年教职工成长成才的良好环境

2018年是改革开放40周年，也是浙江大学四校合并20周年。当前，学校在认真总结四校合并21年改革发展经验基础上，有序推进若干具有全局影响的改革。

浙江大学离退休工作处围绕深化资源配置机制改革，充分发挥老同志的资源优势，配合学校创新发展联络工作，在新的领域探索校友组织建设，拓展社会捐赠渠道，广泛争取社会支持。

围绕深化管理服务改革，组织老同志参与平安校园建设工作。2009年学校成立实验室安全工作督查组，共有80余位老同志参与这项工作。老同志严谨求是，平均一年检查实验室千余次，通过反复宣传、反复检查，不断强化师生安全意识，消除安全隐患，有力地维护了学校的安全稳定。组织老同志参与机关改革工作，聘请多位老同志担任机关作风建设兼职督导员，他们通过明察暗访，积极协助机关部处整体作风建设迈上新台阶。

动员青年教职工参与结对，组织特色活动。建立青年教职工与离退休教职工的“多对一”结对机制。各学院充分发挥特色，结合工作实际，探索和拓展内容丰富的服务活动。例如，在青年党员结对志愿服务活动中，机械工程学院搭建联络服务平台，组建26支青年师生志愿者服务队伍，为每位志愿者制作爱心联络卡，方便离退休教师与青年志愿者的沟通交流。爱心联系卡使得志愿者与有困难的老教师一一结对，针对他们就医、家电维修等方面的困难“按需服务”，避免了以往志愿者服务“一窝蜂”“一阵风”的情况。

2019年6月

高校老年人力资源开发的再思考

刘雪漪* 雷振伟

高校老年人力资源是指高校人才资源中60岁以上已经退休的高素质群体。他们具有专门的知识和能力,能以自己的创造性劳动推动科技发展和社会进步。合理开发高校老年人力资源,既可为国家和社会创造更多财富,又有利于改善老年人的心理孤独感和政治边缘感,有利于实现个人与社会的和谐发展。

一、开发高校老年人力资源的必要性

(一)中国正步入老龄化阶段

调查表明,中国60岁及以上老年人口规模庞大,占全球老年人口的21.4%,居世界首位,中国老龄化增长速度快,年均增长率高达3.2%,接近总人口增长速度的5倍。同时,日益严峻的人口老龄化和高龄化加速的趋势,对中国经济社会发展的压力巨大,特别是2030年以后将进入最严峻的时期。人口总抚养比和老年抚养比双双冲高,经济和社会发展将面临前所未有的压力。

(二)高校老年人力资源利用匮乏

目前,中国高校老年人力资源开发仍处于分散、自发、不确定的状态,老年人力资源的价值评估、使用管理、权益保障体系也有待建立,老年人力资源理论还待完善,特别是对于如何开发和利用好老年人力资源,政府还没有形成一套行之有效的机制和实施方案。据不完全统计,中国目前有高校离退休人员130余万人,其中具有高级职称者达73万,占在职高级专业技术人员的40%,年龄在70岁以下的占90%,仅有20%~30%的人被聘任在教学、科研、社会事务等方面工作,而绝大部分老骥虽志在千里,奈何没有发挥之地,很难发挥余热。这无疑很大程度上制约了高校老年人力资源的开发。

---

* 刘雪漪:浙江大学离退休工作处西溪管理服务中心副主任。

（三）高校老年人力资源亟待开发

老年人再就业不仅意味着同一时间内劳动力资源的相对增多，还可以使老年人个人的劳动释放期延长，增加整个社会的劳动效益，提高人力资本投资的产出效益。老年人再就业，有利于劳动力结构和产业结构的合理调整，也有利于降低劳动力成本；同时能增加老年人自身收入，增强其“老有所养”“老有所为”的能力，实现一定程度的自养，给社会减轻很大的负担。

二、高校老年人力资源开发面临的问题

目前，虽然高校老年人力资源丰富，但对其开发面临诸多困难，全社会对其重要性认识不足。

（一）无章可循、无法可依

虽然《中华人民共和国老年人权益保障法》第41条规定：“国家应当为老年人参与社会主义物质文明和精神文明建设创造条件”；第42条还规定：“老年人参加劳动的合法收入受法律保护”，明确了老年人退休后，继续劳动所得报酬是合理合法的，不得因此而扣发他们的退休金。但是，在老年人力资源开发方面，中国当前还没有相关的政策和法规。

（二）缺乏健全的运作体系

首先，缺乏有效的组织管理。高校老专家、老教授离退休后，仍然愿意为教育事业和社会发展做贡献的占相当的比例，但多数部门没有把老年人力资源开发纳入社会人才管理体制中，政策上缺乏连续性、衔接性，使许多老年人退休后处于游离的状态。

其次，缺乏宣传老年人力资源的平台。人才市场缺乏老年人才的需求理念和相关政策，且机制不完善，不能反映老年人、老专家、老教授的需求，渠道不畅，服务不周到。在这种情况下，一些老同志只能靠私人介绍找工作，从事的工作也缺乏制度上、组织上的保障。

再者，用人机制僵硬。用人单位聘用老年人才沿用一般青年人、中年人的一套机制，这不适合老年人的特点。特别是许多单位的工作压力大，强度大，老年人的体力和精力已经无法和年轻人比，所以有一部分老同志到企业工作一段时间后因无法适应企业的节奏而放弃。

最后，后勤保障滞后。老年人的社团组织不健全，服务机构和服务项目落后，不能为老年人才发挥作用，提供助推力和后勤保障，使部分老年人由于难于

摆脱家庭生活和日常琐事的束缚而无法走向社会。

三、开发高校老年人力资源的对策

(一)提高认识,转变观念,创造有利于高校老年人力资源开发的环境

受传统落后的老龄观影响,不少人对老年人力资源开发存在偏见:认为老年人年老体弱、思想僵化、知识陈旧,无法适应现代社会发展的需要。他们没有看到老年人力资源开发是一项庞大的社会系统工程,是应对老龄化的有效途径。因此,必须提高认识,转变观念,通过网络、报刊等媒体全方位宣传开发老年人力资源的意义,营造一切有利于老年人力资源开发的氛围。

(二)制定和完善开发高校老年人才资源的政策、法规

通过人大代表或相关政府部门向国家立法部门提议或提交有关适合高校老年人才使用的制度、权益保障、所得报酬等建议。对现行的行之有效的政策要继续贯彻落实,对不适应新形势、新情况的一些规定要及时修改完善,对一些政策空白点要及时研究制定。劳动部门应"以人为本"出台具体的办法、措施,确定老年人才资源开发的指导思想、基本原则、政策、途径,老年人才配置的方向和领域,以及管理机制。

(三)建立必备的软硬件设施:老年人力资源库、终身教育体系和人才价值评估体系

(1)建立高校老年人力资源开发信息管理系统。一方面,收集整理好老年人才的最后职称、学历、科研题目、发表的论文、专利以及健康情况等基本信息和有关社会用人单位或其他需要专业服务的行业信息。这既便于主管人员的集中管理工作,也便于老年人才自己查询、修改。另一方面,要加大高校老年人力资源管理系统与单位老年社团组织相衔接。高校老年人才退出原工作岗位后,愿意继续发挥专业特长的,可以参加各单位老年社团,如老教授协会等。同时根据老同志的身体状况、专业特长,采取多种形式开发老年人才资源,如建立老年经济实体、专业返聘、科技咨询等,使高智力人才各尽所能、各尽其才。也可以采取计划配置与市场配置相结合的手段,打破部门和地域的界限,合理地使用人才,实现最佳的群体结构,充分发挥老年人才的效益。

(2)建立终身教育体系。由于社会的不断向前发展,不可否认,老年人力资源的知识技能也要不断更新提高,老年劳动力也要参加一定的教育。因此,健全老年教育网络,构建终身教育体系,完善老年教育的内容,探索老年教育的管

理方法，使老年人不断更新知识，适应新科技的发展，为参与社会劳动创造有利条件，不仅是老年人自身的需要，而且是整个社会、经济发展的需要。高校有得天独厚的优势，应主动率先垂范，供政府试点并推广到全社会，如举办老年大学等。

（3）建立人才价值评估体系。建立一套完整的老年人力资源测评指标体系，对老年人力资源的价值进行评估，营造公平竞争、双向选择的机制和尊重知识、尊重人才的社会环境。为此，要尽快建立人力资源评估所、人力资源拍卖行等等，使各类人才"量才而取，待价而用"，"各取所需，各尽所能"。让更多老同志为继续福荫市场经济和构建和谐社会主义社会做出积极奉献。

四、可利用的手段

首先，建设高校老年人才市场，是提高高校老年人力资源开发利用水平的基础条件。政府应尽快出台相关政策法规、具体措施办法，依据市场追求投资回报最大化的运行规律，确定开发的基本原则、政策、途径。加快立法，规范高校老年人力资源市场行为，加快建立和完善高校老年人才资源开发的运行机制，如管理、保障、激励等机制，减少老年人才发挥作用的不平等待遇，以体现按劳分配原则，确保老年人参加劳动的合法收入，调动老年人的积极性。其次，发挥传、帮、带作用，促进高校教学质量提高；利用专业知识与技能，参加企业科技开发、咨询服务工作。最后，倡导离退休人员从事关心下一代工作，根据形势的要求，高校成立关工委办公室，配合学校的德育教育，从青年成长的特点和规律出发，开展灵活的教育活动，关心青年一代的健康成长。

高校老年人力资源的开发利用是现阶段中国进行社会主义建设的一项重要课题，是发展社会生产力的重要步骤，是构成社会主义和谐社会的一个重要方面，需要全社会的人来共同关心。

2011年1月

“1+1+X”为主要载体的银色人才开发战略

——以浙江大学退休高级人才资源为例*

陈会贤

中国人口老龄化形势严峻。浙江大学离退休人数近年来增长很快，截至今年，离退休人员占整体人员的比例达47%，离退休工作的重要性、紧迫性凸显。党的十八大以来，习近平总书记指出，老干部是党执政兴国的重要资源，是推进中国特色社会主义伟大事业的重要力量。广大老同志是党和国家的宝贵财富。

一、实施银色人才开发战略的现状背景

高校离退休老同志中，中高级领导干部、专业技术人才和党建人才相对密集，浙江大学充分认识和把握这一特点，积极发挥“重要资源”和“重要力量”，努力挖掘利用这一蕴含丰富经验和智慧的人力资源宝库，坚持自觉自愿、量力而行的原则，积极创设围绕中心、服务大局、贴近老同志的平台载体，组织引导老同志发挥正能量。

许多退休教职工有发挥作用的能力和愿望、老有所为的迫切需求。目前，浙江大学离退休教职工近8000人，70周岁以下的离退休教职工将近40%，他们身体健康、思政素质好、知识渊博、思维缜密、心理成熟，事业心、责任心强，有为学校和经济建设做出新贡献的愿望。通过发挥他们的能量既能减轻其离退休后的失落感、孤独感，减少不良情绪，又能丰富老年生活，提高他们的获得感、幸福感。

浙江大学目前担任理论宣传员、学生党建组织员、科技指导员、教学督导员等工作的退休教职工有200多人，但相对近8000人的退休教职工，银色人才的作用远未充分发挥，究其原因，主要是缺乏工作统筹、供需信息不对称、供需双方获得信息的渠道局限等。

---

* 原载《求知导刊》2018年总第137期。

二、以"1+1+X"为主要载体的银色人才开发战略

加强组织领导。银色人才开发工作与离退休工作既相通,又有不同,要成立专门的组织机构,并配备相应的管理工作人员,形成主管校领导负责,组织、人事、离退休部门等密切配合的协调机制,为银色人才开发提供咨询、指导、组织、推荐等服务。

不断深化以"1+1+X"为主要载体的银色人才开发战略。完善一个银色人才资源库,建立一个银色人才网,搭建多个银色人才交流平台,充分挖掘高校退休高级人才资源。

(一)一个银色人才资源库

目前,浙江省教育厅、浙江大学、浙江工业大学、杭州电子科技大学、中国计量大学、浙江海洋大学、浙江科技学院、嘉兴学院等八家单位在浙江省高校银色人才资源系统数据库进行银色人才的数据统计,在该数据库的支撑下,第一是切实掌握银色人才的数量、年龄、层次、结构、专业特长等基本信息,构建较完善的高校离退休人才信息库,实现人才资源的校内外交流与共享。第二是做好银色人才资源的调研和建档工作,对于重返工作岗位,继续发挥正能量的银色人才做好服务调研工作,并及时登记在数据库里。第三是将银色人才库进行按需分类,对于每位银色人才贴上多维度的标签,做到情况精准、分类精准、服务精准、效果精准。

(二)一个银色人才网

基于银色人才资源库,根据校内外需求和银色人才的志愿,建立银色人才市场和银色人才网,定期发布银色人才信息供需信息,定期组织对接交流会,加强与校内外相关部门的合作,在线上线下进行供需对接,为银色人才发挥聪明才智和自身价值提供机会与平台。

银色人才网在国内的起步较晚,国内银色人才网有全国离退休人才网、泰山老年人才服务网等。而国外银色人才网的创建时间较长,如日本已有(2)多年的历史。日本"银色人才中心"面向60岁到65岁的健康老年人招募会员,提供的也多是一些临时短期的轻体力劳动工作,同样的工作老年人的工资相对青年人略低些。但这些老人自己通常都有非常明确的工作意愿,银色人才中心工作人员也会尽可能地按照老人们的要求为他们安排合适的工作,并且是免费的。

（三）银色人才交流平台

（1）关心下一代平台。发挥离退休老同志政治、经验、威望、时空、亲情等多方面的优势，组织他们在学校关心下一代工作中发挥积极作用。浙江大学关工委专门成立求是宣讲团，一批老教授、老党员通过宣讲报告、讲座、座谈、交流，以及结对互动等形式在大中小学生中开展教育活动，受众人数超过万人。浙大关工委与学工部联合打造“在鲜红的党旗下”教育平台，旨在充分发挥老党员、老同志优势，在学生中广泛宣传习近平新时代中国特色社会主义思想和党的十九大精神，紧紧围绕“立德树人”根本任务，以理想信念教育为核心，以社会主义核心价值观为引领，引导大学生健康成长。这既是为培养社会主义建设者和接班人而创办的一个学生党建和思政教育平台，也是弘扬主旋律、传播正能量的载体。

（2）教学督导平台。浙江大学有30余位老同志做学校教学督导员，一方面，通过随堂听课、审阅课程教学大纲、查阅考试卷等形式，充分发挥其教学经验丰富的优势，对青年教师进行教学“传帮带”；另一方面，经常深入教师和学生中进行访谈，了解师生的需求，并将这方面的信息反馈给有关职能部门，为学校改进教育教学及管理工作、提高人才培养质量提供参考依据。

（3）科研合作平台。浙江大学近200位退休老同志从事科研合作工作，积极投身“双创”，为“两富”“两美”浙江建设做出了一定的贡献。退休老同志紧紧围绕学校科技成果转化和技术转移工作，依托浙江大学工业技术转化研究院和技术转移中心等平台，与地方政府和企业紧密对接，转化学校科技成果。

（4）党建工作平台。做好发展大学生党员工作，进一步提高党员发展质量，对于发挥大学生党员的先锋模范作用、培养中国特色社会主义事业可靠接班人和合格建设者具有重要意义。浙江大学有近20位老同志任院系兼职组织员，承担着协助各院（系）做好学生党员的发展、教育和管理工作。

（5）其他管理服务类、文化建设类、公共事务类等平台。

2018年1月

“三跨”视域下高校关工委开展工作的实践探索

——以“读懂中国”活动浙大高速摄影机项目为例

章哲恺*

一、引　言

关心下一代工作是指离退休同志发挥余热，继续从事培养教育青少年一代的工作，它是党和政府在新时期赋予老同志的一项光荣任务，是老龄工作的重要组成部分和老有所为的重要方面，是高校教育工作的补充和延伸。浙大关工委自成立以来，紧紧围绕立德树人根本任务，已成为对包括大学生在内的青少年进行思想政治教育的宝贵资源和重要依靠力量。近年来，浙大关工委充分发挥学校离退休老同志的育人经验和科研优势，积极主动作为，不断实践探索，通过跨代际交流、跨学科参与、跨媒介赋能（“三跨”），在传递发挥老同志正能量、助推高校思政工作创新方面取得了明显成效。

二、2019年浙大关工委“读懂中国”活动开展情况

“读懂中国”活动是教育部关工委推出的助力主渠道开展思政教育的品牌活动，旨在通过身边人讲自身事，感动影响身边人，使广大青年学生在记述和传播老同志的故事中受到生动鲜活的党史国史教育。2019年，正值中华人民共和国成立70周年，浙江大学积极参与教育部关工委发起的以“我和我的祖国”为主题的“读懂中国”活动。活动开展过程中，浙大关工委组织在校学生面对面访谈学校“五老”人员，以征文和微视频形式记录下来，并在包括大学生在内的青年群体中进行展示分享，使广大青年进一步深刻感受中国的历史性变革和取得的伟大成就，深切感悟中国共产党的历史担当和时代使命，进一步坚定“四个自信”和“听党话，跟党走”的自觉性。

*　章哲恺：浙江大学离退休工作处西溪管理服务中心工作人员。

活动中,浙大关工委组织在校学生共走访“五老”96位,完成征文72篇,制作微视频38个。经浙江大学报送、教育部关工委组织专家评审,《辉煌瞬间——浙大光电学院高速摄影机项目》(以下简称《高速摄影》)等2个微视频获2019年“读懂中国”活动最佳微视频奖。微视频的发布和传播,广泛地传递了正能量,形成了良好的社会效益。

三、《高速摄影》微视频形成过程

(一)选题背景

浙大高速摄影机团队,是20世纪60年代组建的一支由数十名学生和骨干教师组成的队伍。团队研制的高速摄影机成功拍摄了1966年12月28日氢弹原理性试验的起爆瞬间图像,为氢弹的成功研制做出了重要贡献。1978年,250万幅/秒高速摄影机研制成果在全国科学大会上获大奖。

(二)整体过程

2019年3月份,浙大关工委根据上级通知启动了“读懂中国”活动,于5月份完成初稿报送,而后吸收多方意见建议,经数轮反馈完善,于8月份完成终稿报送。10月份开始,微视频通过多种媒介得到广泛宣传。

在工作开展形式上,主要依靠跨学科跨专业的在校学生力量,注重发挥学生的专业优势。浙大关工委和相关学院老师对工作进行全程指导。

在工作内容和技术路线上,包括了前期选题、队伍组建、方案制定、脚本设计、采访拍摄、后期制作、媒介宣传等内容环节。同时,将史料档案收集贯穿于整个工作过程之中。具体如下:

(1)前期选题。根据关工委“读懂中国”活动通知要求,选择高度契合主题的高速摄影机研制团队的相关事迹作为微视频的主要内容。初步确定采访对象范围。

(2)队伍组建。充分考虑微视频制作的专业性,组建学生工作团队,成员来自浙大光电学院、传媒学院等多个院系,明确成员分工。

(3)方案制定。按照工作要求,制定工作方案,倒排时间节点。

(4)脚本设计。发挥专业特长,光电专业学生和影视专业学生共同讨论,设计编写微视频分镜头脚本。

(5)采访拍摄。联系“五老”,确定采访日程,同时根据预设脚本,编写采访提纲。学生通过与“五老”面对面访谈交流,加深对典型人物和典型事迹的认知,以音视频和文字等多种方式进行记录。值得一提的是,采访时拍摄的素材除了要满足当前微视频脚本所需以外,还应尽可能多收集素材,一方面可以满足脚本进一步修改完善的需要,另一方面也可以作为相关的档案留存。

(6)后期制作。光电专业学生侧重学科内容,影视专业学生侧重剪辑技术,对微视频素材进行后处理。

(7)媒介宣传。中国教育电视台等媒介对获奖微视频进行广泛宣传。

团队通过档案馆查阅、向老同志和在职师生征集等方式,结合视频拍摄,抢救性地收集了很多珍贵的文献、图片和视频资料,还原了人物和事迹原貌,其意义不仅在于为微视频内容的真实性提供佐证,更在于充实和完善了关于这段历史的珍贵档案。

四、浙大关工委的“三跨”实践探索

《高速摄影》微视频事例真实可信,内容积极向上,情感真挚,催人奋进,一举获得了教育部关工委“读懂中国”活动最佳微视频奖项,同时获得了中宣部学习强国平台“我爱我的祖国”微视频大奖赛奖项。微视频中所体现的老一辈科研工作者投身祖国科技事业的典型事迹和浙大师生薪火传承的科技报国情怀,不仅是相关学科院系开展新生始业教育的学科历史宣传片,也是面向所有志在报国的大学生的思想政治教材,更是向全社会开展爱国主义教育的良好题材。

本文从跨代际交流、跨学科参与、跨媒介赋能三个方面,阐述浙大关工委在“读懂中国”微视频制作活动中的实践探索。

(一)跨代际交流

跨代际交流是双向的,实现了正能量“传承－反哺”的良性循环。

正向来说,浙大关工委组织“五老”与学生多次面对面交流,“五老”现身说法,讲述了由亲身经历的历史事件所引发的切身体会,向直接参与活动的学生团队、在校师生、全社会传递了正能量。师生和广大青年受众的科技报国情怀得到了不断激发,形成了群体的共鸣。

逆向来说,师生和广大青年受众的上述反馈又传导给了老同志,让老同志感到付出是值得的,在内心感到欣慰的同时,增强了继续从事关心下一代工作的意愿,即形成了正能量的“传承—反哺”机制。

(二)跨学科参与

跨学科参与主要指制作团队学生的学科背景不同,通过合理分工、各取所长，不仅保证了微视频宣传内容的真实性和科学性，也使得其表达方式和展现形式符合大众传播规律。

此外，跨学科的组织形式，也使得活动在校内带动更多学院和更多师生深度参与到关工委的活动中来，在启动初期就扩大了关工委工作的覆盖面和品牌的影响力。

（三）跨媒介赋能

跨媒介是指微视频制作完成之后，借助多种媒介进行宣传展示，同时产生二次传播、复次传播的叠加效应，提升了正能量传播力。

2019年10月14日，《高速摄影》微视频在中国教育电视台播出。此外，微视频还在学习强国平台、教育部关工委微信公众平台、中国大学生在线、优酷等平台播出，并得到了师生等自媒体的转发传播。在中华人民共和国成立70周年的时间节点上，由浙江卫视发布的《壮丽70年 奋斗新时代——浙江大学的三台相机，演绎半个多世纪的传奇》专题报道、由《浙江日报》发布的《三台相机，定格科学传奇 几代浙大科技工作者勇攀高峰知识报国》专题报道等与浙大高速摄影机研发内容相关的宣传专题，也与《高速摄影》微视频一起，一度成为“热搜”话题，使得浙大高速摄影机研制团队的感人故事再一次成为舆论焦点。相关宣传实现了正能量的同频共振，浙大关工委的工作也得以“借船出海”，较大地扩大了工作的覆盖面和惠及面，在校内外乃至全社会形成了弘扬爱国爱党情怀、彰显浙大科技报国传统的宏大声势，对引导年轻一代成长成才并投身党和国家建设事业起到了十分积极的作用。

五、结　语

在新的历史时期，如何创新性地开展思政工作，是高校关工委面临的新课题。浙大关工委通过对跨代际交流、跨学科参与、跨媒介赋能的“三跨”探索实践，在思政工作方面取得了良好收效。这些探索实践，具有一定的理论价值和现实意义。

2020年12月

浅议如何进一步做好高校关工委工作

——以浙江大学为例

季　玮*

关心下一代工作委员会(以下简称关工委)是在党委的领导下,以离退休老同志为主体,动员和组织各方面的力量,以培养“有理想、有道德、有文化、有纪律”的社会主义事业接班人为目标,以思想政治教育为重点,全面关心青少年健康成长的群众性工作机构。1990年,中国关心下一代工作委员会(简称“中国关工委”)成立,至今26年;接着,全国各大高校的关工委陆续成立,并经历了一系列“摸着石子过河”的探索和实践,目前已基本进入一个稳定上升期。当然任何事物的发展都是前进性与曲折性的辩证统一,在“摸石子”的过程中也不断呈现出一些问题。本文就此谈几点想法,以向同行们求教。

一、高校关工委工作运作的保障

当前各大高校关工委的组织构成情况不一,在笔者看来,一个高校关工委工作的有效开展一般离不开以下几个方面,亦可作为一个自我检视的工作标准,即一套班子、一支队伍、一个平台、一个品牌和一个基地。

一套班子即一套领导班子,由在职人员与离退休老同志组成;一支队伍即一支由热心于关心下一代工作的老同志组成的队伍,他们有着各自的学科优势,以思想政治教育为主线,以科学教育为补充和延伸,两者相辅相成,共同发挥育人作用;一个平台即一个让老同志发挥余热致力于关心培育下一代的工作平台;一个品牌即形成一个长效的活动品牌;一个基地即搭建一个稳定的工作基地,作为除了本校之外的一个向外辐射延伸的工作基础。除上述以外,还需要一套制度和一份计划作为工作的调节与保障。这七大系统可不恰当地类比人体的八大系统,缺一不可、相辅相成,共同发挥作用,保障各项工作有序进行、高效运作。

*　季玮:曾为浙江大学离退休工作处工作人员,现任浙江大学公共卫生学院综合办公室主任。

二、二级关工委工作开展的界定

关工委工作的界定问题主要体现于二级(院系级)关工委工作的实践运作。不少二级关工委对自身的定位以及工作内涵的理解非常模糊,在他们眼中,教学督导、组织员、联络校友以及编写院史等一系列向来由离退休老同志担纲的工作本就在有序开展,如今成立二级关工委似乎只是将这些工作在形式上挪移至关工委的框架中,而对于实际的日常工作并没有任何本质上的变化和提升。

这样的疑惑也不无道理,如果二级单位在这个根本性的问题上得不到明确的解答,那对工作的影响恐怕也是根本性的。这里体现出学校关工委与院系关工委的对接问题,学校关工委在这里扮演的不仅仅是一个传达精神、下派任务的领导角色,更重要的是要在实际的工作中发挥思想引领的关键作用。让二级单位重新理解这块工作的内涵实质,将工作的主体还给老同志本身,并且在实际开展中以更丰富新颖的平台让老同志发挥更积极、自由的主观能动性,从而全面推进以思政教育为主线的各项育人工作,也许是当前工作所面临瓶颈的一个有力突破点。

三、进一步开展好高校关工委工作,尤其是二级关工委工作

(一)以平台建设为支撑,充分发挥二级关工委的基础作用

明目扩胸,改革创新,搭建新颖平台以充分发挥二级单位的桥梁作用,将工作不断引向基层、引向深入,直接面临学生及青年教师的这个一线受众面。譬如,目前高校的思想教育管理者主要为年轻的辅导员,有些辅导员老师本身也刚从学校毕业,处理学生事务尚不成熟。这时候若能搭建平台以一个良好而长效的形式让两代思想政治工作者面对面,就教学管理过程中遇到的问题进行交流,充分发挥老同志的政治优势、经验优势和威望优势,在协调解决学生事务上给予年轻辅导员指点和帮助,将是一个有利于青年辅导员成长、学生更好发展、老同志发挥余热发挥优势的三赢工作局面。

(二)以七大系统为依托,全面打造学校关工委的健康布局

以浙江大学关工委为例,七大系统建设已趋成熟。有一套完整的领导班子,正副主任、顾问、秘书长等各司其职、各谋其政,运作有序;有一支在校内外唱响中国梦、大力弘扬社会主义核心价值观的求是宣讲团队伍,队伍仍在不断的发展壮大中,宣讲主题以思想政治教育为主线,多学科补充延伸,最近几位浙大当年的西迁亲历者作为新鲜血液又充实入队,从“华家池文化”这一脉络补充

完整浙大校园文化的传承与发扬;有多个工作及活动的平台,坚持走品牌与阵地相结合、"自主研发"与"合力共建"相结合的创新发展道路;有一个长效成熟的与学校新四军教育基地合办的"相约星期五"活动品牌;有包括"相约星期五"新四军教育基地、南浔中小学教育基地以及华家池子弟小学"相约红领巾"教育基地在内的三个工作基地,三个基地的工作因受众面的不同而因地制宜、各具特色;有一套成熟有效的工作制度;制订计划与撰写总结,作为每一年工作的保障。至此,在七大系统支撑下的浙大关工委整体布局已全面展开。

具体的实践中,这样的健康布局提供了一个良好的工作支撑、系统性的工作基础,日后的发展、壮大和创新都可视为在这个基础上开发建设的上层建筑;也正是因为有了这个基础,在具体的建设过程中可以在保持主体建设的持续性、稳定性的同时,有所创新、有所发展,做到创新与坚守并重、发展与稳定共存。

综上所述,新时期高等院校的关工委应从发挥二级关工委的基础作用与打造学校关工委的健康布局两方面入手,努力使关心下一代工作迈上新高度。

2016年3月

乐龄颐年篇

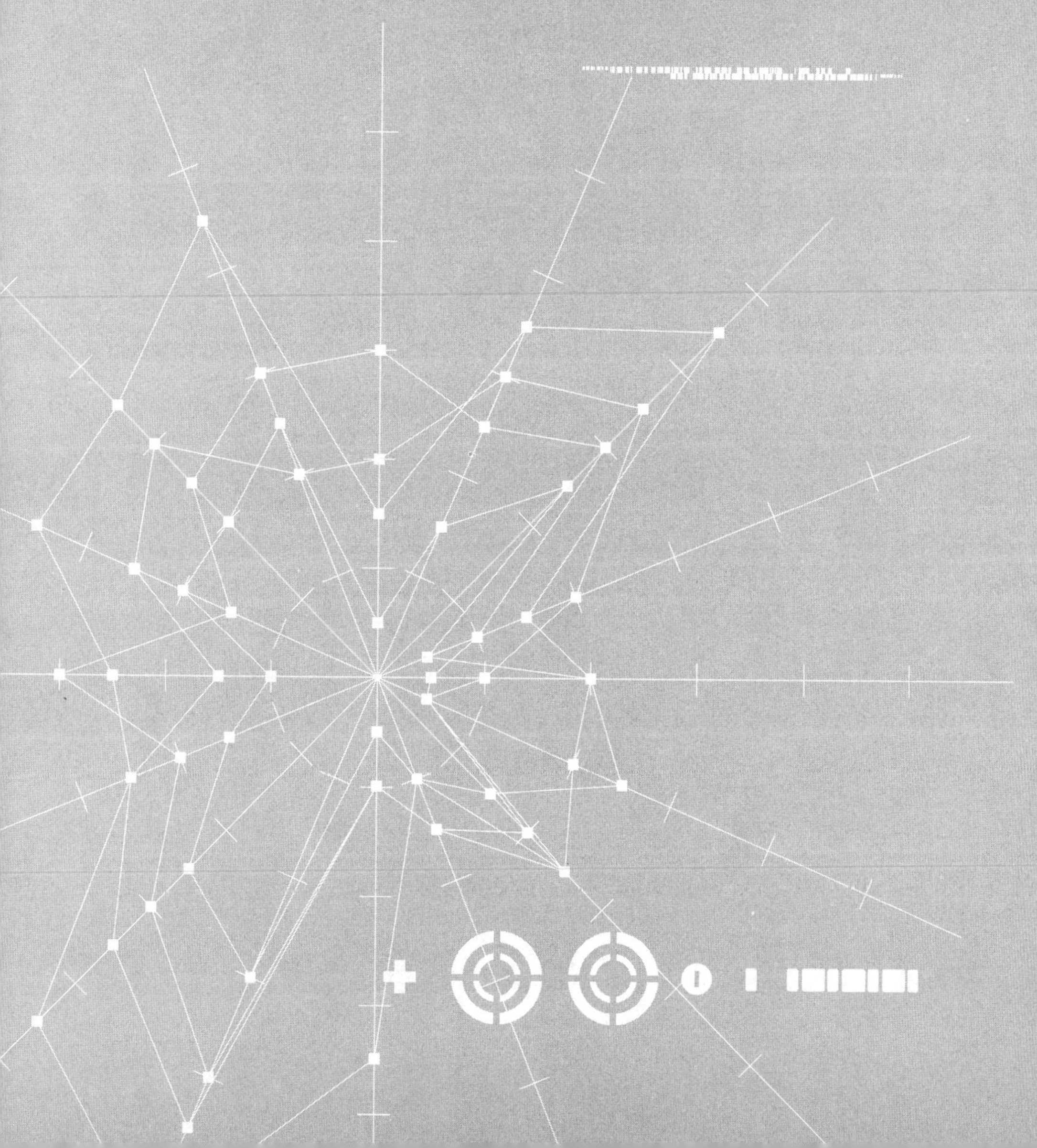

老年人不仅要老有所养，还要老有所乐

林荣堂*

在新形势下"老有所养"与"老有所乐"不再是一个传说了，它已成为全社会健康养老的一个热点。2010年全国人大会议期间，民政部社会福利和慈善事业促进司司长王振耀表示，今年民政部将统一高龄养老津贴制度，全国80岁以上的老年人可享受津贴。同时，民政部正在进行相关规划，将在全国社区普及老年人日间照料中心，并开展专业护理员的培训工作。

一、老年人要重视"老有所乐"

老年人走过了漫漫人生路，经过风雨，见过世面，见多识广，积累了丰富经验，那是金钱买不来的财富。人至暮年，并不意味着夕阳西沉，而只是另一种人生的开始。老年人的宽容胸怀，对人生的透彻理解，对社会的高瞻远瞩，都是支撑社会高速运转的巨大能源。因此，忽视老年，是一种愚蠢和浅薄。

善待老人之所以最为重要，是因为敬老养老是中华民族普遍认同的优良传统的孝道核心。它强调的是幼敬长、尊上，使老人们颐养天年，享受天伦之乐。这主要包括了两方面：一是老有所养——要生存，要活着，讲的是人老了需要一定的物质保障，能颐养天年；二是老有所乐——这才真正是"人生"的延续，活得好要活得像人样，能享受天伦之乐。不但"老有所养"，有吃有穿，解决温饱，更要"老有所乐"，得到精神的愉悦，心理的平衡、和谐。很显然，这一点对进入暮年的老人是极其重要的。

昔日老有所养的"黄粱梦"竟然也成了真，真可谓得民心、知民意的民生工程。然而，有了老有所养的保证之后，"黄粱梦"虽做成了现实，但更重要的是让这些老人"老有所乐"，如果没有"老有所乐"，就缺了精神保障。如果老年生活不快乐，整天郁郁寡欢，就会加速肌体的衰亡，对健康极为不利。夕阳无限好，只是近黄昏，没有不落的太阳，但是我们何不让这夕阳充满诗情画意和浓浓真

---

* 林荣堂：曾任浙江大学离退休工作处处长、离休党工委书记，现已退休。

情？建设一个充满关怀的人文社会，创造一个良好的“老有所养与老有所乐”的平台，是尊重老人的重要体现。

如今，老年生活有了新的感受，老年生活是否快乐、幸福，关键是看自己如何把握。用积极的态度去把握自己的命运，那么老年生活是最自由、最惬意、最让人羡慕的黄金时光，抓住人生的第二个青春期，去寻找自己的快乐。

二、如何才能做到“老有所乐”

（一）应从思想观念上解决问题

人的寿命有多长？按照世界卫生组织的定义，65岁以前算中年人，65岁至74岁算青年老年人，75岁至90岁才算老年人。人的生理寿命应该是多少呢？按照生物学原理，哺乳动物的寿命是其生长期的5倍至7倍，人的生长期是用最后一颗牙齿长出来的时间（20至25岁）来计算的，因此人的寿命正常应该是120岁。

离退休老干部中流传着这样一首打油诗：“六十小弟弟，七十不稀奇，八十满地跑，九十不算老，活到一百岁，风光才正好。”

（二）要有乐观的心态

一个人可以有五种年龄：日历年龄、外貌年龄、生理年龄、心理年龄、社会年龄。这里说的“要有乐观的心态”，保持心灵永远年轻，指的是心理年龄。人事有代谢，往来成古今。从少年到暮年，这是规律，任何人也抗拒不了；从台上到台下，这也是规律，谁也不可能例外。正确的心态应该是：少讲昨天，多看今天，展望明天。人生易老志不老，枫林红叶更傲霜。

大自然一年有四季：春、夏、秋、冬，而人的一生有四阶：童、青、中、暮。不！生命的冬季并非如此严寒，并非雪崖冰壁，只要我们的心还年轻，只要我们能尽力，就可以使生命的冬季依然美丽。在生命的冬季里，我们有时间，可以冷静地回首往事，静坐灯下，总结一生的成败坎坷，用笔耕耘，留给后代精神财富；在生命的冬季里，我们可以练气功、打太极、学画画、练书法、拉二胡、打门球、唱歌跳舞、种花养鱼，使晚年生活丰富多彩，让身体充满活力；在生命的冬季里，只要我们还能举足挪移，我们就要投身到大自然中去，游览祖国的大好河山，有条件的还可以到国外看看，充分享受大自然给人类的慷慨赐予；在生命的冬季里，我们可以到孙儿孙女群里玩耍嬉戏，找回童孺的乐趣；当然我们还可以与暮年伙伴一起发挥余热，为社会尽绵薄之力。总之，在生命的冬季里，只要我们的心还在跳动，就有许多事情要做，只要我们的心还年轻，我们就可以活得有滋有味。哀叹与孤寂与我们无缘，我们生命的冬季依然美丽。

（三）要学会积极的保健养生

我们有些老同志，在工作岗位上几十年紧紧张张、忙忙碌碌、风风雨雨、酸甜苦辣，一纸退休令下，便回到了家中。“失落感”“抛弃感”“孤独感”“衰老感”“无用感”一齐袭来，有些人一时难以适应，看什么都不顺眼，成天腰酸腿软，吃不香睡不甜。于是，没有多久，霜染华发，纹上额头，很快衰老了。所以，退休后要调整心态，做到起居有常、饮食有节、忙而有序、张弛有度，把握好生命之“盐”，这对健康是何等重要啊！有了健康就有了快乐，否则，整天抱着药罐子，躺在病榻上，又何来快乐可言？

（四）要学会自寻快乐、知足常乐

人要做自己喜欢做的事，学会自己寻找快乐。如每年安排一至两次长途或短途旅游，多参加一些单位、社区组织的文体团队和活动，参加老年大学的学习等等让自己进入社会广交朋友，增强身心健康。

知足常乐，保持一种平和的心态对老人来说尤其重要。对党和人民给予我们的关心、照顾，要有一种满足感和感恩的心态，要以平常的心对待平常的事，以平和的心态去寻找自己的快乐。

随着时间的推移，中国已进入了老龄化社会，让老人们老有所养、老有所乐越来越成为全社会关注的焦点。老人最怕寂寞，对于80高龄以上的老人来说更是如此。关注老人们精神上的寂寞，让老人们在幸福快乐中走完人生的最后旅途，是我们的责任。

2011年6月

“文化养老”的探索与实践

——高校老干部工作的拓展与尝试

郦　平

党的十七届六中全会审议通过的《关于深化改革文化体制改革 推动社会主义文化大发展大繁荣若干重大问题的决定》,突出强调了加强文化建设,提高国家文化软实力的重要性,把文化发展提到了前所未有的高度。目前,中国正逐步进入老龄化社会,如何在文化发展和改革的蓝图中谱写新时期老干部工作的主旋律,开辟老干部工作特色的新途径,在发展和谐文化的大环境中,就要深入贯彻落实科学发展观,积极探索老干部工作的新思路,以构建“文化养老”平台为支撑点,拓展老干部服务工作新途径,不断满足老干部日益增长的精神文化需求,让老同志走出来、动起来、学起来、乐起来,精神饱满、昂扬向上,身心健康,过上更加高质量的幸福美满的晚年生活。

一、对“文化养老”的认识和理解

(1)“文化养老”是一种体现传统文化与当代人文关怀相结合的养老方式。它以满足精神文化需求为基础,以陶冶情操、沟通情感、强健体魄、调适心态为基本内容,以崇尚独立、享受快乐、愉悦精神、增进健康、延年益寿为目的,具有广泛性、群体性、自愿性、互动性和共享性的特点。因此,它是一种让老干部休闲惬意的养老方式。

(2)“文化养老”是一种高境界、高品位的养老方式。在物质生活(吃、穿、住、医)基本有保障的前提下,进而融入文化元素以求精神文化生活的丰富多彩,身心更为健康,在“夕阳无限好”的霞光中更好地享受生命,享受改革开放的成果。

(3)“文化养老”内涵深广,是物质财富和精神财富的总和。养老质量要提高,必须走文化养老之路,这是新时期具体指导老干部工作的全新理念。怎样践行文化养老?老同志历经沧桑,在人生的晚年生活中更要注重思想情操的陶冶,更要求生活充满情趣,提高生活质量和生活品位,这一切需要“走出去,看世界”。所以“文化养老”的实施对象就是离退休人员,实施载体主要是文化娱乐活动。

二、“文化养老”的可行性与必然性

(1)“文化养老”具有坚实的理论基础。从哲学角度讲,它的理论根源是唯物辩证法。唯物辩证法认为,世界是物质的,物质决定精神,同时精神对物质具有极大的反作用。“文化养老”就是充分重视了精神文化对老同志身心健康乃至学校和谐稳定发展所产生的积极作用。

(2)“文化养老”具有深厚的历史根源。中国历代思想家、教育家都十分重视精神文化对事业、社会的影响,毛泽东等老一辈无产阶级革命家,更重视文化事业对实现党的奋斗目标的推动作用,由此而产生的井冈山精神、延安时期的艰苦奋斗精神,至今仍然是中国共产党的宝贵精神财富。可见重视精神文化对党的事业的推动作用是中国共产党的优良传统,所以“文化养老”有深厚的历史根源,是促进高校老干部工作的具体体现。

(3)“文化养老”具有广泛的社会基础。中国改革开放以来,人民群众的物质条件和精神文化生活得到了极大改善。面对一边是物质生活的飞速发展,一边是精神生活的日渐匮乏的现实,我们发现越来越多的老同志已经不再满足过去那种单纯做家务、下棋、玩牌,过着“衣食无忧,自娱自乐”的日子,而是要求不断扩大自己的生活领域,需要有更加丰富充实的晚年生活,追求情趣更高雅,融娱乐性、知识性为一体的文化生活,以“文化养老”的方式,过着更加休闲惬意、颐养天年的生活。所以,组织老同志开展各种形式多样、内容丰富多彩的旅游文化活动,让老同志走出来、动起来、学起来、乐起来,将“文化养老”寓于构建和谐社会之中,在充分彰显老同志乐观、开朗、健康向上的精神风貌的同时,不断演绎出传统与时尚相结合的“文化养老”亮丽的风景线,已是当前老干部工作的必然要求。

三、开展“文化养老”的工作措施

(1)充分发挥老年学院在“文化养老”中的主导作用,积极为老同志创造老年大学教育机会和条件,为“文化养老”构建教育平台。在硬件方面,坚持“以人为本、因地制宜、注重实效”,紧密结合各校区实际情况,充分利用现有场地和条件办学;在教学方面,针对老同志的知识层次、年龄结构和兴趣爱好等综合因素,选择丰富多彩、科学实用的:声乐、器乐、舞蹈、戏剧、绘画、摄影、书法、英语、电脑等教学内容，采取老同志喜闻乐见的教学方式，真正做到寓教于乐、寓学于乐，充分满足老同志求知求乐的精神文化需求，使老年学院成为名副其实的“文化养老”的终身学习场所。

(2)广泛开展适合老同志特点的文体娱乐活动，不断丰富“文化养老”内容。先后组建了老年体协、老年合唱团、越剧演唱队、太极表演队，以及书画、棋牌、摄影等兴趣活动小组，根据老同志的身体状况和兴趣爱好，积极开展形式多样、内容广泛的文体娱乐活动，如门球、乒乓球、象棋、桥牌比赛，摄影、书画展览，参加学校文艺会演等，多层次满足老同志的精神文化需求。

(3)不断加强离退休人员活动中心建设，把活动中心打造成老同志政治学习、休闲娱乐、锻炼身体的重要场所。本着“节约为本、统筹兼顾、保证效果”的原则，结合实际情况，利用闲置场所改造、改建活动场所，开辟出学习室、电脑房、棋牌室、健身房、多功能活动厅等，订阅了大量的期刊、报纸，添置钢琴、电脑、液晶电视、音响设备、健身器材等文娱活动设备，不断推进活动中心建设。同时加强管理，建立健全规章制度，确保活动中心整洁有序、温馨舒适，为推进“文化养老”构建良好的活动平台。

(4)针对离退休人员时间充裕、积蓄稳定的特点，以及心理、生理特征和兴趣爱好，积极配合旅游部门，着力抓好离退休人员旅游服务工作，为“文化养老”增添一道传统与时尚相结合的亮丽风景线，设计并组织丰富多彩的、有利于老同志身心健康的旅游活动，如红色之旅游、自然风光游、民族风情游、民俗文化游、保健养生游、乡村休闲游、怀旧回归游等形式多样的境内旅游。还先后组织离退休老同志赴欧洲、北美洲、非洲、亚洲等10多个国家和港澳台地区旅游，总人数达6000多人次，平均每年近500人次。旅游文化活动的开展，满足了老同志增进健康、陶冶情操、求知求乐的精神需求和心理诉求，让老干部想有所得，情有所寄，能有所用，再现了自我，愉悦了身心，促进了和谐，进一步拓宽了“文化养老”的广度和深度。

四、把“文化养老”当作老干部工作的一项新领域，不断提升服务质量和服务水平

(1)加强业务培训，提高服务质量和服务水平。业有所精，必是学有所得。要做好老干部服务工作，仅有强烈的服务意识还不够，还要有过硬的服务本领，要从自身知识结构和工作实际出发，及时更新服务工作所需要的新知识和新技能。

(2)加强作风建设,提升工作执行力。加强和改进作风建设是落实科学发展观的需要,要在正确理解和全面把握科学发展观的基础上,重新审视自己的服务意识和服务能力,要用饱满的工作热情、周到细致的服务,让领导放心,让老干部满意,切实提高为老干部服务的工作执行力。

(3)加强团队建设,强化服务新意识。要不断增强学习意识,强化服务意识,着力打造一支团结协作、奋发向上的服务团队,提高综合能力,包括执行能力,学习能力、和谐能力和绩效能力。在工作中真诚服务,乐于奉献,激励和发挥党员干部的模范带头作用,促进各项服务工作深入有效地开展。

以"文化养老"为契机,在探索老干部服务工作新途径的工作实践中,我们紧密联系实际,认真做好结合、创新文章,当好"文化养老"的引导者、组织者、推动者和服务者,同时注重发挥老同志主体作用,充分调动老同志参与"文化养老"的积极性,感受"文化养老"的感染力、亲和力和渗透力,广大老同志精神状态越来越好,对"文化养老"所产生的成效体会越来越深,生活更加顺心、舒心、开心,更加关心和支持学校的各项工作。我们将进一步牢固树立"文化养老"新理念,自觉转变服务观念,从小事做起,从细微处入手,不断深化服务内涵,不断拓宽"文化养老"的渠道和载体,不断探索"文化养老"的新途径、新办法,并在实践中不断丰富完善,形成良好的运行机制,确保"文化养老"持续健康发展。

2012年1月

高校老同志网络文化的生态、影响及对策

应丽萍*

根据中国互联网络信息中心的报告，截至2017年6月，中国网民人数达到7.51亿，互联网普及率为54.3%。可以说，中国作为第一网民大国早已是不争的事实。随着网络技术的发展及网络的普及，当前社会上网络文化生态建设的问题突出，表现在网络语言的大肆流行、通过大曝隐私提高点击率等方面。拿高校老同志来说，他们受教育程度高、知识渊博、辩证思维能力强，所以总的来说，会用辩证的方法来分析网上的信息，不会一味地盲从，会在自己的头脑中建立起一道防火墙，有辨别和防范能力，防止有害信息。但由于目前网络文化生态的问题比较突出，他们又或多或少受到影响。

一、高校老同志网络文化生态及影响

（一）网络文化的特性及对管理部门的影响

网络文化以其独特的传播特性在传播界独占鳌头，对老同志管理部门与老同志之间的信息传播带来深层次的影响。一是便捷性。随着网络全面覆盖和智能移动终端快速普及，用户可随时随地通过移动终端传输网络文化，进一步提升了网络应用的便捷性，受到高校老同志的极力欢迎，为管理部门提供了更加便捷的文化交流平台。二是实时性。4G网络加速了移动互联网的发展，使网络文化传播从即时演变为实时，老同志可以随时接收新闻现场的实况直播。这对管理部门管理的时效性提出了严峻考验。三是多元化。网络文化集文字、图片、音频、视频于一体，具有较强吸引力。尤其是视频传播，能同时刺激人的视觉和听觉，让人全方位、多角度地感知网络文化的内容，颠覆了传统以语言、文字为主的知识传播方式。四是交互性。网络文化传播的交互性让老同志可以自主参与评论或实时互动，这就改变了管理者与被管理者之间的关系，使管

* 应丽萍：浙江大学离退休工作处西溪管理服务中心主任。

理者的传播权和话语权被分散和转移、权威被消解。

（二）网络文化渗透

网络文化是指网民在网络虚拟空间逐步形成、信奉和推行的一种独特的文化价值体系。它不仅具有边缘、时尚、颠覆、批判性等特点，而且形式多样，如网络流行语、网络游戏、网络恶搞和网络文学等，凸显出独特的文化风格和价值理念。随着主流文化宽容度不断增强，网络文化在网络流行语和网络恶搞两大主要表现形式的推波助澜下迅速发展。

（三）高校老同志的特点

高校老同志属于知识层次相对较高的人群，具有独立、自主、开放、创新等特点，容易打破传统陈规，接受新兴事物和多元化，对网络文化表现出较高的接受度。无论是思维方式、生活习惯还是行为模式都在一定程度上受网络文化的影响，而网络文化具有的生动、新奇、高效、便捷等特点正好迎合他们的需要。这就势必要求老同志所在的管理部门在网络文化的传播渠道、载体、内容、方式等方面做出新的思考和探索。

二、高校离退休管理部门针对网络文化的对策

（一）构建立体化网络文化管理平台

立体化网络文化管理平台是高校利用网络文化的重要基地。首先，整合校园网络资源。当前，大多数高校离退休人员拥有智能移动终端，有些院系有老同志邮箱通讯录、QQ群、微信群，大多数老同志又有属于自己的QQ群、微信群等网络资源，管理部门可以将这些网络资源整合重组应用于网络文化管理平台。其次，综合应用多元网络媒介。创办网络文化管理专业网站，努力使该网站既专业又不呆板，既具有传播、宣传又具有正能量的网络文化，既展现老同志积极向上的精神风貌，又具有高质量、高效率的管理功能。同时，充分运用博客、微博、微信等新兴媒体，形成立体化的网络文化管理网络平台。

（二）培植生态化的网络文化环境

生态化的网络文化环境是一种积极、健康、和谐的网络文化。高校要培植生态化的网络文化环境，应坚持自律和他律相结合。关于他律方面，一是要加强制度规范。严格执行国家和学校关于网络文化的法律法规和制度规范。二是要加强技术监督。可利用关键字过滤等技术筛选不良信息，也可以引导老同

志安装过滤软件，自动过滤垃圾信息。三是要加强舆论监督。实时监测网络文化中的网络舆情，加强舆情收集、研判、分析和引导。关于他律方面，要培养老同志的网络自律意识。引导他们自觉遵守各项网络规章制度，有意识杜绝和抵制网络腐败信息的传播和污染，营造良好健康的文化氛围，从而净化网络文化环境。

（三）施以多样化的网络文化形式

多样化的网络文化形式能够提高网络文化的吸引力和渗透力，增强网络文化的实效性。一是网络文化内容组织形式多样化。适合老同志网络文化内容的组织形式不能拘泥于新闻报道、政治文件学习资料等几种形式，而应广泛吸纳各种老同志感兴趣的形式。二是网络文化传播媒介多样化。高校管理部门应综合运用一些灵活、自由、便于互动且与日常生活联系紧密、使用率高的新兴媒体。

（四）打造多元化的网络文化管理队伍

打造多元化的网络文化管理队伍是高校进行老同志网络文化管理的重要保障。首先，培养网络文化管理人员骨干队伍。夯实管理队伍管理文化素养，要熟悉行政管理知识，掌握老同志的各种政策，了解老同志的心理需求等理论知识。其次，提高媒介素养。加强网络理论学习，深入了解网络特征，熟练运用各种网络媒介，及时更新、发布网络文化内容，适时引导老同志的思想政治觉悟，引导老同志唱响网络文化的主旋律。最后，培养网络文化管理人员协作队伍。高校老干部管理部门的大多数工作人员虽然不直接参与网络文化建设，但参与部门的电子办公，或发布网络信息，或参与网络互动，其言行对网络文化有一定的影响。因此，应加强这支队伍的职业道德和管理育人、服务育人等方面的素质培养，发挥其在高校老同志网络文化教育中的协作作用。

2017年8月

精准化推进新时代高校离退休工作的路径探析*

商　鸿* 杨友鹏

党的十八大以来,习近平总书记多次强调党员干部要培养精准思维、精准开展工作,做工作要"贵在精准,重在精准,成败之举在于精准"。为贯彻落实习近平总书记关于精准化工作的指示,中央先后提出了"精准扶贫""精准医疗""精准就业""金融机构精准支持实体经济"等政策举措。时至今日,精准化工作思路,已经成为助推中国在新时代发展的重要指引。

高校离退休人员,因为其自身的专业素养和工作阵地优势,在舆论引领、知识储备、塑造人才方面,具有其他离退休人员难以比拟的重要优势。正如习近平总书记指出,老干部是我们党执政兴国的重要资源,是推进中国特色社会主义伟大事业的重要力量。离退休部门要坚决落实好中央关于老干部的各项政策,用心用情做好老干部服务保障工作,让老干部在政治上更加有荣誉感、组织上更加有归属感、生活上更加有幸福感。因此,对于高校的离退休管理部门而言,做好新时代老干部工作,落实精准服务理念是关键。

2019年,在北京召开的全国老干部局长会议上,中央组织部部长陈希提出要"突出抓好信息化、精准化、规范化建设,不断提高老干部工作质量"。精准化在离退休工作中要突出政治建设的统领地位,全面加强离退休干部党的建设。"精准化"主要包含以下两层含义:一是指利用信息化方法(技术)准确高效地完成工作,二是指要依托信息化工具主动挖掘合理共性需求并努力找到方法予以满足。

精准化推进新时代高校离退休工作,可以从精准服务意识、精准数据库、精准工作模式等三条路径来协调推进,对于提高离退休工作的管理服务水平,发挥老同志的正能量,助推学校的"双一流"建设,具有极其深远的重要意义。

---

* 原载《鸭绿江》2019年第7期。

* 商鸿:浙江大学离退休工作处西溪管理服务中心副主任。

一、树立精准服务意识，用优质化打造精准化

“思想是行动的先导。”转变观念，建立需求导向为主线，主动出击，做到精准发现需求，发现问题。找到满足需求、解决问题的方法，把各项工作做到精心、精确、精细、精到。精准服务意识，不仅包括精准对接服务需求，更要囊括精准定位政治需要。鉴于离退休人员“后双高期”实际情况，采用“四就近”原则精准展开党建，定期召开党员大会，传达中央和学校重要精神，切实做到“送学上门”，让他们思想常新，理想永存。高校离退休管理部门要依托关工委、老年大学、老年艺术团、老年体协等平台，充分满足离退休人员的精神文化需要，精准引导老同志发挥正能量。

二、建立精准数据库，用信息化促进精准化

融媒体时代，信息资源共享和高效利用是至关重要的工作要求。高校离退休部门尤其要积极利用新媒体和其他科技手段，拓宽渠道，使工作更精准有效。要实现校内数据共享和分层管理，以更好地建立需求导向的工作思路。充分发挥运用信息化手段来开展离退休各项工作。积极协调二级单位党组织和退休党支部，着力打好“党建＋”这个“组合拳”，把“党建＋学习”“党建＋活动”常态化制度化。抓好离退休支部书记等骨干群体，大力开展“老党员驿站”“老干部学习园地”等建设，以信息化促进党建的更好发展。

三、完善精准工作模式，用标准化形塑精准化

新时代离退休工作的精准化，对高校离退休工作的工作人员提出了新的更高要求。要充分运用现有的各种资源，多管齐下，分条缕析地把离退休服务管理工作精准落地。这就要求工作人员要精准掌握离退休人员的家庭情况、居住地、身体状况等信息；要及时掌握好子女的联系方式，完善数据库；要切实做到“五必访”，即春节前必访、暑假前必访、生病住院必访、有困难的必访、家庭重大变故的必访；要精准搭建特殊困难离退休人员帮扶平台对家庭困难、身患重病、丧偶（子女不在身边）及家庭发生重大变故的离退休人员进行重点关注，及时给予帮助支持。

四、结　论

高校离退休工作，是一项常做常新的工作，是一项需要不断创新模式的工作。高校离退休部门工作人员，要以上述三条路径为着力点，在新时代的新起点上，奋力推进，开拓进取，精准化推进离退休各项工作，为学校的发展壮大加油助力。

2019 年 9 月

中国社区居家养老(服务)成因分析及实践探索

商　鸿

根据国际通行的判断标准,当一个城市或国家60岁以上人口所占比重达到或超过总人口数的10%时,标志着这个城市或国家进入了老龄社会。中国于1999年进入老龄社会。此后,社会呈现出老年人口基数大、增长快和高龄化、空巢化的趋向。当前中国的养老模式主要包括家庭养老、居家养老和机构养老三种。其中,家庭养老指主要由家庭成员提供日常照顾,机构养老指由养老院、老年公寓等专属机构进行养老,社区居家养老指社区为居住在家中的老人提供生活照料、家政服务、医疗保健服务等。

中国社区居家养老体系这几年已经有了不小的发展,特别是在东部沿海(如上海、宁波)。社区居家养老体系的产生宏观上可以归纳为"一个弱化"和"四个强化"。其中"一个弱化"是指家庭养老功能的弱化。中国传统的家庭养老观念是以子女养老为核心的,随着中国经济的高速发展,现在老人们的子女少了,子女工作后不在身边了,子女的工作压力大了,子女们还要照顾自己的子女;换句话说,就是子女已经开始不再把赡养父母作为自己最高的人生价值了……这些变化使得以子女养老为核心的家庭养老功能面临冲击和弱化,目前普遍存在的独居老人、空巢老人、留守老人问题都与之紧密相关。当然,老年人本身对待养老的观念也发生了改变,"四个强化"正好说明了这一点。"四个强化"是指老年人追求生活质量的意识增强了,老年人生活保障条件改善了,老龄工作特别是社区工作水平提高了,老龄事业更快发展了。从微观层面来讲,现在的老人不仅要有吃、有穿、有住,还要有尊严,能够表达自己的意愿。一是老年人的独立性越来越强,相当数量老年人愿意独自居住,明确表现出追求独立生活的愿望。二是老年人个性化色彩越来越明显,按自己的意愿生活而不是按子女意愿生活成为老年人的基本要求。三是不服老的老年人越来越多,尽管尊老爱幼仍然是我们的传统美德,然而愿意坦然接受自己已步入"老年"的老年人还是很有限的。退休制度可以使人变“老”,但这些“老”人在心理上并不接受“变老”。四是现在的老年人对情感、精神、心理的需求越来越大。

通过对“一个弱化”和“四个强化”的阐述,我们可以看到,社区居家养老是社会进步发展的必然产物,老年人群体是弱势群体,也是一个具有浓厚文化积淀的群体。居住在自己熟悉的环境里度过晚年是每一个中国老年人的夙愿。在老年人居家养老过程中,形成了两种力量:家庭养老功能弱化构成了推力,将老年人推离家庭;而老年人自身条件改善、社区工作水平提高和老龄事业发展则构成了拉力,将老年人拉回家庭。在这两种力量较量中,拉力成为决定事物发展方向的主要因素。所以说,社会经济迅速发展是中国政府选择居家养老的决定性背景之一,而居家养老也是中国社会经济发展的必然成果之一。

下面,我们来说一下社区居家养老在实践中是怎样进行的。居家养老服务的供给种类繁多,既涵盖基本的生活照料和家政服务,又包括更为专业化的老年人身体康复护理、医疗保健等,发展到一定水平还包括精神慰藉等心理层面的服务等,绝大多数采用上门服务形式。大多数情况下,居家养老服务也按照对象不同进行分类服务,如对身体情况良好的、生活基本能自理的老年人,居家养老服务主要提供家庭服务、老年食堂等基本服务,满足此类老年人的普遍性生活需求,必要条件下还可以提供法律服务等;对生活不能自理的高龄、独居、失能老年人提供更为全面、多样化、细致的养老服务,如家务劳动(洗衣、做饭、打扫卫生)、辅具配置、送饭上门等。经济较为发达、财力充足的地区还对老年人的生活设施进行无障碍改造,配置紧急呼叫器和安全援助等服务。部分有条件的地方也可以对失能老年人给予专项补贴,帮助其配置必要的康复辅具,提高其生活的自理能力和居家养老的生活质量。相比去专业的养老机构养老,社区居家养老的现实意义更大,不仅仅体现在经济开销上面,它融合了机构养老和居家养老的优点,不强迫老人离开熟悉的生活环境,又可以得到较为专业的照料,力图使老年人“正常化”地追求养老的目标也使在社区环境中为老年人提供全方位的服务理念成为可能,实现社会工作人文关怀的目标,更符合人道主义原则。

当前中国的居家养老实践中仍然存在着以下问题:

第一,社区居家养老服务发展受制于传统养老观念。虽然经济发展、社会转型、家庭结构发生了急剧变化,养老责任逐步过渡到以政府为主体的社会公共部门上,但仍有相当一部分政府管理部门、职能机构未能真正认识到社区居家养老服务的重要性和迫切性,没有意识到养老服务的职能已经由以家庭为主逐步转变为以社会为主。

第二,社区居家养老服务种类和层次较低。目前,中国大部分地区社区开展的社区居家养老服务项目偏重日常护理和家政服务,较多地关注老年人物质生活需求方面的满足,而精神慰藉方面的服务提供不足。

第三,社区居家养老服务供给主体单一。在政府内部,对于社区居家养老服务工作存在条块分割、资源分散的问题。投入不足、优惠政策落实不到位等种种问题是民政部门无法充分整合其他部门的资源和条块管理的结果。政府有关部门遇到的最主要难题是缺少资金,基层社区遇到的最主要问题是管理权限不够。

第四,社区服务人员职业化水平不高。政府应积极出台相应社区服务人员培训计划。对于大部分老年人来说,居家养老可能还是一个比较新的概念,但它的现实意义已经逐渐显现出来,居家养老符合老年人综合生活意愿,老年人更愿意在自己家中或熟悉的环境中度过晚年,居家养老可以与多种养老资源相联系,是养老的一种具体形式,这种养老形式只涉及老年人居住方式,不涉及养老保障来源。居家养老要利用和保护家庭养老资源。全国老龄协会会长李本公说,“居家养老服务实际上是在社区建立一个支持家庭养老的社会化服务体系,它是对传统家庭养老模式的补充与更新”。居家养老(服务)被定义为是以家庭为核心、以社区为依托、以专业化服务为依靠,为居住在家的老年人提供以解决日常生活困难为主要内容的社会化专业服务。

2013年3月

浅谈居家养老服务

张亚群* 雷振伟

当前,中国老龄化的形势日益严峻,养老问题日益突出。做好居家养老服务工作,对于应对好人口老龄化带来的一系列经济社会问题,构建社会主义和谐社会具有十分重要的意义。

一、居家养老服务概述

所谓居家养老服务,是指在传统家庭养老、子女亲属照料的基础上,政府、原单位和社会力量依托社区建立一个社会化的养老服务体系,为居家的老年人提供以生活照料、家政服务、康复护理和精神慰藉等方面为主要内容,以上门服务为主要形式,并引入专业化服务的一种养老模式。从养老方式看,居家养老以家庭为核心,以社区照顾为依托,以专业化服务为手段。从提供的养老资源主体看,有家庭成员的照顾,也有社会的帮助,是发展社区服务的一项主要内容,也是解决老年人养老服务需求的重要途径。

二、发展居家养老服务的必要性和意义

(1)居家养老服务集中了家庭养老和机构养老两者的优点,既满足了老人的“恋家”情结,又减轻了年轻人的负担,还节省了养老福利的投入。第一,这种形式更符合中国传统文化习俗,满足老年人传统家庭养老观念的心理需求。因为家庭对于老年人来说,是他们毕生经历和努力的结晶,保留了他们整个生命历程的印记,甚至是他们生命中不可缺少的一部分。中国老年人在希望获得服务的同时,更看重家庭带给自己的安全感、亲情感和归属感,这种超越服务层次的需求,往往只有在家里才能得到。第二,使老年人在家得到服务和照料,弥补了家庭照料功能不足。第三,居家养老可以节约社会的养老资源,就近为老人服务,有利于降低服务成本,使资源得到最充分的利用。

---

* 张亚群:浙江大学离退休工作处玉泉管理服务中心工作人员。

(2)居家养老服务是大多数老年人的必然选择。目前,中国的每千名老年人拥有的养老机构床位数只有11.6张左右,也就是说只有1.16%左右的老年人能够到养老机构享受养老服务,而其余98.84%的老年人不管是情愿还是出于无奈,必然会在家里养老。这就需要考虑绝大多数老年人的养老服务需求,我们应该大力倡导、发展居家养老服务。据国家统计局公布的第六次人口普查结果显示,中国60岁及以上老年人口已经超过1.77亿,占总人口的13.26%以上。人口老龄化给中国的经济、政治、文化、社会等方面的发展带来了巨大挑战,大力发展居家养老服务,是应对人口老龄化严峻挑战,破解中国养老服务难题的根本出路之一。

(3)居家养老服务是构建和谐社会、建设平安校园的体现。构建社会主义和谐社会、建设平安校园是党、学校在新时期提出的重大战略决策。关注老年群体,妥善解决老年人养老这一日益突出的社会问题,使老年人能够与其他人群一起共享经济发展和社会进步成果,既是构建社会主义和谐社会、建设平安校园的重要内容,也是构建社会主义和谐社会、建设平安校园的目的之一。全面贯彻以人为本的科学发展观,把构建社会主义和谐社会、建设平安校园的任务落到实处,让每一个老年人都能共享社会文明进步的成果,就必须大力发展居家养老服务,用社会化的为老服务惠及老人,有效延长老年人的生命,提高老年人生活质量,这样才能促进家庭和谐、社区和谐和学校和谐,进而推动和谐社会、平安校园建设。

三、发展居家养老服务面临的困境和挑战

(一)居家养老服务内容单一,与老人需求存在差异

目前,居家养老服务的内容主要围绕生活护理、家政服务和精神慰藉三大类,且偏重日常生活护理和家政服务,而事实上老年人的实际需求更趋向于医疗保健服务和精神慰藉服务。同时,居家养老服务的质量也有一定差异,老人的养老需求并不能得到很好的满足。

(二)居家养老服务政策法规还不健全

居家养老服务作为社会事业和公共服务的重要组成部分,同样存在政府重视不够、资源分配不足、基本建设资金匮乏、基本生活保障乏力、设施设备简陋陈旧、基本服务需求难以有效满足等问题。由于没有明确的政策法规予以支持,居家养老服务工作的开展受到一定的限制与制约。比如,居家养老组织体

系中各相关的职能部门对自己的定位不足，不清楚自己的职责范围；各部门之间缺乏有效的配合都影响到居家养老服务事业的健康发展。

（三）居家养老服务队伍的整体素质不高

目前，从事居家养老服务工作的大部分人员都是一些仅凭人道主义和经验而工作的人，接受过相关专业教育或有关老龄人口服务知识培训的专业人员很少。中国对居家养老服务尚没有明确的职业定位，居家养老服务员多被视为普通的家政服务员，社会地位和物质待遇较低。加之目前中国社区中志愿者服务队伍普遍不足，服务人员少、素质不高、队伍不稳定，不仅影响了居家养老服务的质量，也制约了养老事业的发展。

四、发展居家养老服务的建议

（一）加强宣传，提高共识

发展居家养老服务首先要加强宣传，要让老年人明白居家养老服务的性质、内容、必要性、紧迫性和可行性，进一步提高老年人和全社会的共识。一方面，可以通过电视、广播、网站、海报宣传或将居家养老的详细情况制成小折页，分发给有老年人的家庭。不仅要让老年人认清居家养老服务，还要使老年人的成年子女了解这一服务可以为他们减轻在繁忙的工作之余照顾父母的负担。另一方面，要取得老年人对居家养老服务的信任，就得充分利用老年人这一资源。因为老年人本身就是活的“广告”，让老年人自己宣传居家养老服务为他们带来生活上的便捷，这种宣传效果比铺天盖地的广告来得更有效。

（二）完善相关法律法规

政府要完善居家养老相应法律法规，使居家养老事业的开展做到有法可循、有法可依。相关利益人的利益受到侵害时，可以拿起法律的武器保护自己的利益。同时，可以规范政府相关部门的工作，明确其职责，避免其定位偏差，有利于工作效率的提高。

（三）丰富服务内容，完善基础设施建设

随着经济社会的发展和老年人生活需求的提升，为老年人提供的服务除了家政服务、出行服务和生活护理外，还要有其他特殊服务内容，如紧急救助、家政服务、生活护理、日间照料、精神慰藉等，同时详细列出服务项目，使之条目清晰，为居家养老提供支持，提高为老服务的服务质量与效果。对老人提出的不同需求,根据实际情况为其提供相应的人性化管理和特色化服务。另外,服务单位在扩大服务范围的同时也要大力发展福利设施,除了兴建新的公共设施,还可通过整合周边资源来完善设备,改善居住生活条件,提高服务水平。

(四)积极推进居家养老服务队伍建设

居家养老服务要不断提高专业工作人员的素质,建立一支道德水平高、服务意识强、专业水平高的社区居家养老服务队伍。完善养老服务人员的招募与培训机制是现实所需。重视养老服务行业的培训工作,可建立人才培训基地和管理人员的定期培训制度,与属地大专院校、卫生院校联合协作,对现有老年管理与服务人员进行有计划的培训。在开展居家养老服务培训中,可以将培训过程标准化,如使用统一的教材、统一的考试机制等,培训合格以后颁发经国家认可的资格证书。通过这类办法,可以有效地提高服务人员的素质和服务水平,有利于居家养老事业的发展。

五、结　语

虽然,目前居家养老服务在实施过程中还存在一定的问题,但是我们有理由相信,各级政府把发展和完善居家养老服务事业纳入国民经济和社会发展规划中,同时全社会共同大力发展居家养老服务,这一符合中国国情的养老机制必定会造福老年人群。

2013年5月

以精准化理念做好离退休工作的实践与思考

陈　燕*

天下大事,必作于细。党的十八大以来,习近平总书记多次强调党员干部要培养精准思维,精准开展工作,要从细节处着手,养成精准思维习惯,干工作不能满足于一般化,不能以原则应对具体,要一一回应,具体解决。习总书记的要求对做好新时期离退休工作有着重要的实践指导意义。近年来,随着经济社会的不断发展和老龄化社会的不断加剧,如何在新时期更好做好离退休干部服务工作,成了摆在我们面前的一个时代课题和要求,这也是广大老同志关心的一个话题。

浙江大学医学院附属第一医院现有离退休人员约3000人,如何让老同志满意、让院党委放心一直是我们思考的出发点和工作的着力点,在离退休干部服务工作中引入精准化理念,可以进一步适应服务需求,切实为老干部提供更加精细、更具个性的服务,也是贯彻党的十九大报告和全国、全省、全市老干部工作会议精神,为广大离退休干部享受美好生活提供更多的服务保障的实际举措。

一、精准,政策要精,问题要准

离退休干部的管理服务工作看似是群众工作,处理的往往也是鸡毛蒜皮的小事,但实际上它的政策性强、涉及面广。一方面,从我院实际看,仅是退休人员,就有教学编制、医疗编制、本院退休、铁路医院退休等各种身份,利益诉求不同,工作政策差异,这就要求我们精通掌握党和国家以及学校、医院有关法规措施,加以认真贯彻落实;另一方面,从关系着离退休干部晚年幸福、家庭和睦和社会稳定角度出发,要求我们看问题要准。精准化服务的前提是要坚持问题导向,从以往的经验看,很多我们想当然认为可能是问题的却并不一定是老同志急需的,而老同志反映多的却往往不在我们的工作视野中。因此,我们在工作

---

*　陈燕:浙江大学医学院附属第一医院工会办公室副主任。

中力求深入老同志群体中问需、问难、问计，力求尽可能准确掌握老同志的思想状况和身体、就医、家庭、养老等各方面的情况和需求，如医养结合的养老推荐，重点关注人群库的建立（高龄独居、空巢、重症困难等），社区电梯安装的协调等等。这些针对不同身份、不同职级、不同年龄、不同健康状况的老同志的调研摸底，使我们的服务管理工作有的放矢、有力放矢，只有做到了问题精准，才有后续可能的措施精准和服务精准。

二、精准，准在细节，重在精心

“以人为本，以老同志为本；关爱老同志、尊重老同志”，是离退休办公室始终坚持的理念。我们认为重在精心，准在细节，只有在找准问题的基础上，精心组织开展各类活动，重视细节管理，才能真正让广大老同志感受到精准化服务，感受到组织的关怀。

这些年来，在医院党委和领导的关心支持下，办公室组织了一系列贴近老同志日常生活的活动，极大丰富了老同志们的退休工作，让他们感受到浙一大家庭的关心。例如，每年元旦之后，办公室都会组织老同志体检。开始的第一天，办公室主任带队起早亲临体检现场，了解老同志的身体状况，询问检查情况，碰到问题现场解决，针对高龄、无子女陪同的老同志，做好陪同、协调工作。又如辞旧迎新之际，分别组织离休老干部、退休职工（与人力资源部合办）迎春座谈会。医院院长王伟林、党委书记顾国煜与老干部们、退休职工欢聚一堂，向他们致以新春的祝福，并送上喜气的“福”字围巾与慰问品，感谢他们一如既往地关心和支持医院的建设和发展。此外，诸如本院离退休职工生日时为他们送去生日蛋糕、捎上一份温馨的祝福；90岁以上的老人过生日，离退休办公室成员都会亲自上门，并会同有关科室的主任、护士长为其送上长寿蛋糕和祝福，使老人真正感受到医院领导的关爱和浙一大家庭的温暖；不定期组织茶话会和户外活动；在固定的节假日给他们送去医院领导的慰问等，这些精心设计而又细致入微的工作贯彻于整个日常工作流程中。

三、精准，要以党建为引领，持续推动正能量工作

工作中我们也思考，精准化服务的目的是什么？不是也不能仅仅满足于做好老同志的“保姆”或者“服务员”，而是要通过精准化的服务，深化“以老同志为本”的服务理念，进一步向管理工作精细化、服务工作人性化迈进，以党建为引领，充分发挥老同志的智慧和经验，助推医院“双一流”建设。从这个角度上说，离退休党建工作依然大有可为。离退休党员接受党的培养教育多年，党性

修养过硬，思想作风扎实，普遍政治觉悟高、理论素质好、大局意识强，是党的优良传统作风的体现者、继承者和发扬者。如何发挥好离退休党员的能动性，我们也做一些探索和工作。

党总支按照党委工作部署，进行相关的支部学习。组织老党员开展相关活动，每年都会开展新春慰问党员活动，组织召开支书记及支委新春座谈会。

定期组织党员学习，以自学的形式学习全国“两会”精神、党的十九届四中全会精神、习近平在全国教育大会的讲话精神等，思想上与党中央保持高度一致。创立并依托支部微信群，以及向各位党员寄信等多种方式，开展党建工作。党员们在微信群里话党建、谈体会，既有互动又有交流，十分活跃。自助学习有关文件，研讨离退休总支党建工作。发动退休党员主动关心离退休职工。

四、精准，要不断探索工作方式创新

在工作中我们深深感到，精准化理念的实施不是一蹴而就的，需要我们不断探索创新工作方式。例如，积极响应医院“最多跑一次”的号召，改变工作思路和方式，开展“最多跑一次”和“一次都不跑”的行政效能提升工作，我们采取主动上门等形式，从收集刚退休人员信息到看望慰问、组织活动、参加体检，再到送终告别，都有专人进行服务。

要探索利用社会服务资源，加强管理监督，提升精准化服务质量。诸如如何加强与老同志集中居住区域的社区联动，建立起以社区为依托，社会服务和社区志愿者服务为补充的居家养老服务体系；如何进一步丰富老同志的精神文化生活，重视对独居、患病、心理孤独等特殊人群的关心照顾和服务；如何坚持综合服务理念，从单一的服务模式向社会化、精准化的综合服务转变等等这一切，都有待于我们在今后的工作中进一步细化和完善。

精准化服务是人性化的服务、高品质的服务，更是创新式的服务，我们要努力使离退休干部服务工作更上一层楼，使广大离退休干部晚年更幸福、更有尊严。

2018年10月

做好居家养老服务工作的思考

王耀先*

中国目前已成为全球老年人口最多且增长速度最快的国家。据国家统计局最新公布的第六次人口普查结果显示，中国60岁及以上人口突破已经达到1.77亿人，约占总人口的13.26%，其中65岁及以上人口为1.19亿，约占总人口8.87%，60岁及以上的人口比重上升2.93个百分点，在65岁及以上人口比重上升约1.91个百分点。与世界上其他国家养老服务相比较，中国养老服务系统还较为薄弱，社会养老设施及相关的社区服务需进一步改善。经过这几年的摸索和实践，居家养老模式更符合中国国情，其在资源优化配置，为老年人服务的广度、深度以及社会适应度等方面都具有很大的发展空间，是今后养老模式的主要选择。

一、居家养老服务的概念及定位

(1)居家养老服务，是指在传统家庭养老、子女亲属照料的基础上，原单位和社会力量依托社区，有组织地为需要帮助的老年人提供社会化养老服务的新型养老模式，服务的主要内容为生活照料、医疗康复、紧急救助、法律维权和精神慰藉等。具体的居家养老服务，一是指老年人按照中国民族生活习惯，选择居住在家中，而不是入住养老机构，安度晚年生活的传统养老方式。居家养老的主体是老年人，居家养老的载体是家庭，养老照料的责任是亲属。让老年人生活在熟悉的家庭环境中，接受家庭其他亲属成员对其晚年生活的照顾，享受亲情融洽的家庭生活氛围，是符合中国国情的主要养老传统选择。二是随着家庭小型化和空巢家庭的出现，为改善居家老年人的生活质量，减轻家族的照顾压力，要依托原单位和社区居家养老服务照料机构为老年人提供生活照料、医疗康复和休闲娱乐等服务。

(2)居家养老服务的内容主要是生活照料和康复护理，并逐步向精神慰藉

*　王耀先：曾为浙江大学离退休工作处工作人员，现已退休。

领域拓展;居家养老服务的方式主要是上门进行个案服务,同时发展社区老年人日间服务机构,对老年人进行综合性的集中服务照料。因此,居家养老服务实际上是原单位和社区之间建立一个支持家庭养老社会化服务体系,具有服务主体多元化、服务对象公众化、服务方式多样化、服务队伍专业化等特点。"居家养老"服务相对过去传统的"家庭养老"而言,虽只有一字之差,却赋予了全新的含义,它把社会化的为老服务引入家庭,是对传统的家庭养老模式的补充与创新。换言之,这也是立足于社会主义初级阶段的基本国情和中华民族孝亲敬老的优良传统,充分尊重广大老年人的意愿和心理需求,在继承、改革和发展传统家庭养老模式的基础上,全力营造的一种新型的老年人在家里居住与社区照顾、上门服务紧密结合的新型养老模式。它既不同于并优于传统的家庭养老模式,也不同于机构养老模式,是目前有效应对人口老龄化严峻挑战、破解为老服务难题的根本办法,是有效解决绝大多数老年人养老服务需求的一项现实选择。

(3)开展居家养老服务工作要明确几个定位。①政府的定位。在开展居家养老服务中政府应当扮演倡导者的角色,其作用是对这项工作进行宣传、规划、扶持、监督和评估。②单位与社区的定位。目前,涉及居家养老服务的主要部门有民政局、老龄委、原单位及社区等部门。要协调好各有关部门关系,避免政出多门。③家庭定位。家庭成员目前在居家养老中仍然要扮演最重要的角色,以家庭成员为主要照料者的比重仍高达90%,享受社区居家养老服务占7%,享受机构养老服务占3%。因此,当前和今后一个时期,仍然必须提出巩固完善家庭赡养的任务。要按照《中华人民共和国老年人权益保障法》的规定,确保赡养人履行对老年人经济上的供养、生活上照料和精神上慰藉的义务,照顾老年人的特殊需要。否则,光提居家养老服务、政府和社会的责任,忽视家庭的最基本养老服务功能,原单位和社会也将不堪重负。④老年人自身定位。作为这项工作的受益者,老年人自身也有个正确定位问题。特别是更多的老人是需要帮助满足需求的,有支付能力的老年人群体今后会越来越大,这就需要引导老年人改变消费观念,愿意自己掏钱购买所需的各种为老服务。

二、开展居家养老服务工作的几个突破口

居家养老服务工作能否顺利开展,突破口选取得准不准非常重要。从现有的成功经验看,主要有以下几个方面:

(1)从工作对象上讲,应当从最需要帮助的老年人做起,确保最困难、最需

要帮助的老年人首先受益。已有经验表明,设立应急救助门(电话),邻里结对帮扶、原单位及社区上门看望等在居家养老服务中首先出现并不是偶然的,而且确实有效地防止了独居老人出现意外多日无人知晓事件。

(2)从服务模式上看,应当根据本人的实际情况出发,选择最易为老年人接受的方式开展服务,形成"走进去""走出来"。比如建立一支经培训后持证上岗的服务员上门服务,他们除了每天到老人家中料理家务、买菜做饭、看病拿药,洗衣拖地外,还主动开展一些亲情化的特殊服务,深受老年人的欢迎,老年人家属对他们也很满意放心。所谓"走出来",就是让大部分行动方便的老年人走出小家庭,融入社区大家庭。社区应相继建立带有日托服务功能的居家养老服务中心,向老年人提供日托、就餐、康复、休闲娱乐、学习等多种服务。

(3)从经费保障上看,开展居家养老服务,应当按照市场经济规律要求建立起新的运行机制,以较小的投入获得较大的产出,使政府有限的资源获得较恰当地使用和最大化的效益,形成"投资多元化、运作市场化、管理规范化、对象大众化、服务人性化、队伍专业化",以及专业服务与志愿者服务相结合的"六化一结合"养老服务社会化新体系。

三、居家养老服务工作的创新

居家养老服务工作,必须创新观念,才能不断深化。

(1)指导思想要新,带动设立新的工作目标、原则和服务内容。在当前新形势下全面开展居家养老服务,其指导思想应当有以下主旨:要以党的十七大精神为指导,高举中国特色社会主义伟大旗帜,坚持"以人为本"的科学发展观,立足老年服务工作,按照构建社会主义和谐社会的要求建立健全与人口老龄化进程相适应与服务需求相协调、服务方式多样化、服务功能多层次、投入主体多元化的新型居家养老服务体系。

(2)坚持政府政策主导,社会力量参与。以政府公共财政投入为支撑,以政策扶持为导向,积极鼓励社会力量参与养老服务,形成养老服务事业和产业发展的合力,完善养老服务社会化发展机制。

(3)坚持整合资源,规范养老服务重点对象。对于现阶段为特别困难、生活不能自理且无子女或子女无法实施有效照料的独居、空巢、高龄、残疾和特殊优抚对象老年人,其服务内容应当有以下几大类:①生活照料服务。为老年人提供日托、陪伴、配餐送餐、家政服务等一般照料和陪护等特殊照料服务。②医疗康复服务。为老年人提供健康教育、疾病防治、康复护理、开设家庭病床等服务。③紧急救助服务。为老年人提供应急呼叫系统和定期派人上门安全检查服务,满足特殊困难老年人应急救助需要。④法律维权服务。为老年人提供法律咨询、法律援助等权益保障服务。⑤精神慰藉服务。为老年人提供看望聊天、心理护理等服务。⑥其他老年人需要的服务。为老年人提供包括文体娱乐教育服务和组织低龄健康老人自愿为高龄老人服务等。

四、结　语

居家养老是伴随着人口老龄化和城镇化的进程而出现的一种新的养老模式。随着社会化养老方式的发展、养老保险制度覆盖面的扩大和保障内容的拓宽,家庭可能不再是养老资源的直接提供者,城市老人的经济来源将主要依靠养老金和社会保障,社会养老和自我养老的比例会逐步上升,但家庭的责任、亲情的关怀不会随着养老方式的变化而改变,家庭中成员提供生活照料和亲情关怀的作用是不能被简单替代的。着力构建以居家照料为主的老年人长期照料模式,发挥政府政策的主导作用以原单位及社区等社会力量的积极参与,逐步形成和完善失能老人长期照料的社会支持系统,提升开展居家养老服务工作的层次和水平,才能使我们的居家养老服务工作做得更完善、更接近老人需求。

2012年9月

加强与社区共建为老服务平台

——浙江大学离退休工作处“校社共建”初试

董业凯

如今随着社区建设的日趋成熟，对学校离退休人员的管理已不再局限于离退休工作的日常服务。为了完善离退休人员的服务工作，更好地提高离退休管理水平和服务质量，根据中组部等九部委《关于利用社区资源做好离退休干部服务工作的意见》精神，浙大离退休处针对离退休人员实际情况，积极探索“校社共建、为老服务新模式”。笔者在有关工作方针的指导下，自2010年起参与并实施了以浙大西溪校区为主要试点的“校社共建”项目，通过与社区共同搭建“为老服务”平台、完善“为老服务”项目、建立“为老服务”机制、提升“为老服务”质量等举措，帮助离退休人员解决了一些实际困难，使离退休干部职工的满意度得到了较大的提高。

一、前期调研

为了更好地满足离退休人员的服务需求，笔者通过发放调查问卷、收集各校区资料等方式，对浙大离退休人员的居住状况、家庭状况、身体状况等进行了深入的调查和研究。通过调研发现，我校离退休群体主要存在两方面问题：一是孤寡、“空巢”老人所占比例高。数据表明，现浙大孤寡、“空巢”老人已达60%以上，如华家池校区现有“空巢”、孤寡老人896人，占该校区全部离退休人员的88%，其中独居老人62人，占6%。而从西溪校区对浙大御跸社区（浙大片）发放的150份需求调查表反馈情况中发现，吃饭难、看病难是现阶段社区孤寡、“空巢”老人所面对的主要问题。二是离退休人员居住分散。以浙大西溪校区为例，如图1、图2所示，除启真名苑居住人数相对较多外，居住在杭大新村、紫金文苑、庆丰新村等学校教职工宿舍的人数只占总人数的38.8%，另有37%的退休人员居住在城市内的其他社区，而各住宅区分布也相对分散。这一客观因素在一定程度上增加了离退休管理的难度，由此也能看出“校社共建”的重要性。

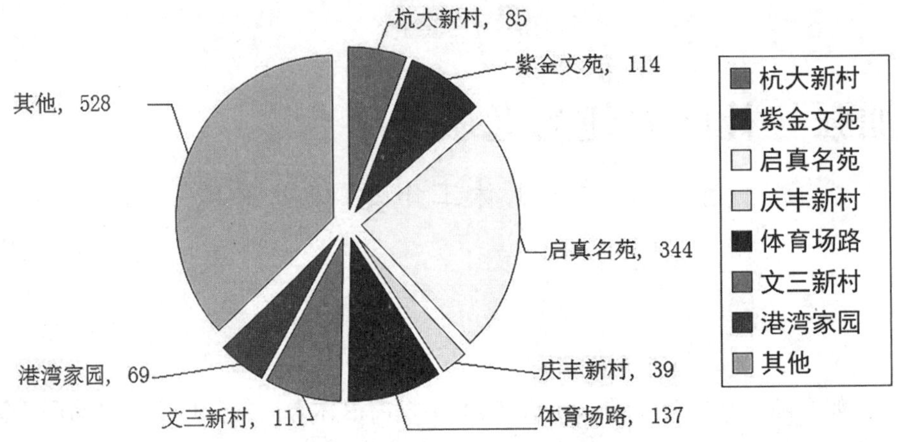

图1 浙大西溪校区退休人员居住分布情况统计（单位：人）

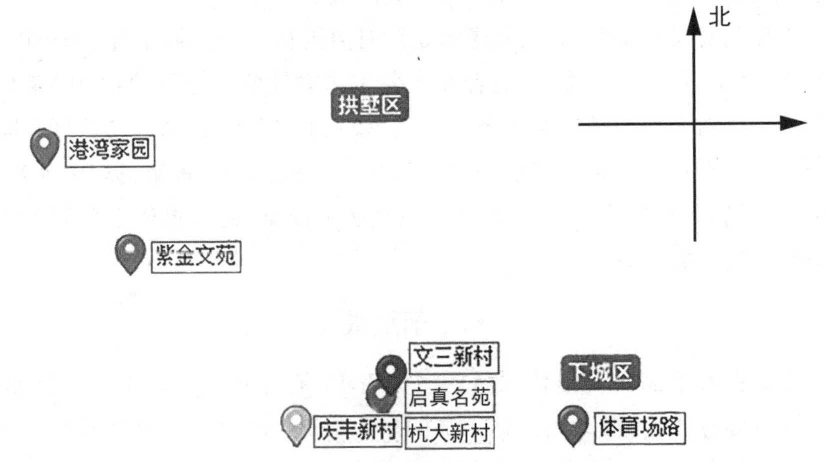

图2 浙大西溪校区退休人员主要居住社区分布情况

二、实施方案

针对前期调研所发现的问题，浙大离退休处分别在西溪、华家池和玉泉校区设立共建试点，联合相应社区建立“为老服务”工作机制。笔者主要参与了西溪校区与浙大御跸社区的共建项目的实施。

西溪校区离退休办公室与浙大御跸社区于2010年7月13日签订共建协议，共同开展共建“和谐校区、和谐社区”活动，双方共同探讨为老服务的有效途径和对策，充分利用社区和校区资源为老同志服务，努力营造和谐校园和和谐社区。同时，西溪校区在职党支部与浙大御跸社区第九党支部也结对共建，建立长效组织机制。校社共建的主要内容：一是建立对口的工作联系制度，定期研究探讨为老服务工作内容和措施，交流服务体会，并设立信息互通交流平台；二是共享学校社区资源，梳理同资源集聚及辐射有关的各种策略，通过与社区共建“为老服务”平台，想方设法解决浙大孤寡、“空巢”老人重点服务对象的实际困难，从而促进和谐校园、和谐社区的建设；三是相互合作配合，联合组织离退休老同志就近开展学习和活动，方便他们就近得到生活上的关心照顾，鼓励和引导离退休老同志运用自身的政治优势、经验优势和威望优势，在社区建设、社区党建、社区精神文明建设、帮助青少年健康成长等方面就近发挥作用；四是支部结对，互帮互学，共同提高，以“服务发展、争创一流”为主题，积极发挥党员的先锋模范作用，及时了解和掌握离退休老同志的思想动态，主动为他们排忧解难，维护学校和社区的和谐稳定。此外，华家池校区离退办与华家池社区、玉泉校区离退办与求是社区也分别开展结对共建活动。

三、解决问题

根据情况调查反馈的意见，并结合以“校社共建”为平台的“为老服务”工作机制，浙大离退休处各校区办与社区形成资源共享，保证室内老年活动场所和必要的户外活动场地，并配备必要的学习、娱乐、健身设备，同时充分利用社区医疗保健设施。

（1）解决吃饭难问题。西溪校区离退办与浙大御跸社区附近的约克酒店联系合作设立了爱心就餐服务点，已为60多位老人办理优惠就餐卡，方便他们在酒店食堂就餐。其中，浙大离退休老同志中已有41人办理优惠就餐卡，从一定程度上解决了一部分孤寡独居老人的吃饭问题。今后将根据需要，考虑办理第二批优惠就餐卡。此外，还计划在社区内办一个净菜小超市，以解决老年人吃饭难、买菜难的问题。

（2）帮助老年人小病不出社区。通过与社区卫生院合作，对社区内孤寡老人实施送药到家服务，包括配一般药、打针、挂盐水等，做到让老同志小病不出社区。

（3）打造楼道文化园地，构建社区党建品牌。西溪校区离退办配合浙大御跸社区，在社区内开辟了8个具有代表性的楼道文化园地建设，利用楼道文化园地这个平台广泛宣传党的路线、方针、政策及法律法规、城市居民守则、社区安全、老年医学等知识，还根据居民喜好张贴书法、绘画、摄影、心得体会、读后感等内容，并落实了校社共建宣传橱窗，以扩大学校的社会影响。华家池校区离退办则与社区共同在多功能厅建起了“党建活动室”，把有关党建制度公布在墙上，把党员照片挂在墙上，使党建工作迈上了一个新台阶。

(4)开展对困难离退休党员的帮扶工作。西溪校区老党员老王腰部有严重伤残，妻子是企退人员并患有胃癌，儿子有精神病，小孙子又患有智障，家庭生活比较困难。校区离退办与社区共同商量，除加大送温暖力度外，还指定了专职助老员每星期上门看望以及帮助做些家务事等。

(5)开展好各类教育班和老有所乐活动。西溪校区利用场地优势与浙大御跸社区合办学唱“红歌、老歌”声乐班，目前招收老年学员近200名。西溪校区合唱团和舞蹈队在重大节假日参与社区文体活动，与社区一起组织文艺交流演出等活动。华家池校区与华家池社区广泛合作，利用多功能厅和星光活动室共同创办了老年学院、老年合唱团，还不定期举办英语口语和摄影兴趣班，极大地丰富了老同志的晚年生活，实现了全方位的活动室资源共享。

(6)完善服务设施。浙大离退休处社区共建的重要环节是学校与社区形成资源共享，充分利用社区和校区的活动场地资源，将校区活动室向广大居民开放，确保室内老年活动场所和必要的户外活动场地，并组织各种文体培训和交流，配备必要的学习、娱乐、健身设备，同时充分利用社区医疗保健设施等为老同志提供优质服务。如玉泉校区离退办根据求是社区活动场地紧张的现状，每个星期腾出半天时间将健身房提供给社区文艺团队活动，并针对社区文体团队缺乏的情况，大力配合，提供文体人才代表社区参加街道、区等的比赛和演出，与求是社区共同开展老年文体活动。

(7)建立多层次的服务队伍。在与社区开展共建活动中，离退休处除了工作人员日常开展为老服务工作外，还配合社区组织建立志愿人员队伍，成员包括社区“4050”人员、离退休人员、勤工俭学学生和社区内热心公益活动的健康老人。志愿者主要与“孤寡老人”结对子，为他们免费提供精神抚慰、知识培训和健康咨询、法律援助等各类服务。同时聘请专业人才对志愿人员进行培训，提高志愿人员的服务质量。

四、总结思考

“校社共建”的新思路对高校离退休工作是一种创新，而离退休社区化管理的可行性也日趋明显。笔者此次所参与的浙大离退休处“校社共建”项目是浙大离退休工作新思路的一个大胆尝试。一方面，在学校和社区的合作下解决了一部分“孤寡”、独居老人的就医、就餐问题，使为老服务更加细化，更具有可操作性；另一方面，老年人足不出户解决买菜、看病问题也从一定程度上节约了社会资源，譬如外出就医所造成的交通拥挤、医院资源紧张等。不难看出，社区还有更多的宝贵资源有待开发及利用，作为一名离退休管理工作者，不光是停留在现有的为老服务上做文章，今后更可发展社区的“老年”资源，为“小”服务，做好关心下一代工作，使离退休工作发挥更大的作用。

2012年3月

文体纵横篇

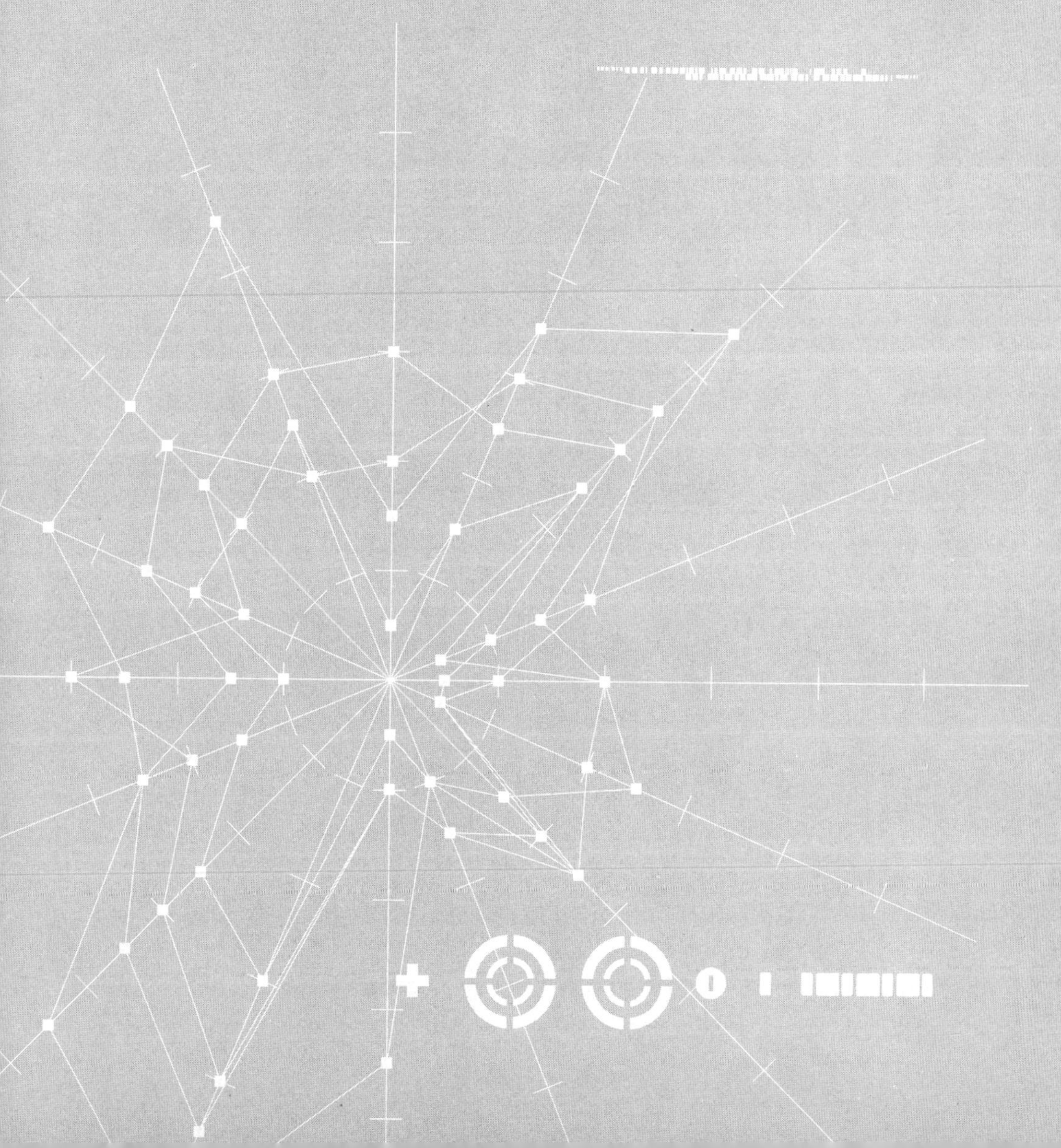

高等院校推动老年教育发展的作用研究

王庆文* 王剑忠 雷振伟

近日,《中华人民共和国国民经济和社会发展第十三个五年规划纲要》正式颁布,其中教育篇章对今后五年教育改革发展方向作了新定位,提出了新要求,尤其是提出"大力发展继续教育,构建惠及全民的终身教育培训体系",着重提出要发展老年教育。不断满足广大老年人日益增长的精神文化需求,是应对新阶段中国人口老龄化新挑战的重要手段,是构建社会主义和谐社会的必然要求和现实需要。高等院校应凭借独特优势,承担起推动老年教育发展的作用。

一、发展老年教育的重要意义审视

(1)实施积极老龄化战略需要重视老年教育的发展。根据全国老龄办数据,到2015年,中国60岁及以上老年人口将达到2.16亿,约占总人口的16.7%。为应对老龄化带来的社会问题,中国实施积极老龄化战略,发挥老年群体的社会作用。发展老年教育是实施积极老龄化的重要举措,有利于提高老年人思想道德水平和科学文化素质,有利于提高社会文明程度,有利于促进社会稳定和谐发展。

(2)构建终身教育培训体系需要协同老年教育的参与。"十三五"规划以及《国家中长期教育改革和发展规划纲要(2010—2020年)》,都提出要"重视老年教育",并提出"构建惠及全民的终身教育培训体系",到2020年基本形成学习型社会教育发展战略目标。老年教育是终身教育体系的最后阶段,重视和发展老年教育,对建设全民学习、终身学习的学习型社会具有重要现实意义。

(3)满足老年人精神文化生活需要推动老年教育的运行。老年教育帮助老年人改善知识结构,提高综合素质,丰富老年生活,陶冶高尚情操,培养积极向上的老年观和健康观,提高社会适应能力和自我发展能力,不断满足老年人日

---

* 王庆文:曾任浙江大学离退休工作处处长、离休党工委书记,现任传媒与国际文化学院党委书记。

益增长的精神文化需求。这就需要大力地推进老年教育事业的发展,实现“老有所教”“老有所学”的目标。

二、高等院校推动老年教育发展的优势责任审视

(1)高等院校积极参与应对“社会老龄化”的社会责任。发展老年教育是实施积极老龄化战略的一项重要举措,高等学校应担当一份社会责任。高等院校是教育单位,老年教育是全民教育的组成部分,又是终身教育不可缺少的部分。所以,高等院校推动老年教育发展,满足和提升老年人的精神文化生活需求,既是社会总体的战略要求,也是高等院校的社会责任。

(2)高等院校现代大学功能充分发挥的良好体现。现代大学有四项功能,即人才培养、科学研究、社会服务、文化传承。高校通过培养学生,为社会的各行各业输送建设人才,通过科学研究,将实验室的成果转化为生产力,为国民经济服务;同样,以自身的优势资源来推动老年教育发展就是直接为社会服务,尤其是开门办学,充分发挥了高等教育的社会效益,更是受到社会的普遍欢迎。

(3)高等院校突显自身条件的优势资源。高等学校发展老年教育具有以下优势:第一,可以充分利用高校的教育设施、设备、场所等资源优势来办好老年教育;第二,可以充分借鉴和运用丰富的行政和教学管理经验,长期的办学经验和先进的管理模式可以保证老年教育和教学活动的顺利开展;第三,可充分利用高校较充裕且富有教学经验的师资力量,提高老年教育的教学质量;第四,可利用高校的教育科研人员,开展老年教育的相关研究,推动老年教育的前瞻性发展。

三、高等院校发展老年教育的推动作用

在老年教育事业中重视利用并开发高校资源,除了加强硬件设施等方面建设以外,笔者认为,高等院校对老年教育向高层次、广辐射、高学科、高质量的发展起到不可替代的作用。

(1)利用高校的师资资源,发挥老年教育教学质量的保障作用。高等院校的人力资源较为丰富,在长期的办学过程中,培养了一大批作风严谨认真、教学经验丰富的教师,学校还培养了众多专业知识扎实、有一定传授能力的学生。学校应该站在担负终身教育的责任高度,制定相应的政策制度,选派优秀的教师和学生,充实到老年教育的师资队伍中去,这支队伍将为老年教育的教学质量提供重要的保障。

(2)利用高校的学科资源,发挥老年教育知识结构的创新作用。现代社会

的老年人面临着与传统社会观念、行为相冲突的诸多矛盾，这就需要他们不断更新知识，迎合时代不断调整自己的知识结构。联合国《国际行动纲领》指出："许多情况表明，知识的迅速大量增加正在导致资料的瞬即过时，从而造成社会的脱节现象。这些变化表明，必须扩大社会的教育结构以解决人们整个生命期间对教育的需求问题。"老年人作为社会个体成员，就要从广度上了解社会变革带给人们观念、行为的巨变。学会适应在高新技术社会中的生存，改变以往所习惯了的传统生活方式，以乐观豁达的心态去迎接晚年生活的到来。高校的学科门类齐全，尤其是一些综合性大学，在学科建设过程中，不断地更新知识，深化理论，将最新的发展成果反映在学科内涵中，这些知识也是老年人了解社会、融于社会、解决内心矛盾很好的武器和手段。

(3)利用高校的办学经验，发挥老年教育规范办学的示范作用。在长期办教育的过程中，高校形成了独具特色的校园文化，积累了丰富的教学经验，完善了一批教学制度，为推动老年教育的办学教学提供了可借鉴的示范经验。笔者认为可以从以下三个方面引领老年教育的规范化发展问题。首先，借鉴高校的教育管理经验。从入学、教学大纲、上课、课外活动、考核到结业，完善管理制度，保障教学有条不紊地开展；同时关注老年学员的特殊性，把握教学管理的服务性，明确中心任务是为老年学员来校学习创造一切必要的条件。其次，借鉴高校的教学模式经验。加强教学计划的制定，严谨又要灵活；突出授课内容重点，围绕中心开展符合老年人认知规律的教学形式，讲解、讨论、观摩等；考核形式可以多样，只要促进教学质量提高都是检验学习效果的好形式。再次，借鉴高校的教材创新经验。高校教师有丰富的教材编写经验，可以利用这些经验，再针对老年特点，编写具有时代特征、贴近老年人生活和实际需求的各类教材，保障老年教育可持续发展。

(4)利用高校的科研力量，发挥老年教育可持续发展的研究作用。老年教育这门科学由于起步较晚，有些理论性工作还有待进一步加强。对此，高等院校义不容辞，利用高校庞大科研队伍的整体实力，担当起老年教育科研主力军的角色。据悉，浙江大学在人口保障方面注重老年保障事业的研究，为中国老年学研究撑起一面大旗，有些成果已转化为国家老龄政策，解决了许多实际问题；复旦大学成立"老年教育理论研究小组"，以本校为基础，有针对性地进行研究，同时积极申报相关老年教育研究课题，组织交流会议，出版理论研究专集；中国人民大学还先后举办了好几起老龄工作人员培训班，为全国各地培养了大量老龄服务人员，大家交流实际工作中碰到的问题，经梳理、总结、提炼；有些已上升到理论；南京师范大学、苏州大学等也相继开办了老年学本科专业、应用硕士专业，以适应时代需要。高校有能力为老年大学提供在职专业教师、离退休教师以及对老年大学的师资进行培训，助力老年教育知识结构调整所需的师资队伍建设，为老年大学开发综合性多学科的新课程设置提供有效的智力支撑，随着时代变化，不断调整和完善课程设置。

总之，高等院校对老年教育事业发展的推动作用是多方面、多层次的。身处人口老龄化的时代，高等院校必定能为对老年教育做出应有的贡献。

2016年5月

终身教育视野下的高校老年教育发展研究*

朱　征　季　玮

一、终身教育和老年教育

“终身教育”这一概念是在1965年最先由联合国教科文组织成人教育局局长保罗·朗格朗正式提出的，他提出“终身教育并不是指一个具体的实体，而是泛指某种思想或原则，或者说是指某种一系列的关系与研究方法，也指人的一生的教育与个人及社会生活全体的教育的总和”。终身教育是每个人所受的各种教育的总和，不是教育体系本身，而是贯穿于体系每个部分发展过程的原则。

终身教育包括人一生所受的各种教育的总和，当然也包括人在老年时期接受的教育，老年教育是终身教育的最后一个环节；从另一个角度来说，人在老年阶段的发展中也贯穿着“终身教育”的原则，应以这种原则和思想来指导人老年生活的构建及老年事业的发展。

二、高校老年教育现状分析——以浙江大学老年学院为例

以浙江大学老年学院现状为例，我们随机抽取浙大老年学院学员做了一次统计调查研究。调查问卷的设计基于浙大老年学院的办学实际，同时参考了《全国老年教育发展规划》编制组“高等教育组”设计的《高校利用资源优势办老年大学现状调查问卷》的设计理念。按照四个校区分院的开班数，四校区的样本采集量分别是：玉泉分院36名、西溪分院12名、华家池分院9名、湖滨分院12名，共69名学员。按照开班数量的比例采集数据，以尽可能保证数据来源分布均匀、真实可信。数据回收后，提出无效样本，最终确定49份样本进入统计分析。

（一）学员情况

1. 学员基本情况

学员的年龄中70周岁及以上学员所占比例最高，为61.22%；其次是60～69周岁学员，为28.57%；最后是50～59周岁学员，为10.20%。由此可见，70周岁及

*　原载《中国校外教育》2015年第7期。

以上学员是目前浙大老年学院学员的主要组成部分，而50～69周岁的相对年轻的退休人员参与较少。

学员的文化程度中本科学历的学员所占比例最高，为57.14%；其次是高中学历的学员，为18.37%；再次是大专学历的学员，为12.24%；最后是初中与硕士及以上学历，均为6.12%。由此可见，浙大老年学院的学员学历分布呈现中段大、两头小的纺锤形，占半数以上是本科学历的学员。

学员的学习动机中，兴趣爱好的学员所占比例最高，为70.00%；其次是修养身心的学员，为20.00%；最后是更新知识的学员，为10.00%；而结交好友、打发时间、服务社会的学习动机在统计样本中所占比例为零。由此可见，浙大老年学院学员的学习动机以兴趣爱好为主。

学员的学习期望中希望通过学习达到基本掌握的学员所占比例最高，为67.35%；其次是希望达到系统掌握的学员，为20.41%；再次是希望达到初步了解的学员，为8.16%；最后是希望达到深入研究的学员，为4.08%。由此可见，浙大老年学院的学员学习期望分布呈现中段大、两头小的纺锤形，绝大多数学员的学习期望是基本掌握。

在老年学院的学员中，本校人员占81.63%，外校人员占18.37%，可见浙江大学老年学院的学员以面向校内为主。

大多数学员的学习年限处于3年至6年之间。

2. 师资情况

浙江大学老年学院现有教师19人，其中专职教师4人，兼职教师15人，以兼职教师为主；教师的年龄分布：30～39岁4人，40～49岁2人，50～59岁5人，60～69岁2人，70岁及以上6人；教师职称情况：杭州市老年大学评聘的教授1人，副教授4人，国家二胡二级演员1人，工艺美术师1人，工程师1人，画师1人，其他10人；教师学历分布：统计到的有硕士2人，本科6人，大专5人。教师来源情况：本校退休9人，本校现职0人，外聘10人；教师任教时间分布：1～3年6人，4～6年7人，7～9年2人，10年及以上4人。

3. 教学情况

浙大老年学院采取自我管理的模式，目前设有16类课程24个班次，包括山水画班、花鸟画班、二胡技巧班、二胡乐曲班、摄影班、书法班、人物画班、民族舞班、舞蹈班、高级英语班、初级英语班、声乐班、PPT制作班、越剧班、京剧班、编织班。班级管理人员16人，均为校离退休处在职人员及退休人员兼职，无报酬;学员928名;教学形式以课堂传授为主,目前无统一教材。

(二)老年学院办学中存在的问题

1. 教学质量有待加强

浙大老年学院的教学质量存在很大的提升空间。譬如,老年学院的教师来源主要有两种:本校退休和外聘,两者所占比例相当。事实上,浙大退休老师群体庞大且教学水平很高,目前老年学院对这一庞大教师资源的挖掘还不够充分。其次,教师中70周岁以上人员所占比例最高,这也是一种优势,因为授课对象均为老年人,且依照前面的统计可得70周岁以上人员亦是学员中超过半数以上的主要群体,教师与学生的年龄相当,相互间可以有更多理解与沟通。但70岁以上的高龄教师也存在身体、家庭等各方面的原因所带来的对教学活动开展的种种影响,相比之下,50～69岁的教师既具备与老同志沟通交流的优势,又规避了以上所述的不良影响。再次,从前面对任教年限的统计中也可看出,任教1～6年的教师占大多数,可见教师的流动性还比较大。最后,老年学院尚无规范统一的教材,这也是提升教学质量的瓶颈。

2. 教学定位不明晰

教学定位不够明晰是中国很多老年大学的一个通病。包括两个方面的定位:一是教学目的、学习动机的定位;二是社会角色的定位。

从前面对"学习动机"的调研中可见,学员们的学习动机集中在"兴趣爱好、修养身心、更新知识",没有"结交朋友、打发时间"之类的消遣娱乐动机。以往大多数老年大学仍沿袭20世纪80年代创学初期模式的情况,即"更多是为了解决老龄人口离退休后产生孤独失落感而开办的一种消遣娱乐性教育,导致其福利功能远大于教育功能",在浙大老年学院中倒没有显现,然而,学员们也没有具备"最终来服务社会"这样的老年教育认识,也就是通过老年教育而提升"老有所为"能力的认识。反过来也可以看出,办学机构也没有充分树立"挖掘老年人力资源"的意识,这两者一定是相辅相成的。

高校老年教育向社会开放是一个发展趋势。目前,高校的招生主要面向自己的退休职工,校外的学员所占比例较小,承担社会老年教育事业的力度还不够强。

3. 对60～69岁人群老年教育需求关注欠缺

60～69岁人群的特殊性在于其有最高的学习期望,却只有最少的学习时间。大致是这一阶段的退休人员多半是为了帮助照顾第三代,家庭对其的需要使其不得不放弃再学习的愿望;再者是部分人员仍在被单位返聘。

(三) 浙江大学老年学院办学优化途径

(1)重视体制制度建设。制度是关系全局管理的根本问题,除了贯穿于办学管理的基本环节中,还应突出在教学管理的规范上。明确老年学院领导部门,成立专职的工作小组;将老年学员的财务计划、业务经费单独立项,为拨款、结算提供方便条件。在经费保障的前提下,积极改善办学条件。

(2)增加校舍总面积。教室种类多样化以适应不同课程的需要,除了普通教室外,增加舞蹈室、美术室、电脑室、多功能厅等多种功能的教室。

(3)与国外先进老年教育形态接轨,树立"挖掘老年人力资源"的意识,将娱乐活动与职业技能培训以及自我发展需求的实现同时纳入老年学员的教育体系中,全面落实"增长知识、丰富生活、陶冶情操、促进健康、余热生辉、服务社会"的办学宗旨,让浙大老年学院在新理念引领下向高水平迈进。

深化高校老年教育向社会开放的理念,加大浙大老年学院向社会的开放度,加强承担社会老年教育事业的力度,让更多的校外离退休人员参与到浙大老年学院的学习中来。

三、高校老年教育趋势分析

一个国家的老年教育事业具体可由几个主体来承担,大致有社区、老年大学、职业教育系统、远程教育系统、高等教育系统等五个主体。而全国普通高校利用自身资源面向社会开展老年教育及面向学校离退休教职工开展老年教育是中国老年教育事业的一个重要组成部分。

不少国家将以高校为主体兴办老年大学或者利用高校资源发展老年教育作为发展老年教育事业的主要形式。譬如英国的老年教育可划分为高等教育系统、地方教育当局系统以及志愿团体组织系统;美国老年大学由两类机构建立:其一是各类大学,包括国家级、地区级和社区大学,其二是负责老年活动的非营利机构;瑞典的老年人口比重居世界第一,老年教育与正规教育融为一体,大学均对老年人开放;巴西约有150所大学接收老年大学生,60岁以上的老人可不经过高考上大学。可见,在现代老年教育发展中,借助高等学校这一"联动轴心",老年教育的各相关资源要素得以协同整合,总体上实现了老年教育发展的最大化效益。虽然国外老年教育理念的移植需要考虑中国基本国情,但高等学校参与老年教育这一壮大老年教育规模、提升老年教育水平的做法,具有借鉴的价值,也是中国目前老年教育的发展趋势。

四、高校老年教育的政策建议

高校老年教育事业是一项庞大的系统工程。工程的布局既需要顶层设计，亦需要末端治理。

（一）加强顶层设计

中国2000多所全日制高校中仅有100所不到办有老年大学，办学率不到5%，高校的老年教育服务供给严重不足。究其根源，顶层设计的缺乏导致大多数高校对老年教育办学重要性的认识不够，使得办学完全取决于高校领导的社会担当精神，缺乏体制机制保障。

高校老年教育办学其本质是为社会办学，承担了一部分社会职责，但没有得到社会的支持。大力加强顶层设计，建议首先由政府出台《全国老年大学工作条例》，在目前明确了中国老年教育由教育部的成教司分管后，再是在《全国教育发展纲要》内纳入高校老年教育的相关内容，并且出台关于高校老年教育事业的建设性意见。如此层层贯彻落实，才是在体制机制层面对高校老年教育工作的根本性保障。

（二）完善末端治理

1. 规范教材使用，强化师资力量

高校强化老年大学师资力量可有两方面考量，一是部分高等院校如师范类院校可开设老年教育学、老年心理学等相关课程，为老年大学输送专业的教学人才；教师上岗前必须参加系统的职前培训，实行严格的选聘制度和考核机制。二是充分挖掘高校退休人员人才库这一庞大的优质教师资源。

2. 明确管理部门，重视体制建设

重视体制建设，除了贯穿于办学管理的基本环节中，还应突出在教学管理的规范上。明确高校内部老年大学的领导部门，成立专职的工作小组；将老年大学的财务计划、业务经费单独立项，为拨款、结算提供方便条件。

3. 明确办学宗旨，重视教育概念

与国外先进老年教育形态接轨，树立“挖掘老年人力资源”的意识，将娱乐活动与职业技能培训以及自我发展需求的实现同时纳入老年学员的教育体系中，全面落实“增长知识、丰富生活、陶冶情操、促进健康、余热生辉、服务社会”的办学宗旨，深化高校老年教育向社会开放的理念，加强承担社会老年教育事

业的力度。

4. 重视社会影响,加大宣传力度

宣传普及老年教育应成为全社会共同关注的重点,可通过电视、人行道广告牌、公车站广告牌、街道宣传栏等途径以公益广告的形式向全社会宣传老年教育的重要性;及时向离退休人员宣传高校老年大学的特色亮点和参与老年大学学习的重要意义,让更多的离退休人员能参与到晚年学习的热潮中,享受"终身教育"之光普照下的幸福人生。

五、结　语

老龄化带来的压力刻不容缓,因此开展老年教育是实现健康老龄化、和谐老龄化、积极老龄化的重要途径。老年教育作为中国的历史新课题,既是继续教育的一部分,又是新形势下高校进一步服务社会的需要,必须紧紧依托现有高校的办学条件和办学资源,创建和创办新型的老年大学,把老有所乐、老有所学与老有所为真正结合起来,要大力支持和提倡老年教育。发展老年教育是终身教育视野下的一条重要途径。

2015年5月

高校老年体协如何深化供给侧结构性改革

李　民　杨友鹏

进入新时代以来，我国高校老年体育事业迅猛发展，质量也有了整体跃升。高校老年人体育锻炼意识不断提升，体育参与热情大为提高，体育参与种类日益丰富。以浙江大学为例，粗略调查研究显示，36.21%的老年人每周锻炼1～2次，23.85%的老年人每周锻炼3～5次，31.04%的老年人每周锻炼超过6次，仅有不到8.91%的老年人从不参与体育锻炼。

在这些可喜成效的背后，整体而言，现阶段高校老年体育事业仍然面临需求与供给契合度不高、供需服务不均衡的困境。这种“供需错位”，不仅成为高校老年体协工作高质量发展的梗阻，而且难以实现高校老年体育事业的内涵式发展。

一、高校老年体育事业面临的主要困境

（1）“硬”设施和“软”服务的匹配度低。高校普遍缺乏专业的老年锻炼场所与锻炼设备。以杭州某高校为例，仅有门球场和部分乒乓球、麻将场地，而其他场所均与年轻师生共用，高校老年社区体育有效空间不足。由于老年社区空间陈旧狭小，无法满足老年人日益增长的体育锻炼需求，部分老年人在距离较远的公园、广场或小区空地上健身，加重了危险系数。

高校老年体协工作人员绝大多数为兼职，办公地点也多为“一套班子、多块牌子”，工作人员与老年人比例几乎均为1∶1000以上，高校院（系）二级管理单位的体育工作开展严重匮乏，结构性人员不足的矛盾尤为突出，难以提供优质的服务。

（2）高校老年人体育事业时代性、专业性不足。表现在特色不明显，智力类项目几乎没有；吸引力不强，影响力不够，除了趣味运动会、环湖走等吸引较多老同志外，其余项目大多是老面孔且人数偏少；项目拓展破题难。项目老化，缺乏与时俱进的时代特色。如近年来国家和省老年体协力推的木球、地掷球、气

排球、柔力球等推广较难，而原先传统的健身操、健身球操等日渐式微。许多体育项目都行之数十年而一成不变，难以吸收新退休老年人，使得老年体育社团的人员高龄化现象突出，如我校部分社团平均年龄为75岁以上。受限于年龄等不利条件，高校老年体协运用现代设备、网络资源的力度不大，在宣传的广度和氛围营造上极为欠缺。

如今老年人对于体育活动的要求，不仅包含活动组织，更要求有专业性的健身指导、体质检测等，由于缺乏专业的健身体育指导员，老年人锻炼受伤事件频发。

（3）高校老年体育思维亟待转换。长期以来，由于学校无偿供给的老年体育公共服务，高校老年人对体育公共服务成本的认知程度偏低，认为全部的体育场地应该由学校或社区免费提供，造成了老年人体育公共服务的有效供给不足。与此同时，体育服务购买意识的薄弱，造成体育健身场所的建设积极性不高，同质化现象严重。

二、高校老年体协深化供给侧结构性改革的路径

这些问题的存在，除了场地限制等客观因素制约外，主要还需要我们主观上重视，主动寻找破解的办法，想方设法推动工作开展。

（1）“硬”设施与“软”服务的同向发力。一方面，要处理好上级部门要求变化与高校体育实践活动的关系。上级老年体协近年来着重强调“去竞技性”，提倡“交流化、普惠性”，例如所有的比赛都一概称呼为交流，同一个项目一人三年内只能参加一次；很多项目，如可乐球、木球、兜球、持杖走，健身秧歌、佳木斯快乐舞步健身操等，不但我们几乎没有开展，很多更是闻所未闻。显然我们在“架天线”，自觉有效的应对上级部门工作的整体部署乏力。另一方面，“接地气”，我们也明显应对不足。因此，高校老年体育事业需下大气力完善供给侧的顶层架构，形成老年体协统筹协调、体育社团与社区协同发力的态势，尤其是校院（系）二级管理体制的作用要充分释放。在条件允许的条件下，开辟老年体育锻炼的新场所。要努力探索符合本校实际的老年人体育社团管理模式与运营机制，拓展时代性与专业性建设的意涵，积极组织人员外出观摩学习，提升体育项目的趣味性和受众面。

（2）时代性与专业性的双向融合。处理好传统与现代的关系，破解项目拓展难题。从浙大实际看，登山、麻将、乒乓、钓鱼等，在老年群体中接受面较广。但随着老年群体的变化，较大数量的“新老人”将会进入离退休人群，他们的学

历、知识面以及对健康养生、休闲体育的理解与以往的老年群体有很大差异，传统项目对他们的吸引力在逐渐下降，从浙大各校区传统项目开展的现状很容易看到这一点。传统项目或者说经常性参与目前组织开展的体育健身活动的人群几乎是固定的，这一方面与“新老人”的退休生活内容更加丰富有关，但也毋庸讳言，传统体育活动对他们的吸引力在下降。因此，我们在工作中必须思考如何有针对性地在老年体育工作中引入一些新项目，例如前面提到的上级部门力推的项目等，认真分析“新老人”的体育健身需求，将传统项目与现代休闲体育有机结合起来。

我们在工作中，要充分运用现代设备、网络资源，尤其是要确保老年体协人员学懂弄通，提升高校老年体育的内涵式发展，设置专业体育指导员，普及体育锻炼的常识，确保老年人掌握正确的健身知识与方法。要充分发挥体育社团、有体育专长的老年人的作用，实现高校老年体育事业的自我管理、自我服务。凝练宣传产品和宣传举措，适时利用微信公众号、橱窗展示等及时报道高校老年体育达人、优秀体育团队。

(3)存量和增量的相向而行。高校老年体育事业一方面要秉持“强化交流、淡化竞技”的理念，老年体协要确保老年体育活动的“四有”模式，即有组织、有人员、有阵地、有效果。在供给侧方面，既要抓住已有存量，又要下大气力抓好增量建设，实现对体育公共服务的有效供给，克服同质化、单一化现象。要妥善处理好大与小、长与短的关系，大与小、长与短是对立统一的，抓大能带小，小中能见大。做好当前工作，能为长远打下基础，强调长远，也能使当前的工作有方向、有目标、有动力。要重视老年群体中自发形成的、小型化的体育活动。另一方面，是亟须制订中长期计划。随着老年人群体的变化(年龄、学历、休闲化程度)，开展老年体育工作的难度势必会不断增强，高校老年体育活动的特色如何体现，老年体育活动的吸引力和感染力如何增强，层次与品位如何提升等问题没有得到应有的重视。

三、结　语

老年体育是以体育运动、强身健体为基本内容的一种社会文化现象。从文化学的角度来说，体育本质上不仅是一种文化，而且是一种最积极最健康的文化娱乐方式。在新时代，高校老年人对于体育锻炼的需求日趋旺盛，抓住这个老年体育事业发展的重要窗口期，是高校老年体协工作的重中之重。老年体育活动虽然以群众性、健身娱乐为主，但我们也必须高度重视老年体育骨干的培养,要特别注意培养一批有文化、有威望、肯奉献的低龄化的老年体育骨干队伍,对各类老年体育骨干有计划地进行培训,特别是要针对老年人的特点和爱好,推广简便易行的体育项目,骨干(教练)要先行。只有深化供给侧结构改革,才能在实现老年体育事业自我革新的基础上,为老年人搭建健身强身的舞台,营造出“我运动、我健康、我快乐”的新风尚。

2019年9月

高校老年文体平台的建设与思考

——以浙江大学为例

张亚群

老年文化生活是老年人传播知识、陶冶情操、活跃生活的精神原始动力。随着经济社会的发展，老年人对文化生活的需求日益增长。如何丰富老年人的文化生活，让他们安度晚年已成为一个社会热点问题。作为高校离退休人员的管理服务部门，为老同志们建立良好的离退休文体平台，为他们的晚年生活增添乐趣，对提高老同志的生活质量具有很大的现实意义。

一、高校老年文体平台建设的必要性

（一）建设高校老年文体平台有助于贯彻落实“六个老有”

“六个老有”是做好离退休老同志管理服务工作的基本目标。建设好高校老年文体平台就是落实“老有所学、老有所乐、老有所为”的重要途径。高校通过建立文体平台，开展丰富多彩的文体活动，可以让老同志动起来、乐起来，保持身心健康，对学校、社会都有所作为。每天坚持参加各种各样文体项目、进行身体锻炼的老年人，不仅能体验到强身健体的效果，而且丰富了老年生活，是老有所养的积极措施，是老有所乐的重要内容，也是老有所为的基本条件。所以，建设好高校老年文体平台是老年管理服务工作的重要组成部分，落实好“六个老有”必须重视文体平台的建设。

（二）建设高校老年文体平台有助于稳定学校大局

老同志从工作岗位上退下来以后，工作生活节奏改变了，生活变得松散了，组织观念也随之变得淡薄。再加上收入降低、子女就业难以及一系列社会问题的影响，一些老同志很容易发牢骚，发泄对单位和社会的不满。如果不注意及时加以引导，就很可能引发不稳定的事件。高校通过文体平台建设，尽可能地举办丰富多彩的文体活动，把他们从家里吸引出来，帮助他们重新融入群体生

活，有助于缓解他们的不稳定情绪，维护学校、社会的稳定。所以，我们要从建设和谐社会的高度，抓好老年文体平台的建设。

（三）建设高校老年文体平台，有助于实现“健康老龄化”

世界卫生组织于1990年提出了“健康老龄化”的奋斗目标，强调要采取有效的措施，使老年人延缓衰老，提高其健康寿命和寿命质量，尽量减短生命中带伤残和需别人护理的年限。实践证明，经常开展一些适合老年人特点的文化体育活动，可以提高老同志新陈代谢能力，使身体器官充满活力，心情舒畅，从而延缓衰老的进程。有些老年人离退休后会有孤独感、寂寞感、失落感，丰富多彩的老年文化活动，能使老年人在生活上得到充实，精神上得到调解，心理上得到平衡，体能上得到提高，从而实现“健康老龄化”。

二、浙江大学老年文体平台建设案例

浙江大学现共有四个校区，离退休教职工近8000人，其中年龄最大的102岁，最小的只有50岁左右，他们年龄层次相差很大，文化水平、兴趣爱好也极具差异。早些年，离退休教职工普遍反映从工作岗位上退下来后，没有了工作的精神寄托，生活无聊空虚，很希望学校可以为他们多提供一些文体活动，通过这些活动，让自己的兴趣爱好有所发挥，在充实晚年生活的同时，交上一些志趣相投的朋友。

针对这些问题，近年来，浙江大学在注重落实老同志“两个待遇”的同时，着眼于广大离退休老同志的需求，把建设离退休文体平台作为工作的重点，着眼于文体活动的质量和品位，积极探索文体平台建设的创新之路。

（一）加大投入力度，为文体平台建设提供坚实的保障

近年来，学校加大了文体建设投入，用于改善文体设施的经费超过150万元。一是建立老年学院的电脑教室；二是新建了玉泉校区室外老年球场；三是改建、增加和完善了老年活动中心的活动场地和设施，组建立了老年合唱团、老年歌舞队、老年时装队、老年门球队、老年柔力球队等40多支文体团队，参加活动的人数有1000多人，其中年龄最大的92岁，最小的48岁，满足了不同年龄层次、不同兴趣爱好的老同志们的需求。

（二）着眼于“老有所乐”的需求，积极探索老年文体平台建设的有效载体

多年来，学校积极鼓励广大老同志参与到文体平台的建设中来。做到文体

活动月月有，琴、棋、书、画样样有，各类比赛季季有。同时，还利用每年的“老人节”，举办“尊老、敬老、爱老”为主题的系列活动：如组织高水平的文艺会演、趣味运动会、登山活动，举办书画展、摄影展与游览参观等，使老同志真正体会到“老有所乐”的乐趣，从而吸引了更多的老同志参加到此行列中来。

（三）着眼于“老有所为”的需求，全面提高文体平台的建设水平

学校坚持以人为本，根据离退休老同志的不同情况，在深化“老有所学、老有所乐”精神的同时，积极开展“知校、爱校、荣校”等活动，积极营造良好的文体氛围。一方面，鼓励老同志终身学习，以老年学院为载体，有针对性地开办各类教学班，让老同志真正做到“老有所学”；另一方面，加强对文体骨干的培养，聘请一大批有专业知识和奉献精神、能热心为文体团队服务的老同志作为各个文体团队的骨干和带头人。如今，有多个文体团队受邀请参加省、市的各类活动，受到社会各界的欢迎和好评。老同志们的文化风采已成为求是园中一道亮丽的风景线。

三、关于加强高校老年文体平台建设的几点思考

良好的文体平台是广大离退休人员“老有所学、老有所乐”的一片沃土，在文体平台的建设中，我们要以人为本，努力拓展文体平台的广度和深度，让文体平台成为展示老年人晚年生活的一大舞台。具体来说有以下几个方面。

（一）健全老年文体平台建设的体制机制

要加强老年文体平台建设的总体规划和指导思想，建立相应的组织机构。比如，分管领导负责老年文体平台建设的日常和牵头工作，各校区的一把手和部分老同志一起参与讨论。一要明确老年文体平台建设的宗旨；二要确立老年文体平台建设的基本原则；三要对老年文体平台建设的现状进行全面研究与分析，对老年文体平台建设进行准确定位；四要确定老年文体平台建设的管理体制、运行与保障机制、考评机制等。

（二）突出“以人为本”的文化理念

高校老年文体平台建设从根本上说是人的文化建设。因此，加强老年文体平台建设必须把人放在中心位置，努力体现以人为本的理念。以对人的价值关怀为目的，确立老同志的主体地位，最大限度地调动他们的积极性、主动性和创造性。生命的意义在于体现其价值，每个人都渴望有一个展示自我价值的舞

台，都对未来充满希望，并为之不懈的努力。这种希望，正是推动人前进的动力源泉。因此，我们应着力营造让老同志“不断地实现自我进步”的氛围，把文体平台建设与老同志的个人进步紧密结合在一起，让老同志能够实现理想，为老同志营造一个温馨、和谐的家园。

（三）强化服务意识，营造浓厚的文化氛围

高校老年文体平台建设需要工作人员和所有老同志的支持和配合，首先，需要所有的工作人员牢固树立“文化的服务，是最高层次的服务”的观念，并把这种观念转化为我们的思维方式、行动准则；其次，要有目的、有计划、有措施、有方法地将老年文体平台建设贯穿于管理活动的方方面面，持之以恒地推进老年文体平台建设；最后，要利用各种方式和手段，营造出一种文化氛围，使每一个工作、生活在这个环境中的人都受到文化的渲染，感受到文体活动的乐趣。

总之，我们要从老同志的实际需要出发，以人为本，在做好老年文体平台建设的同时，切实落实好老同志“两项待遇”，提高“六个老有”工作水平，为创建和谐校园做出积极的贡献。

2011年5月

浅议发挥老年合唱团在加强老年文化建设中的作用

——以浙江大学老年合唱团为例

张晓东*

一、老年文化建设重要性分析

老年文化泛指适合老年人参加的物质文明和精神文明建设的知识型、娱乐型的文化活动，社会、家庭为提高老年人的生命生活质量而进行的活动及以老年人为主要角色，反映他们生活的各种形式的文化产品。

老年文化重在建设，包括物质文化建设、精神文化建设和制度文化建设等三个方面，要全面协调发展。

老年物质文化建设是推进老年文化建设的必要前提。物质文化建设是老年文化建设的重要组成部分和重要的支撑，包括老年大学、老年活动中心等完善的设施将为老年同志开展丰富多彩的活动提供重要阵地，使老年人学有其所、乐有其所，在求知、求美、求乐中受到潜移默化的启迪和教育，同时能使人心旷神怡，激发老年人的开拓进取精神，发挥余热，促进老年人的身心健康发展。

老年精神文化建设是老年文化建设的核心内容，具有愉悦老年人的心情，焕发老年人的精神，丰富老年人的生活等积极作用，对提高老年人的精神生活质量，实现健康生活、延年益寿，有不可低估的作用。使广大的老年同志安享晚年，使他们老有所为，老有所乐、已成为我们整个社会的重要工作内容之一，直接关系到党和政府的关怀和温暖，以及相关政策的真正落实；关系到社会的安定团结，以及社会主义和谐社会的构建。

老年制度文化建设要与老年群体的特殊性结合，体现以人为本。规章制度要从“管与被管”的传统模式转向人性化管理，真正体现“管理就是服务”，同时倡导老年人自觉、自律、自主管理。

---

* 张晓东：曾为浙江大学离退休工作处工作人员，现已退休。

加强老年文化建设，必须对老年人口状况进行细致调研，全方位把握老年人口结构的特点，让更多老年人走出相对封闭的交流空间，走向充分展示夕阳红的大舞台，乐在歌声中、乐在文体活动中，不断提高老年人的精神生活水平。

二、浙江大学老年合唱团在加强老年文化建设中的实践及若干建议

浙江大学是一所具有百年光荣历史的著名高等学府，在漫长的岁月中，全体教职工努力工作，辛勤耕耘，为国家培养了大量的优秀人才，同时有许多优秀的教职工从原来的岗位上退了下来。为了丰富他们的晚年生活，在学校党委的高度重视下，老年人体协、老年学院、老年合唱团等文体团队，积极开展适合老年特点的各种文体活动，深受老年人的欢迎。特别是近几年来，学校将校园文化建设提到了重要议事日程，老年文化建设开展得红红火火而富有生气，在省市比赛中取得了好成绩，并多次获奖，受到普遍好评。

浙江大学老年合唱团成立于1999年6月，是四校合并后成立的首个老年文艺团体。目的是汇聚喜爱声乐的老同志，开展丰富多彩的文艺节目，在推进校园文化建设方面取得更大的成绩。浙大老年合唱团现有88人，平均年龄72岁。团员来源主要是学校离退休教职工，以自愿、报名或推荐方式，经过考试合格后录取，具有中级职称以上团员占总人数80%。合唱团逐渐发展壮大，水平不断提高，并由单一的合唱形式发展成为多种形式的文艺团体，先后参加了省内外、校内外及兄弟院校的公益演出活动，大小场次达100余场，并多次获得省合唱比赛一等奖（金奖），树立了高校老年文化品牌，也赢得了荣誉。同时唱响浙大校歌，教育了大学生，也为校园文化建设和发展做出了贡献。

（一）以歌育人

浙大老年合唱团选唱的有爱国主义教育歌曲、革命传统歌曲，也有优美的民族歌曲及外国歌曲等，如《保卫黄河》《大刀进行曲》《沂蒙山歌》《嘎哦丽泰》《鼓浪屿之波》《铁砧之歌》《摇兰曲》等。合唱团的指挥在歌曲排练和演出中，特别强调必须以声传情、以情带声。合唱团成员在唱歌过程中，将自己的人生经历、体会和感悟化作为感情，从而在表达歌曲的主题中体现了出来。在纪念抗日战争胜利60周年时，合唱团演唱《保卫黄河》，在指挥和钢琴伴奏指引下，当歌曲进入最后一段转调后，团员的感情已完全融入抗日战争的烽火中去了，群情激奋，努吼的声音如排山倒海般地发出，会场气氛十分热烈。在学校一次演出活动中，当我们演唱歌曲《大刀进行曲》后，学生对我们说："这样的歌声，这样的感情，我们唱不出来，老师是我们的榜样。"老年合唱团还去革命老区沂蒙山

参观历史纪念馆，与临沂师范学院交流演出，并演唱《沂蒙山歌》。合唱团成员结合对临沂市改革开放后的巨大变化的所见所闻所感，深情地歌唱，得到了老区朋友们的好评。要以情动人，首先就是要感动自己，才能以歌育人。

（二）声音和谐

任何一个老年文体团队，要出成果、出人才，必须是也必然是一个和谐的团队，合唱团更是如此。合唱歌曲往往是多声部的，主旋律常常在各声部中轮流体现，此时其他声部是衬托，就好像红花和绿叶一样，不能喧宾夺主，各声部的声音也要和谐一致，就好像一个人在唱一样，任何人都不能炫耀自己，突出个人的声音。低声部唱主旋律的机会少，但它浑厚的音色和旋律往往是整个歌曲的基础，基础声音扎实，才能显出主旋律的优美和光彩，从而使整个歌曲的主题得以充分的体现，同时带给听者美的享受。

追求合唱声音和谐，必须创建一个和谐的集体，有了和谐集体，才能唱出和谐的歌声。追求和谐歌声的过程，也就是和谐集体的成长过程。

（三）进取精神

随着社会的发展、生活水平的提高，人们对文艺表演节目水平的要求越来越高，对精神上的需求越来越大，这就要求合唱团不断提高声乐水平和演出水平。合唱是以美声唱法为前提的，我们团员绝大多数没受过专业训练，都是在参加合唱团后才在声乐老师和指挥老师的指导下学习的。因此，要唱好歌就必须不断努力提高自己的水平。此外，为了更适应当代人们对美的欣赏水平的提高，就要求合唱声音“高、轻、柔”。对每个歌者来说，既要学会高位演唱，又要学会善于控制自己声音、音量和音色的变化。合唱团唱歌的过程实际上就是个人不断学习、不断提高、不断磨合的过程。

（四）友情交流

老同志退休后有两种活动方式：一种是个人的，一种是集体的。合唱团是一个集体性非常强的活动组织，要求整体性、和谐性。在这样一个集体中，兴趣爱好高度统一，又可以交到很多志同道合的朋友。在其他时间，朋友之间还可以深入来往和交流，尤其是交流健康方面的经验体会，取得相互之间的关心和帮助。生活乐趣的增加，心情也随之会好起来。合唱团还不时组织一些对外交流活动和旅游活动，开开心心地组成了一个温暖的集体。一位合唱团成员说：“我们在一起真好像过年一样。”

(五)有利健康

喜欢唱歌,经常唱歌,有利于身心健康。首先,唱歌的姿势就有要求,正如古人所说:“立如松,坐如钟。”这样的姿势有利于运气,发声和共鸣。其次,歌要唱得好,就要会用气、运气、气通,激励声带,声音出,运气至共鸣腔,声音就好听。要会运气,就要善于控制呼吸。有人说,唱歌就如练气功,不是没有一点道理的。最后,唱歌让你有追求、有进取、有成就感、有好心情,从而延缓了衰老过程,身体健康了又更让你有愉快的心情,以更多的精力和兴趣投入各种老年文体活动中去。我们有几位80岁以上的老同志仍饶有兴趣地参加“耄耋组合”,每逢他们唱起《天山牧民在歌唱》《游击队队歌》时,台下掌声阵阵。因此,老年合唱团应该是一种非常好、非常有益健康的老年群体性活动。

总之,老年文化建设工作是一件非常有意义的事情,其重要作用不言而喻。我们将在党的十七届六中全会精神指导下,同心协力,真情付出,促进老年文化的繁荣和发展。

2012年1月

浅谈老年体育活动中存在的风险和防范措施

雷振伟* 刘雪漪

一、开展老年体育活动的意义

老年人体育工作是老龄事业的重要组成部分。引导和组织更多的老年人参加体育健身活动,增进广大老年人的身心健康,使他们健康长寿、家庭和睦、安度晚年,既是贯彻落实科学发展观、坚持以人为本的具体体现,也是应对社会老龄化挑战、实现"健康老龄化"的重要途径。开展好老年健身活动,实现不分年龄、人人共享社会发展成果的目标,增强老年人身体素质,提高老年人的健康水平,使老年人安度晚年,提高生活质量,对于老年人都有着重要的意义。

在营造科学、文明、健康的健身氛围的同时,我们也必须思考老年体育活动中存在的风险,在增强体育活动吸引力和感染力的基础上,采取必要的防范措施,从而保证老年体育的安全、规范、有效。

二、老年体育活动的特点

老年体育活动是以增强老年人的体质,促进老年人的身心健康,延缓衰老、延年益寿,满足老年人保健、健身、消遣、医疗、休闲、娱乐等方向的需要,使广大老年人老有所养、老的所医、老有所乐、老有所学、老有所为,以提高老年人生活质量为目的的社会活动。它有以下特点:

(1)老年人的体质特点决定了老年体育活动的低强度。老年人由于体质较弱,在体力和精力方面都比中青年人差,所以往往会选择运动量小、无身体对抗性项目,以及能防病治病类的运动项目,如太极拳、气功、保健体操、门球、体育舞蹈、游泳、乒乓球、羽毛球、钓鱼 、棋类、老年健身健美操、秧歌舞、慢跑、郊游等。这类项目运动强度不大,却对老年人健身防病有着促进作用。

(2)老年人的心埋特点决定了老年体育活动的群体性。由于老年人害怕孤独,因而老年人的体育活动大都喜欢集体性项目,多采用群体活动的方式。彼此之间能进行语言交流和情感交流,这种群体活动方式也是预防老年病症的有

---

* 雷振伟:曾为浙江大学离退休工作处工作人员,现任浙江大学工会服务保障办公室主任。

效方法。

(3)老年人的生活特点决定了老年体育活动的常态化。随着离退休制度的正常化,每年都有大批的人离开工作岗位,他们有足够的时间从事各种各样的自己喜欢的体育活动。所以,现在社会上各种老年体育协会不断出现,有效地组织和促进了老年人的体育锻炼,也促使老年人的晚年生活更有意义。

这些低强度、群体性、常态化的老年体育活动特点,与竞技类体育活动相比,虽然产生运动风险的可能性较低,但是从老年人身体条件出发,我们也必须重视运动中可能的风险,做好风险防控与应对预防。

三、老年体育活动存在的风险

老年人参加任何体育活动都存在风险,有些风险事先可以预料,有些无法预料,体育活动中发生的任何风险都会对老年人参加体育活动产生影响。老年人参加体育活动可能存在以下几种风险:

(1)环境风险。因为高温、热浪、暴风雨、雷电、冰雹和地震等灾害引发的安全问题。中暑、昏厥等现象在夏季体育活动中时有发生;游泳时,发生溺水事件;体育馆空气不好引起休克等;下雪后,雪未融化前去锻炼,容易摔骨折,或发生冻伤;在雨中锻炼后,容易发烧、感冒;身体有病的老年人在污染的空气中进行锻炼,很可能导致呼吸困难,甚至造成生命危险。

(2)场地器材风险。在老年体育活动中,偶尔会发生器材脱手或断裂致人受伤的事件。如果事先检查器材,这样的事件就有可能避免。

(3)财产安全风险。参加体育活动难免会发生丢东西事件,如钥匙、钱包、衣物等物品的丢失事件。此外,还必须考虑可能的经济风险。去环境好的健身中心、俱乐部锻炼身体,就需要一定资金作支撑,而老年人常常会选择公共健身设施或公园等免费场地,但当某些锻炼需要交费时,老年人可能选择退出此项锻炼。

(4)家庭矛盾。由于参加体育活动,不可避免地造成照顾家庭的时间减少,难免会引起家庭矛盾。

(5)人身安全风险。体育锻炼时擦破皮、扭伤脚、拉伤腿是难免的。游泳时,发生溺水、猝死事件的概率虽然很小,但是一旦发生,损失将非常惨重。

四、老年体育活动风险的防范措施

面对着风险,老年人必须对自己参加的体育活动做出合理安排和正确决策,只有这样,才能使老年人体育活动在健康、安全的轨道上顺利地进行,减少不良影响。老年体育活动的组织者必须有防范风险的应对措施：

(1)根据活动环境,暂停相关体育活动。当体育活动中潜在威胁发生的可能性太大,不利后果也很严重,又无其他策略来减轻,主动放弃项目或改变项目目标与行动方案。如在雨天或场地泥泞时,就要停止体育活动。又如夏季气压太低,老年人不宜进行强度中等或剧烈的室外运动,有肺心病的老年人最好不要参加体育活动。不要在炎炎烈日里进行长时间、剧烈的体育活动,即使进行体育活动,也要注意补水和休息。在恶劣的环境下,要避免剧烈运动;空气污染时,要严禁在室外进行体育活动。老年人晨练的时间不要太早或者在树木多的地方进行。

(2)通过购买体育保险的方式,转移风险。在老年体育活动中,为了避免承担风险损失,老年人可以通过事先购买一份体育保险。

(3)依据体育活动特点,降低风险。针对无法消除、无法进行转移的体育活动风险,要根据体育活动的特点,采取各种有效的、合法的预防措施和处理方法,减小伤害事故发生的可能性和因事故造成的负面影响和损失。如为了降低风险,在体育锻炼前进行全面身体健康检查,合理选择项目和确定适宜的运动量,加强安全教育与科学指导,全面检修、维护场地器材,加强医务监督与安全管理等。另外,在进行任何一项运动之前,做好准备活动是防止运动损伤的最佳方法,对于有些由于场地器材、球场暴力引发的事件,可寻求法律援助,这样可以减少受害人的风险。

(4)建立应急方案。针对老年人体育活动中可能出现的风险,可以事先制定风险应急方案。比如,一旦发生休克、晕厥等事件,要在实施急救的同时,迅速拨打急救电话。对于心脏病、脑溢血的病人的运送,一定要按照安全运送的方法进行。老年体育工作面广量大,具有广泛性,既涉及多部门,如与老龄委、体育、文化、社区部门有直接工作关系,又牵涉老年心理、养生、保健、健身等科学知识。必须有意识地建立风险防控预案,主动加强与体育职能部门的联系,取得指导与支持。随着老年群体的变化,将会有较大数量的"新老人"进入离退休人群,他们的学历、知识面以及对健康养生、休闲体育的理解与以往的老年群体有很大差异,传统项目对他们的吸引力在逐渐下降,在有针对性地引入老年体育活动新项目时,要认真分析"新老人"的体育健身需求,特别注意风险的防控。

老年人体育活动是一项事关老年人身心健康、事关老年人生活幸福、事关社会和谐与稳定的重要工作,我们要增强风险意识,加强风险防控,不断提升老年体育活动的品质与水平,推动老年体育事业的发展。

2016年1月

浅谈新时代高校老年体协如何搭乘“互联网+”快车

——以浙江大学老年体协为例

杨友鹏*

一、为什么新时代高校老年体协要搭乘“互联网+”快车

中国互联网络信息中心(CNNIC)发布的第41次《中国互联网络发展状况统计报告》显示,截至2017年12月,我国网民规模达7.72亿,互联网普及率为55.8%,在网民年龄结构中,60岁以上已占5.2%。而另一个数据更能说明老年人在网络空间的分量,2017年全国手机网民数量增长79%,同期老年人手机网民数量增长130%,老年人触网增速是全国移动互联网增速的1.6倍。

高校老同志作为老年人群一部分,有其普遍性,又有其特殊性。高校老同志因为有着较高的文化程度和较好的经济条件,互联网普及率要远高于同年龄段老年人。因此,在中国特色社会主义进入新时代的新的历史条件下,探索如何更好发挥“互联网+”作用,推动高校老年体育事业开展显得尤为重要。截至2018年3月,浙江大学有7756位离退休老同志,浙大老年体协仅有14位专兼职工作人员,如何有效组织数量如此庞大而居住又分散的老同志体育活动是一项十分复杂繁重的工作。近年来,浙大老年体协在探索融入国家“互联网+”发展格局中,取得了一系列积极成果和有益借鉴。

二、三大举措助力浙大老年体协搭乘“互联网+”快车

(1)利用移动互联网,创新老年体育活动参与方式。浙大老年体协鉴于移动互联网时代台式电脑、笔记本电脑、平板电脑的使用率均出现下降,移动互联网使用日趋频繁的现状,利用省直单位老年体协QQ群、老年体协微信群和离退休处微信公众号等多种渠道,积极开展和宣传浙大老年体育活动动态,方便

* 杨友鹏:曾为浙江大学离退休工作处工作人员,现任浙江大学人才工作办公室副主管。

老同志获取自己所需的体育咨询。在2017年第五届浙江大学老年人趣味运动会中，尽管浙大四校区（玉泉校区、西溪校区、华家池校区、湖滨校区）体协分会及老同志居住较为分散，各校区体协分会仍充分利用移动通信工具积极联动，沟通工作，有效协同。组织老同志进行网络报名等，在极短的时间内就组织动员了63位裁判员和264名参赛运动员。赛后推送的3篇相关报道，总阅读量超过441人次。浙大老年体协力争确保老同志无论身在何地何时，只要点击手机，就可以方便地了解到浙大老年体协的最新动态，极大地节省了老同志的参与成本和体协的人力成本，活动的宣传效果也大大提升。

（2）依凭互联网大数据，整合校内老年体育资源。老同志群体数量庞大，身体素质与居住信息变动频繁，而浙大老年体协每年要组队参加数十场省老年体协的各类比赛。以2017年为例，共组队参与17类项目的22场比赛，获得20个集体和个人奖项，平均每个月份超过1.8场比赛，比赛频率高而比赛项目多。浙大老年体协通过大数据系统的操作，有效整合了校内老同志的体育信息；通过与校医院等医疗单位的大数据合作，及时获知老同志身体状况；通过对以往参赛人员信息的大数据比对，得出各项目适合何年龄段老同志参与以及哪些项目深受老同志喜爱，从而有针对性进行项目匹配；通过统筹老同志居住数据信息，可以计算出距离最佳的校区，同时为老同志提供出行方案。浙大老年体协对于互联网大数据系统的成功应用，克服了以往工作中的简单纸面汇总数据，进而导致缺乏科学有效的统计，难以得出最优比赛方案，遴选出最适合参与各类体育活动的老同志。

（3）发掘互联网资源，丰富老年体育活动形式。高校老年体育活动普遍存在活动形式老旧、活动内容单一、吸引力下降等问题，有些体育活动开展了数十年，也许契合当时老同志的需求，随着时代的发展，却不再满足当代老同志多样化的需求。浙大老年体协充分利用互联网平台，挖掘其中丰富的老年体育活动形式，从众多的选项中甄选，立足本校实际，与时俱进，以“老有所乐”为宗旨，以降低竞技性、增加趣味性为目标，选择最适合本校老同志的老年体育项目。以第四届、第五届浙大老年人趣味运动会为例，删除了此前运动会中的自行车慢骑、立定跳远等容易造成老同志受伤的项目，将50米托球跑缩减为30米托球跑，增加了挟弹子、抛绣球、障碍赶球接力跑等新兴项目，提高了老同志参与的积极性，同时降低了运动会中的风险。

三、结　语

“莫道桑榆晚，人间重晚晴。”高校老年体育事业搭乘“互联网＋”快车，是新时代高校老年体协工作面临的一道必答题，是一项关乎“互联网＋”诸多层面的系统工程。今后浙大老年体协将尝试开展与其他单位网上视频直播交流、老同志移动互联网在线体育活动报名、老同志体育特长网络成果视频秀等新模式探索，为老同志参与其中、乐在其中把好关、服好务，做出更大的贡献。

2018年9月

守护夕阳篇

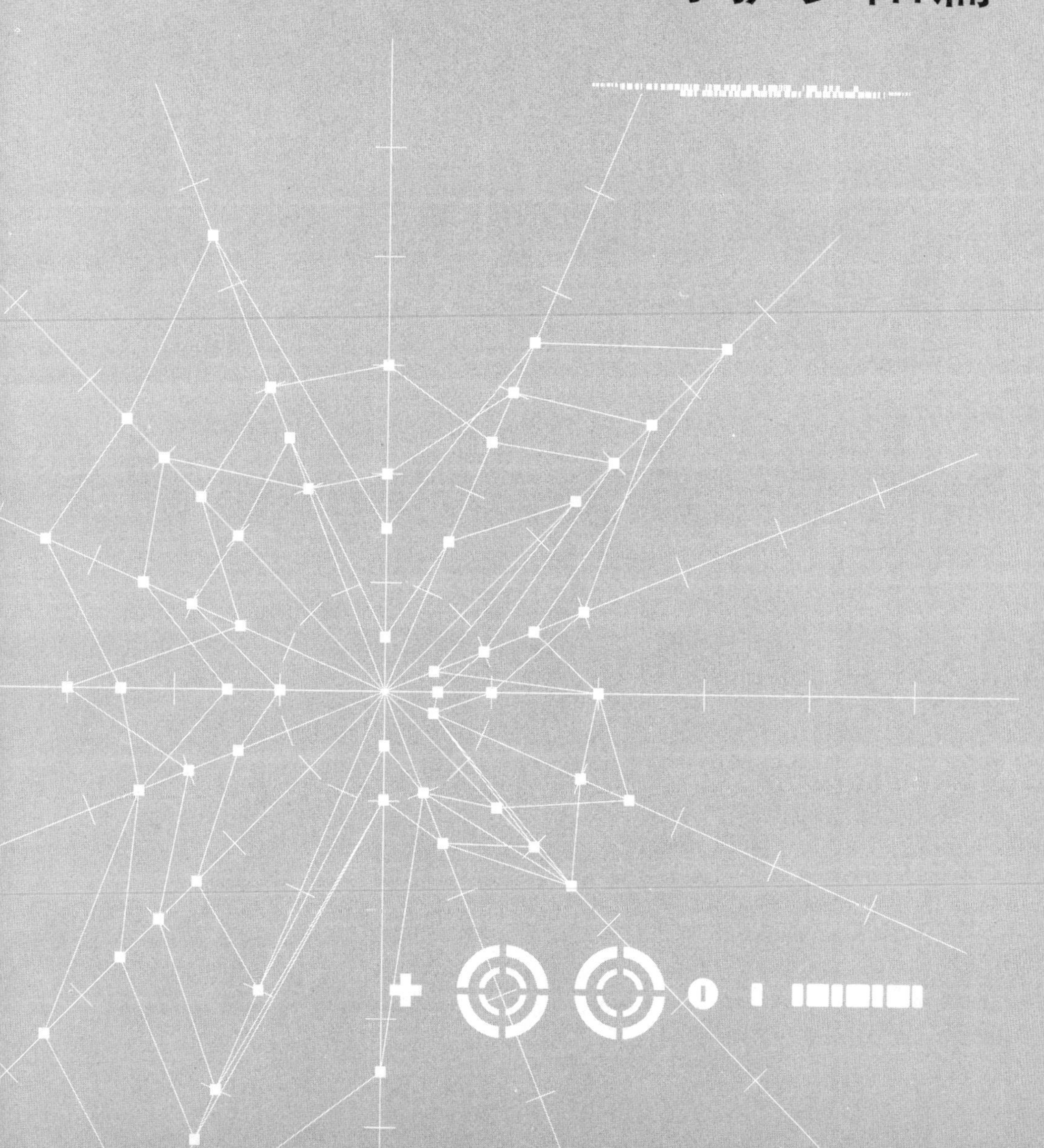

高校如何应对新校区离退休形势
——以浙江大学为例*

李　民

随着中国城市布局的调整以及高校发展的需要，自2000年以后，不少高校设立了新校区。据不完全统计，中国在建和已建的高校新校区超过200个。新校区的位置大都在城市的郊区，同老校区距离较远，导致了此后许多教职工的住宅均以靠近新校区为便利，形成了以新校区为中心的教职工聚集区。

经过十几年的时间，最早进入新校区的教职工已到退休年龄，以后更会呈现数量激增的状况，这是高校面临的一个共性问题。退休教职工在参加各种退休社团及活动时，必须经过较长的距离往返，这增加了他们的时间成本和安全隐患。高校如何因应这种新形势，更好地兼顾不同区位的离退休教职工的需求，是一个巨大的挑战。

目前关于高校新校区的研究，大都集中在新校区的文化建设、信息化建设、新校园景观的设计、新校区造成师生隔离的“文化孤岛”现象等问题，很少有研究者注意到新校区周边离退休人员的服务需求。本文拟就浙江大学对于此种状况的因应举措，从问题的源头分析到问题的过程疏解进行梳理，以供其他高校相关部门参考和借鉴。

一、紫金港校区周边离退休工作的新形势

1998年9月15日，浙江大学、杭州大学、浙江农业大学和浙江医科大学四所高校合并组建的新浙江大学宣告成立。为适应新浙大的发展需要，学校自2001年9月开工兴建位于杭州城西的紫金港校区，2002年10月，紫金港校区开始使用，学校的党政管理部门、外语学院、生命科学学院、医学院、药学院、管理学院等也纷纷搬迁入内。学校也相应地在紫金港周边提供紫金文苑、港湾家园等教职工小区。时至今日，紫金港已经被打造成为一个现代化、网络化、园林化、生

* 原载《教育界》2019年第12期。

态化的美丽校园,成为浙大一张崭新的名片。

1998年四校合并之时,浙江大学对各校原有离退休管理部门进行了整合,采取的是“校区制”管理模式,各校原有工作人员在离退休时依照入职时原工作的校区划分,如入职时属原浙江大学的离退休人员归属于玉泉校区离退休办公室,入职时属原杭州大学的离退休人员归属于西溪校区离退休办公室,入职时属原浙江农业大学的离退休人员归属于华家池校区离退休办公室,入职时属原浙江医科大学的离退休人员归属于湖滨校区离退休办公室。在当时的情境下,因为原有的离退休人员大都居住在各校区附近,这种分块的服务模式方便了离退休人员参与离退休后的各项社团及活动,使得学校的离退休工作平稳有序开展。

随着时间的推移,2002年后进入紫金港校区工作的教职工,越来越多步入退休年龄,浙江大学新退休人员居住区域的格局也逐渐发生变化,呈现出由原有老校区周边离退休人员占绝对多数,转变为以紫金港校区周边离退休人员尤其是新退休人员逐步增加的趋势。

截至2017年12月,浙江大学退休教职工共有363位居住在紫金文苑、250位居住在港湾家园,另外尚有若干居住在紫金港周边其他小区的退休教职工,如亲亲家园30位,超过总数的8%。如果我们再参照近两年的数据,会发现比例明显增加。2016年,新退休的200位教职工中,居住在紫金港校区周边的有35人,占总数的17.5%;2017年新退休的263位教职工中,居住在紫金港校区周边的有41人,占总数的15.6%。而紫金文苑距离紫金港校区只有1.3公里,距离玉泉校区6.4公里,距离西溪校区7.3公里,距离华家池校区13.3公里;港湾家园位于紫金港校区内部,距离玉泉校区9.2公里,距离西溪校区9.9公里,距离华家池校区15.8公里。不论新退休教职工到玉泉、西溪、华家池、湖滨哪一个离退休办公室,时间和安全成本的花费都是巨大的,造成的不便也都是显而易见的。

二、应对紫金港校区周边离退休新形势的举措

浙江大学为应对上述状况,确立了由校主管领导负责谋划、离退休处负责主抓的组织架构,明确了运用系统思维和方法,瞄准问题导向,以预见性和创造性相结合的工作总基调。离退休处也充分意识到设立紫金港校区服务点的重要性——“对于撬动全处体制机制改革具有重要意义”,确定了工作理念和工作机制是“要在广泛征求老同志意见建议的基础上,切实加强顶层设计,以问题为导向、以老同志的现实需求为导向,坚持稳中求进和精准服务,明晰服务点功能

定位和工作职责，有机整合工作力量，不断探索完善工作机制，力求取得实实在在的效果”。

离退休处针对新退休教职工开展专题式调研，分3批走访全国各地兄弟高校如哈尔滨工业大学、西安交通大学、武汉大学等调研，了解相关情况，进行数据整理和调研汇总，先后召开7次处党政联席会议商讨对策。尤其是自2018年起，处领导班子统筹全处20余名工作人员切实提高站位，以从全局谋划的高度，急退休教职工之所急，想退休教职工之所想，瞄着问题去，追着问题走，从纵向的调整机构设置和横向的提升服务内涵两方面入手，制定了一系列切实可行的方案，深受离退休教职工的欢迎。

（一）纵向的调整机构设置

（1）精准研判形势，设置紫金港服务点，践行“最多跑一次”理念。2018年3月8日的处党政联席会议，提出了设立紫金港校区服务点的方案。3月15日起安排玉泉、西溪、华家池、湖滨等四校区离退休办公室工作人员每日轮流在服务点值班，每月由处办公室制定“紫金港服务点值班表”，紫金港周边新退休人员可在紫金港服务点填写退休信息登记表，领取退休证。紫金港校区附近的离退休党支部只需通过申请就可以在紫金港服务点开展组织生活。初步实现服务紫金港周边退休教职工时“最多跑一次”的目标，确保了在紫金港校区服务点内有问题必跟进，有困难必解决。

（2）完善组织架构，组建紫金港管理服务中心，缩短“最后一公里”的服务。为更好地“体现发展要求，承载历史成果，顺应时代大势”，在5月2日的处党政联席会议上，处领导班子决定加快改革进程，确立了“条块结合”的原则，提升紫金港校区服务点为紫金港管理服务中心，并结合处内设机构改革的工作进程，通过制定《浙江大学离退休工作处内设岗位工作职责》等文件，进一步明确紫金港服务中心的职能为服务全校离退休人员的思想教育工作。此外，对紫金港管理服务中心发展建设中的薄弱环节，下大气力攻坚克难。针对紫金港管理服务中心缺乏老年活动场地的局限，向学校相关部门申请在紫金港校区设置相关文体活动场所，以更好地丰富周边的离退休人员的精神文化生活。基本解决对紫金港校区周边离退休人员“最后一公里”的服务瓶颈，达到了服务全覆盖，保障零死角。

（二）横向的提升服务内涵

结合校党委就“一流管理、服务师生”的重要指示，离退休处组织专题学习校领导在“进一步深化‘一流管理、服务师生’主题活动动员大会”上的重要讲话精神，抓细落实紫金港管理服务中心的相关配套服务，明确了服务宗旨，坚定了改革方向，“坚持共性问题和个性问题、新问题和老问题一起解决，在解决问题、补齐短板的过程中不断增强工作的原则性、系统性、预见性和创造性”。积极开展多方位合作，扩充紫金港校区服务中心内涵。

（1）搭建平台，完善对紫金港校区周边新退休人员交流机制。离退休处制定了《2018年新退休人员座谈会方案》，集中召集当月全校新退休人员到紫金港服务点中心，由处领导介绍离退休处的职能和服务事项，分发《新退休教职工服务指南》，使新退休教职工能够更好地了解离退休处以及关工委、老年体协、老年学院、老年艺术团等下设社团的工作。克服新退休教职工的陌生感和不适应感，使其更快融入浙大离退休人员的大家庭。

（2）整合信息，完成对紫金港校区周边退休人员的数据化管理。与人事处、档案馆合作，认真核对新退休教职工的个人信息，包括出生时间、进入浙大工作时间、入党时间、退休时间等，确保每一位新退休教职工信息准确无误。将其输入离退休人员信息管理系统，汇总到已有的离退休人员数据库，与二级院（系）管理机关共享离退休人员网络资源，基本实现了对全校离退休人员信息的大数据管理。

（3）方便服务，保障对紫金港校区周边退休人员的慰问发放。离退休处与后勤集团沟通合作，确保了离退休人员春节、中秋节慰问品发放可在紫金港校区超市进行，离退休教职工凭慰问品券可以在紫金港校区各超市点领取，节省了他们的人力和出行成本。

（4）就医落地，维护紫金港校区周边离退休人员的健康福祉。与紫金港校区医院合作，通过健康数据对接、人员信息比对、体检资源共享等方式，实现了上半年离退休高知人员体检、下半年离退休普通人员体检工作，从领取体检通知单、体检流程到体检结果均可直接在紫金港校区校医院“一站式”完成，使紫金港校区周边离退休教职工可以在较近的距离，享受较便利的医疗服务。

三、小　结

做好新时代高校新校区周边离退休人员的服务保障工作，是新时代以来高校面临的新趋势，也是高校不断发展壮大的基础性工作。

浙江大学始终将离退休人员的权益和需求放在重要位置，校领导多次强调对待离退休工作，要“用心用情、尽心尽力，进一步关心离退休老同志，发挥老同志不可替代的政治优势、智慧优势和经验优势，引导他们为学校发展建言献策、帮智出力”。面对紫金港校区周边新退休教职工日益增多的状况，面对紫金港校区周边离退休人员服务需求不断增长的趋势时，始终坚持问题导向，运用整体思维，深刻把握“各项改革工作的复杂性、敏感性和艰巨性”，突出建章立制的实效，彰显体制机制的优势，乘势而上，顺势而为，从纵向的调整机构设置和横向的提升服务内涵两端发力，同向而行，交上了一份满意的答卷。

2019年10月

浅析离退休职工的服务工作

俞文胜*

2012年全国老龄工作会议指出，截至2011年底，全国60岁以上老年人口达到1.85亿，占全国总人口的13.7%。这表明中国社会老龄化越来越严重，离退休职工的服务工作也逐渐演变成当前社会的一项复杂群众工作，成为摆在人员管理工作者面前的一项重要课题。党的十六届六中全会通过的《中共中央关于构建和谐社会若干重大问题的决定》提出"发展老龄事业，开展多种形式的老龄服务"，这一决定指出提高老年人生活水平，促使老年群体和谐及老龄健康事业发展，是当前急需要解决的问题。

一、做好离退休服务工作的重要意义

党的十七大明确提出"全面做好离退休干部工作"，表明离退休服务工作是我们党干部工作的重要部分，离退休职工是企业永恒的财富，一支不可或缺的队伍与力量。中国自古就有深厚的孝道文化，尊重与爱护人员，是我们对党和国家历史的尊重，关系到国家的长治久安，也是企业能够稳定可持续发展的重要保障。他们历经沧桑，奋力拼搏，为社会主义事业的建设抛头颅洒热血，在改革开放过程中，更是维护改革、稳定大局，为中国走向世界奠定了坚实的基础。离退休服务工作人员必须对此有一个正确的认识，这样才能够真正有效地服务好离退休职工，做好新时期离退休职工的服务工作。

尊老爱老是中华民族优良的传统美德，切实做好离退休职工服务工作，不但是对中国传统美德的传承，也是弘扬社会主义精神文明建设的重要法宝。从家的概念说，尊老爱老，整个家庭就非常具有凝聚力；而相对于一个民族、一个国家、一个企业来说，关心离退休职工，那么这个国家和民族才能够稳定和谐，企业才能够发展壮大。

全面做好离退休职工的服务管理工作，有利于家庭的温馨和睦，有利于民

---

* 俞文胜：浙江大学离退休工作处玉泉管理服务中心主任。

族的安定团结,有利于国家的繁荣昌盛。这不但能够使离退休人员安度晚年,也能够推动大部分在职人员积极工作,让广大离退休职工“老有所依、老有所养、老有所医、老有所乐”,让时代见证我们的辉煌。因此,新时期以及今后,全面做好离退休职工的服务工作,提升管理服务水平,具有十分重要的历史意义和现实意义。

二、离退休职工管理服务中存在的问题

(1)家庭空巢现象严重。离退休职工的子女大多已经就业,并且已经建立了自己的小家庭,这样就造成原家庭的“空巢”现象。另外,还有一部分人员的配偶已经去世,即便子女能够在一定程度上照顾老人,但是受限于子女自身的工作及居住等因素,客观上就形成老人独自居住的现状。目前,中国一系列的社会保障制度还不太完善,加上城乡二元结构还没有彻底改变,解决中国1亿多老年群体的种种困难,是对中国前所未有的考验。有关数据显示,当前中国城乡“空巢”家庭超过50%,部分大中城市达到70%;农村留守老人约4000万。这表明家庭照料功能逐渐弱化,老年人照料问题日益突出。

(2)“双高期”爆发大危机。伴随着离退休制度及程序的逐渐完善,之前国家实行的“提前退休、内部退养”等政策逐渐引发新的问题,而今企业严格按照国家相关离退休政策执行,导致离退休职工的年龄结构发生了变化。离退休职工大多数已经进入高年龄、高发病的“双高”时期,高年龄的离退休职工大部分已经处于高发病时期,这部分人群不仅要受到疾病的缠身,还要长期支付治疗费用,导致其家庭经济困难。随着中国医疗卫生制度的改革,医疗费用虽然减轻了不少,但是还不能彻底解决这一问题。由于离退休职工进入高年龄及高发病时期,渐渐地远离了社会群体活动,整天宅在家里,有些离退休职工忍受病痛的折磨,大部分存在“孤独感”和“无助感”。

(3)离退休职工居住不集中。离退休职工有的直接就居住在单位附近,这样管理就方便得多。可是,大多数人员回到籍贯所在地,也有的到子女所在的城市生活,这样离退休职工居住分散,全国各地都有,给管理服务工作带来了很大困难。回到边远农村的离退休职工的生活状态极为不乐观,衣食住行都成问题,就医不便。

三、做好离退休职工管理服务工作的对策

(1)加强离退休职工的思想政治教育。思想政治教育是中国共产党优良的传统和政治优势,对离退休职工加强党的路线、方针政策、科学文化等方面的教

育,使他们能够坚持正确的人生观、价值观与世界观,保持革命和与时俱进的精神。企业应始终坚持以人为本,竭力为离退休职工办实事、做好事,从政治和思想上关心老年人,给他们提供机会,努力创造条件,让他们感受到社会大家庭的温暖。

(2)打造一支高素质管理服务队伍。离退休属于国家政策制度,其工作带有很强的政治色彩,离退休工作者要保持头脑清醒,熟练掌握党和国家离退休工作政策。应加强对国家相关政策及方针的学习,全心全意投入到工作中去,将离退休工作当成一种事业去做,只有这样才能够做好离退休服务的工作。努力打造一支政治思想坚定、恪尽职守、锐意进取、甘于奉献的高素质离退休工作队伍。随着社会经济的不断进步,广大离退休职工的需求提高了,精神要求也增多了,离退休工作队伍必须顺应形势发展,探索新的路径,创新工作方法,将工作做到一步到位,拒绝封闭、拒绝被动,摒弃居安心理。

(3)积极完善离退休职工服务体系。开展丰富多彩的离退休职工服务是构建新型和谐社会的一大亮点,可以体现出党对离退休职工群体为国家发展做出贡献的认同及关爱。这就要求我们工作人员必须在管理上突出服务意识,形式上要充满活力,方式上要跟上时代步伐,质量上保持高水准。首先,可以建立和完善离退休职工活动场所,如固定社区活动室、城市老年活动广场等;其次,可以按照就近原则,开展各种各样的活动,定期组织文化活动;再次,积极开展集体性活动,促进老年人人际交往,消除他们的孤独感;最后,有效保障人员的合法权益不受侵犯,努力提高离退休职工的法律意识,防止其合法权益受到侵犯。

四、结　语

做好离退休职工的管理服务工作是中国新时期的一项重要工作,做好这一工作不但能够更好地帮助离退休职工安度晚年,还可以间接地促进在职人员做好自己的本职工作,消除了养老之忧,并且可以促进家庭及社会的和谐稳定。总之,全面做好离退休职工的服务工作,是一项特别严肃的政治任务,关系着国家的安定团结以及社会主义精神文明建设。随着社会经济的快速发展,以及社会保障事业的不断进步,离退休职工的服务管理还会出现很多新问题,这就要求我们离退休工作者不断创新,更好地为离退休职工服务。

2012年5月

浅谈做好高校离退休职工的服务工作

应丽萍

高校离退休职工是个特殊的群体，他们大多数人是拥有高职务、高职称的高级知识分子，一辈子勤勤恳恳、任劳任怨，为党的教育事业、为国家的建设和发展贡献了青春年华，是学校和社会的宝贵财富，到了晚年他们应该有一个舒适安逸的生活。但现实是残酷的，他们或多或少被存在的这样或那样的问题所困扰着。对我们离退休工作人员来说，做好他们的服务工作，使他们心情舒畅、生活愉快，是一种义不容辞的责任。笔者认为可以从下面五个方面着手。

一、熟悉情况、计划周详，是做好工作的前提

（1）工作计划周详。以浙江大学西溪校区为例，共有离退休职工1500多人，其中退休职工1400多人，离休干部90多人，退休办工作人员4人，离休办工作人员4人。离退休工作事务琐碎繁多，服务对象数量众多，工作人员要做到高效地服务好老同志，必须事先计划周详，否则就会手忙脚乱，陷入无头苍蝇般的境地而狼狈不堪。

（2）要熟悉老同志。熟悉了老同志，我们做有些工作就会得心应手，也能方便老同志办事。老同志也会把压在心里的某些烦恼向我们倾诉，如家庭的矛盾、身体疾病情况及痛苦等，我们要站在他们的角度，设身处地帮他们分析问题症结的所在，做一些心理劝导抚慰工作。

（3）要熟悉老同志的年龄特征。老同志由于机体机能的减退，记忆力、感知觉减退，呼吸消化功能、排泄循环功能均下降。因此，我们在组织旅游、文体等各种活动时都要考虑到老同志的身体状况，根据他们的承受力而行，不能对他们要求过高，同时要做好做细后勤的保障服务。

（4）要熟悉老同志的心理特征。老同志离退休以后，从工作的前台转到了幕后，思想也从动态向静态发展，心理状态也就容易从积极方面向消极方面转变，情绪不稳定，对新鲜事物缺乏好奇心，且敏感多疑，爱发牢骚，情绪反复无

常，像常说的“老小孩”。由于各自性格的不同，有些人能够表现出来，有些人都会深埋在心底。我们要深入调查分析，才能把握住每一个老同志的心理状况和特征，理解、关心、尊重他们，爱护、宽容、谅解他们。

二、落实政治待遇和工资待遇，是做好工作的基础

高校离退休老同志虽然不在岗位上了，但仍然关心和关注社会、政治生活。他们平时爱阅读报刊、观看新闻。国家的发展、社会的进步、学校的改革和发展、老百姓物质文化生活的变化，都会在他们心中涌起波澜，对学校、社会上发生的新问题、新情况表现出关注和忧虑。

(1)组织好政治学习。我们认真组织好离退休老同志的政治学习，积极宣传党和国家的方针政策，及时传达上级有关文件精神。但要注意学习的内容上，尽量不搞长篇大论的理论学习，而是学习他们所关心的问题。我们要坚持正面引导，把老同志的思想和行动统一到文件的主要精神上来。

(2)过好党员的组织生活。离退休老同志中，共产党员所占比例很大，因此加强老同志党组织建设，落实组织生活制度的意义非常重大。离退休老同志中的党组织通过正常的组织生活，不但能发挥宣传、贯彻、执行党的路线、方针、政策的作用，还能发挥思想政治上的引导作用、社会生活中的组织作用和在党组织与离退休老同志之间的桥梁作用。

(3)落实工资待遇。大部分离退休老同志除了工资收入外几乎没有其他的收入，他们对工资的调整及发放是否及时显得非常敏感，所以我们要及时掌握离退休老同志工资的调整政策，要细致耐心地做好宣传解释工作，使老同志明明白白地搞清政策。如果有老同志提出工资有错，我们就要认真对待，的确符合政策的我们就及时更正，还要及时解释，以免引起误解。

三、热心、耐心、细心、诚心，是做好工作的关键

要做好高校离退休老同志的服务工作，必须坚持以人为本，尽职尽责地为老同志办实事，办好事，尤其要做到“四个心”。只有将心比心，换位思考，才能真正在老同志和我们工作人员之间架起一座心灵沟通之桥。

(1)要有热心。热心接待，让老同志感到有亲近感。对待找上门来需解决问题的老同志要热情接待，态度和蔼。一般老同志找我们解决问题往往是不得已而为之的，是对我们抱着信任和希望而来的，因此我们不能冷眼相看，更不能拒之于门外。老同志进门时应笑脸相迎，要主动问寒问暖。如果把老同志当亲人、长辈，主动亲近他们，热心对待他们，这样就会缩短相互间的距离，减少不必

要的矛盾;即使问题不能顺利解决,他们也不会有怨言,即使带着气而来,也会转怒为喜,从而化解矛盾。

(2)要有耐心。耐心是双方之间心理沟通、情感交流、加深了解的重要环节。首先要耐心倾听,对主动来交心的老同志,我们一定要耐心地倾听,而且注意力要集中,心无旁骛。其次要能够忍,对于极个别不太讲道理的老同志,我们也要忍辱为先,约束自己不发火,仍旧对他们恭敬有礼,秉持尊老爱幼这项中华民族的优良传统。再次要耐心劝导,老同志在教书育人的校园环境里工作了大半辈子,其世界观、价值观、人生观早已形成,所以我们在劝导老同志时要采取同情的态度,要把自己放在老同志位置上去看问题、听意见,这样才能让老同志感到被理解被尊重,进而从心里感到亲切和温暖,这样才能打动老同志的心。

(3)要有细心。细心能让老同志感到你是有责任感的。我们在倾听述说时要细心,全面准确听取老同志反映的问题。对某些不能当场答复的问题,要记录下来向领导反映。接待工作中的一丝不苟、精益求精、细致入微能让老同志感到我们对工作的负责精神和严肃态度。

(4)要有诚心。我们工作中的一言一行、一举一动都不能伤害老同志的自尊心。对老同志要以诚相待,设身处地为他们着想,真心实意为他们办事;对老同志提出的问题,能解决的要及时解决,不能解决的要及时向领导反映。

四、建立健全各项保障制度,是做好工作的保证

(1)身份验证制度。高校离退休职工绝大多数居住在本市,也有一部分出国或到外省市投奔子女、亲属安居养老。在这些人中,绝大部分与学校保持联系,也有及个别老同志失去联系。这一方面使我们无法为这个别老同志提供服务,另一方面学校有可能存在人才资源流失的可能。所以做好离退休老同志的服务工作,避免资产流失,建立离退休老同志身份验证制度是非常必要的。

(2)与社区共建制度。高校离退休老同志有双重身份,既是学校又是社区的成员。我们应该在帮助孤寡、独居、残疾老同志及建立家庭呼叫系统、社区卫生医疗服务中心、邻里结对帮扶等方面主动与社区密切联系,让老同志方便地接受服务和照顾。

(3)思想状况分析制度。老同志退休后,成了社会上的“自由人”,接触到了比在职时多得多的各色各样的人和事。这些人和事有正面的,也有反面的,可能会对他们的思想和情绪产生一定的影响。我们要正确面对这一现实,定期分析老同志的思想、情绪状况,做到心中有数,以便在思想政治工作中有的放矢。

(4)走访慰问制度。我们坚持春节走访慰问制度,坚持60周岁、70周岁及80周岁以上的祝寿制度,坚持定期、不定期的走访;对一些生病住院、长期在家不能参加集体活动以及发生特殊困难的老同志,常上门慰问;对有老同志去世,更及时上门慰问家属,协助家属办好后事。

五、开展丰富多彩的各种活动,是做好工作的重要载体

(1)参加外出旅游活动。老同志外出旅游既可以欣赏大自然风光,开阔视野,又可以相互间唠唠家常,对压抑在心中的心理烦恼有极好的疏导宣泄作用。

(2)参加力所能及的文体活动,如参加门球、乒乓球、球操、太极拳、钓鱼等活动。这些活动不仅适合老同志的体能,而且可以舒筋活络,强身健体。

(3)参加老年大学的学习。按照自己的兴趣爱好参加琴棋书画小组、声乐班、合唱团等,鼓励老同志积极参加这些活动,使他们老有所学、老有所为,消除心理空虚感,使他们心情舒畅、有所依托。

(4)聘请专家、学者为老同志开展保健养生、防病治病等讲座。保持健康长寿是离退休老同志的头等大事,搞这些讲座最受他们的欢迎,同时这样的聚会正好也是他们互相交流、从事社交活动的好机会,经常聊聊天对预防老年痴呆也有益处。

2012年8月

关爱孤寡老人，做好为老服务工作的实践与探索

刘雪漪　雷振伟

随着中国人口老龄化进程加快及传统社会结构的不断转型，孤寡老人作为社会弱势群体，其生存、生活困境问题越来越突出。关心和帮助孤寡老人，不仅仅是一个社会道德层面的问题，更是社会普遍关注的现实课题。

所谓孤寡老人是指无配偶，无子女，没人照顾，年纪超过60周岁，丧失劳动能力的人。目前，多数孤寡老人的生活现状不容乐观，随着年龄的增长，他们将面临三大困境。

一是生活无人照顾。随着年龄的增长，孤寡老人的生理功能逐渐衰退，他们在行动上越来越弱，对他人帮助的依赖性越来越大。由于没有子女，没有配偶的照顾，自己行动又不便，往往会因为一些生活小事就陷入困境。

二是生病无法及时得到治疗。孤寡老人患有常见的慢性疾病，如高血压、心脏病、老年性痴呆等，往往病发时无法及时得到治疗，病中缺少关爱照顾，特别无助，病愈后无人关心，生命质量较低。

三是精神生活空虚。退休后大部分的孤寡老人心理落差较大，易产生失落感。即使有一定的退休金和住房，但由于缺乏子女陪伴和关爱，缺乏精神慰藉，容易产生孤独感。由于长期缺乏家庭的感觉，加之身心疲惫、能力匮乏，社会情感交流与关怀不足，许多孤寡老人形成了孤僻和冷漠的性格。

孤寡老人面对的这些现实困境，需要从事离退休人员管理工作的人员去直面正视，并做出回答。做好孤寡老人的管理服务工作，让老人孤老不孤单，让他们“有所养”“有善养”“有善终”，让他们感到的不是绝望，而是有人共同关爱的希望。如湖滨校区孤寡老人宁××，终生未娶，从1983年光荣退休；到1997年生病中风，进入浙一医院治疗；后因生活不能自理送入省关怀医院治疗，再到2013年12月20日因病去世，湖滨校区离退休办公室全程跟进，妥善处理，在关爱孤寡老人、做好为老服务工作方面做了一些实践与探索。

一、提前掌握基本情况，及时给予人文关怀

关爱孤寡老人，首先要提前掌握老人的基本情况。这些情况包括老人的劳动能力、生活及健康状况、医保情况、经济收入、既往病历以及老人的个性（谁是他信得过的人、他的思维方式特点等）；老人亲戚情况（尽可能了解有无亲属、亲属关系疏远亲近，有无好友，联系方式等）；老人原单位情况（单位具体事项负责人、单位是否合并变动、原单位的主管部门等）；老人经济状况等。只有掌握了孤寡老人的基本情况，对其有深入了解，才能更好地开展管理服务工作，及时给予他们人文关怀。在宁××老人长期住院后，湖滨校区离退休办工作人员定期看望慰问，传达学校及办公室有关情况，与其交流感情，有针对性地对老人进行心理安慰和疏导，给予精神慰藉，使其摆脱心理寂寞和精神孤独，感受到组织的温暖，并在病房设立探视记录，及时记录有关探视情况，为今后万一有纠纷产生提供依据。

二、前期介入，建立应急预案

关爱孤寡老人，工作一定要提前。前期要尽可能预判老人在今后的生活中可能出现的问题，特别是涉及财产处置、医疗费用支出、墓地安顿及遗产处理等，及时建立应急预案，以避免措手不及、疲于应付。湖滨校区离退休办考虑到孤寡老人宁××一旦突发病况，医疗费用、财产处置等可能难以有效表达其意愿，因此在老人身体尚健、思路清晰时候与老人主动交流，做出妥善安排。2008年老人病危，为了让老人能享受与他人一样的关爱，及时与老人原部门一起为他提前置备了华侨陵园墓地。

三、主动协调，争取原部门的支持

做好孤寡老人工作，一定要依靠原部门原单位的力量。这种依靠一是情况的互相沟通，二是为了处理的公开公正，经得起时间的检验和可能产生的诘难。遇到问题，特别是政策性问题，要及时与孤寡老人原单位沟通、协调，互通情况，将学校的两级管理落实处。当宁××老人生活不能自理时，湖滨校区离退休办即与其原单位沟通，将其转入省关怀医院治疗，并请了护工全天候看护。同时，主动与老人协商，征得老人同意，并与老人原单位商量，指定了一位同志负责专门管理老人的经济账户，做到收支明晰。专人保管，定期支付医疗、护工、生活等费用，湖滨校区离退休办起到沟通 、监督作用；并在多方见证下，对老人今后可能的遗留财产分配达成共识。

四、齐心协作,妥善处理老人后事

孤寡老人的后事处理,是离退休工作的最后一个环节,一定要与其原单位齐心协作,共同努力。做好孤寡老人的后事处理,能够在一定程度上强化对老人的尊重关爱意识。2013年12月,宁××老人去世后,湖滨校区离退休办立即与其原单位共同协商后事,讣告登报(报纸留存),通知他生前的同事朋友,齐心做好他后事处理。12月25日,对其遗体进行火化,送他走完了最后一程;2014年3月,与原部门及其老同事将老人骨灰安葬于华侨陵园。

综上所述四个环节,是我们关爱孤寡老人、做好为老服务工作的实践与探索。尊重、关爱孤寡老人,全心全意做好为老服务工作,既是工作要求,也是时代社会赋予离退休工作人员的使命和责任,在今后的工作中,我们还将继续本着关爱老人之心,不断探索,更好地做好为老服务工作。

2014年7月

以“关键少数”带动“绝大多数”

——切实把退休骨干力量用起来

张晓亮

习近平总书记指出，要把我们的党建设好，必须紧紧抓住“关键少数”。对于退休教职工而言，这个“关键少数”指的则是退休骨干。随着退休群体的不断壮大，各种新问题、新矛盾不断涌现，如何在离退休工作人员不增加的情况下更好地做好工作，需要我们深入挖掘和积极调动老同志中各类骨干人才的带头作用，营造典型引领氛围，使服务和管理工作不断适应新形势、新变化，实现离退休工作扎实有效创新发展。

一、充分发挥有特长的退休骨干的带头作用，促进精神文明建设

突如其来的疫情打乱了我们的工作和生活，虽然各种活动暂停，但老同志精神文明建设的脚步没有停止。疫情期间，浙江大学离退休工作处玉泉管理服务中心以老年大学、老年体协和各类文体团队为依托，鼓励老同志们充分发挥自身优势和特长，参与到疫情防控战斗中来，通过创作诗歌、散文、书法作品等方式做特殊时期的鼓励者。在骨干分子的带动下，老同志们挥毫泼墨，抒发情感，创作了各种作品150余件，一些作品得到了《人民日报》客户端和教育部微信公众号的转发，传播了浙大好声音。在骨干分子的积极参与带动下，玉泉管理服务中心举办了“云上书画展”“云上迎校庆”“云上健身”“云上摄影展”等多种活动，在特殊时期用创新的形式加强了精神文明建设。

二、大力倡导奉献精神，组建银龄志愿者服务队伍

玉泉管理服务中心以“老有所为，奉献爱心，服务社会”为宗旨，组织有爱心、身体健康的老年骨干开展自我管理和互助服务，精准发挥自身优势和特长，组建了“银耀玉泉”退休老同志志愿者服务队，凝聚退休老同志爱心力量。招募开始后，老同志报名火爆，玉泉管理服务中心根据年龄、身体状况、家庭住址等

情况遴选了第一批“银耀玉泉”志愿者48人，并分成“银暖夕阳”“银耀有我”“银尚乐服”三个志愿服务小组。队伍成立后，志愿者们迅速行动，开展了一系列志愿服务活动。

“银暖夕阳”志愿服务小组开展了结对帮扶活动，为“空巢”独居和有困难老同志们送上困难帮扶，送去心理慰藉。成立至今，“银暖夕阳”志愿服务小组已开展帮扶活动40余次，如志愿者多次登门看望黄帮达老师，蒋方炎帮助疏通堵了很多天的厨房下水管道，卞菊凤清洗了厨房多条油腻的抹布，叶志芳帮助黄老解决了手机内存不足和漏接电话的问题，还教会他微信聊天，志愿者深切感受到孤寡“空巢”的老人们确实有不少事情需要他们伸出友爱之手。志愿者们为每位老人制定不同的结对方案，不仅认真倾听老同志讲述亲身经历，排除其心理孤寂，更是身体力行为老同志解决实际困难，使老同志在提高生活质量的同时，心态更加积极、乐观。“银耀有我”志愿服务小组助力社区治理，积极参与到社区的疫情防控工作中，在关心小区建设、垃圾分类等方面做出贡献。志愿者们还发挥自身文艺优势，创作了“浙大银耀志愿者之歌”、三句半《公筷公勺你我他，引领用餐新风尚》等节目，用表演传递志愿者的爱心和健康的新风尚。“银尚乐服”志愿服务小组协助玉泉管理服务中心走访慰问百岁老人，并配合中心完成一些日常工作。

不仅如此，志愿者们在服务社会树新风方面也发挥了积极作用。在“银尚达人助力公筷公勺进我家”活动中，“银耀玉泉”志愿者们身体力行，争做使用公筷公勺的倡导者、践行者、推动者，在短时间内书写和绘画出200把宣传使用公筷公勺的折扇，为增强文明就餐意识、加大推广公筷公勺使用力度发挥出应有作用。一次次的志愿活动提升了老同志的获得感、幸福感和安全感，发挥了“银耀玉泉”志愿者“社会和谐的弘扬者”“家园美丽的守护者”“互助养老的倡导者”的先锋模范作用。通过中心的积极宣传，不少老同志纷纷表示要加入志愿者行列，将爱心和正能量传递。

三、加强调研，倾听老同志声音，提升管理服务水平

玉泉管理服务中心着眼老同志反映强烈的热点、难点问题，深入一线开展调研，广泛听取老同志的意见和建议，组织了由退休支部书记、老年大学、老年体协、退休文体团队、生活福利委员会、爱心基金小组等退休骨干参与的调研座谈会，倾听老同志声音，切实做好疫情期间各项工作。

2020年伊始，我中心便召开了“银耀玉泉”退休老同志志愿者服务队组长会

议,对志愿者成员进行分组并讨论“银暖夕阳”“银耀有我”“银尚乐服”系列活动如何开展,为志愿服务取得成效奠定基础。召开老年大学玉泉分校班长工作会议,就疫情防控进入常态化时期各班教学工作的开展进行探讨,有的班长介绍了疫情期间通过微信群上课的经验,为教学工作带来新思路。骨干们集思广益,积极推动师生积极性和学员互动性,增强老同志凝聚力,为下学期的教学计划部署做好充分准备。因疫情防控需要,控制会议人数,也限制了调研的范围,中心将集中讨论和个别走访相结合,分管领导多次来到老同志家中倾听老同志声音,退休骨干们献计献策,让我们更加明确工作方向。

“教者,效也,上为之,下效之”,在做好日常管理服务工作的同时,着重发挥好“关键少数”的带头作用,这样才能带动“绝大多数”发挥正能量。

2020年11月

积极探索建立“为老服务”工作新机制

——谈校社共建

翟高斌*

人口老龄化是社会经济发展的必然趋势，养老问题又是建设民生工程中的重要一环。做好高校离退休人员服务管理工作，是贯彻落实科学发展观，体现以人为本思想，构建和谐校区、和谐家庭，促进社会稳定的重要内容。做好“为老服务”工作，让离退休老同志安享幸福晚年，也是服务和管理离退休部门工作的出发点和落脚点。

一、调查摸底，探索新时期下的新机制

随着老龄化社会进程的加快，高校的离退人员数量不断激增，老龄化问题日显突出。以浙江大学西溪校区为例，离退休人员总数已达1400余人，其中，80岁以上老人有236人，占16.8%，70岁以上老人935人，占66.7%以上。尤其是老龄人群中的孤寡、“空巢”老人问题日益突出。据统计，西溪校区离退休老同志孤寡、“空巢”和独居老人有1014人，占72.4%左右，且分散居住在全市十几个社区。离退休老同志中突出存在着“三难”：一是随着年龄的增长，越来越多的离退休人员行动不便，出门活动难；二是部分离退休人员生活相对封闭，与社会其他人群沟通交流减少，融入社会难；三是许多离退休人员自理能力减弱，且子女因种种情况不在身边，日常生活难。一方面，学校服务和管理离退休部门由于在人力、财力、物力等资源都相对有限，很难满足广大离退休人员日常生活中物质文化、医疗健康、生活起居等方面的需求，给“为老服务”工作的开展和实施带来了较大的困难；另一方面，因事业单位离退休人员未纳入所住社区的养老服务保障体系，不能享受社区现有比较完善的为老服务设施和资源。通过学校与社区共建，整合学校、社区现有服务资源，实现资源共享、优势互补，既满足离退休老同志物质文化、医疗健康、生活起居等方面服务的需求，又充分发挥学

* 翟高斌：曾任浙江大学离退休工作处西溪离退休办公室主任，现已退休。

校离退休老同志人才资源在建设和谐社区中的独特优势作用。

(1)开展校区共建活动,是加强离退休工作部门建设、提高党员干部素质的重要途径,是全面加强社区建设的有效载体。共建需要创新工作方式和方法,开展好结对共建活动,要将活动的各项措施、各个环节纳入系统化管理。共建应着力在拓宽服务领域、完善服务制度、强化服务措施、提高服务质量上下功夫。

(2)校区共建应做到"两个必须":一是必须具备一流的服务业务素质和熟练科学的管理素质。二是必须多讲奉献。离退休工作繁杂和琐碎,需要较强的工作责任心。加强与老同志的沟通感情,对待老同志要向对待自己亲人一样,要有爱心、耐心和细心。

二、发挥各自优势,提升共建合力

开展校社共同搭建"为老服务"社会化的进程中,发挥各自的优势,取长补短。依托社区资源优势,发挥学校人才资源优势,构筑为老服务的资源合作共享机制。建设和整合学校和社区服务设施,培育发展社区多样化养老服务组织,建立学校和社区为老服务信息平台,可以极大提升共建为老服务能力和服务水平。

(1)依托社区资源优势,解决离退休老同志活动难的问题。随着社区建设的不断推进,社区的资源优势日益显现出来,利用社区资源促进高校离退休工作发展和转变有着重要的现实意义。要积极组织引导离退休人员融入社区活动,通过参加社区丰富多彩健康有益的活动,丰富广大离退休老同志的精神文化生活。

(2)充分利用社区服务功能综合优势,解决离退休老同志生活难的问题。据调查,一大部分离退休老同志因种种情况没有和子女生活在一起,即为"空巢"家庭。随着他们年龄的增长、健康状况的下降,日常生活中的起居饮食、看病就医对他们来说都会成为一项难事。如此大量的"空巢"家庭仅靠离退休管理工作部门是难以照顾的,因此要充分利用现有社区服务资源,发挥社区服务优势,构筑为老服务的资源合作共享机制,更好地服务离退休老同志的日常生活需求。

(3)积极发挥离退休同志的人才优势,解决老同志融入社会难的问题。高校离退休老同志文化知识底蕴深厚,实践经验丰富,有着这样那样的优势和专长,激发引导离退休老同志老有所为,让他们在社区建设中力所能及地做一些贡献,不仅有利于发挥离退休老同志在推进社会主义物质文明和精神文明建设、构建社会主义和谐社会中的作用，还有利于使他们有机会融入社会，在对社会奉献中享受生活快乐，丰富和充实晚年生活。

三、建立为老服务的长效机制

积极实施各项民生工程长效机制，提供向弱势群体倾斜的完善服务，让广大群众共享改革开放的成果。围绕以“为老服务”为中心，使校社共建更具针对性、实用性。

(1)建立校社共建工作联系沟通机制。与社区签订为老服务协议，定期研究探讨为老服务工作内容和措施，交流服务体会。

(2)建立离退休人员基本情况信息库。开展对离退休老同志家庭状况、身体状况、服务需求等方面的调查，通过召开座谈会、登门走访等形式征询老同志的意见和建议，通过调查建立离退休老同志人才资源库和孤寡、“空巢”等特殊困难老人信息库，提高为老服务的针对性和有效性。

(3)积极推进以通信信息技术为支撑的养老服务信息化平台建设。建立离退休人员电子信箱和为老服务信息平台，明确专人负责管理，及时发布服务信息。开通网上沟通平台，加强学校、社区与离退休老同志之间的沟通联系，增进情感交流，促进校社和谐。

(4)建立对孤寡老人的关爱机制。为每位“孤寡老人”免费安装家庭呼叫器；给孤寡老人每天打一次平安电话，每周上门看望一次；根据孤寡老人的需求，提供送饭送药、打扫卫生等关爱服务。

(5)建立多层次为老服务队伍。整合学校、社区工作资源，以学校离退休人才和社区“4050”人员为主干组建为老服务志愿者队伍，开展结对帮扶活动等措施，为离退休人员提供精神抚慰、知识培训、健康咨询、法律援助等各类服务。搭建服务平台，创新服务载体，拓展服务内容，不断提升“为老服务”的能力和水平，满足老年人多样化服务的需求。

(6)建立离退休老同志参与关爱下一代工作载体。青少年是国家的未来和希望。培养教育下一代，是全社会的共同责任，老人与青少年的和谐共处也是促进和谐校园、和谐社区建设的重要内容。高校的离退休老同志懂教育、善教育，要引导发挥他们在关心教育青少年方面的优势作用，积极参与和配合社区开展对青少年的各类教育培养活动。

四、共建为老服务平台，切实帮助解决困难老人三难问题

(1)帮助解决困难老人看病难。学校和社区共建全科医生巡诊、出诊制度，

为行动不便的老年人提供上门服务。重点为孤寡困难老人提供家庭病床并建立健康档案；为行动不便的老人提供上门送诊、送药服务，力争使老同志小病不出社区（配一般药，打针，挂盐水等）。

（2）帮助解决困难老人吃饭难。保证三餐无忧是提高老年人生活质量的重要问题，要通过与社区的密切配合，积极利用社区现有社会餐饮服务资源，通过"老年人食堂""老年人爱心餐桌""为老年人送饭服务"等多种形式解决老年人吃饭难的问题。

（3）帮助解决困难老人打扫卫生难。成立上门便民服务队伍，完善社区服务网络。利用社区便民服务队（社区以"4050"人员为主）为老年人提供家政、钟工点、请保姆、送餐、送奶、护理等多方面的优质有偿和优惠服务。

五、校社共同开展有利于老年人身心健康的各类活动

（1）共享学校离退休人员活动室和社区活动场所资源。互通学校、社区各自的室内老年活动室和户外活动场地，完善必要的学习、娱乐、健身设备等，进一步扩大了老年人活动范围，相互交流更加方便。参加学校老年学院各类学习的学员的人数增多，使活动室和教学场地利用率大大提高。

（2）校社共建宣传橱窗。一方面宣传学校和社区各方面成就和有关离退休人员身心健康的生活信息和健康知识，另一方面让老同志将自己所看、所想、所拍的照片和文章等刊登在宣传橱窗内，充分发挥他们的余热为大众服务。

（3）参与社区楼道文化，引导老年人开展文体活动。楼道是连接家庭与社区的桥梁，是邻里之间生活和情感交流的平台，楼道文化建设是促进家庭和谐、邻里和睦和社会和谐的重要载体。高校不少离退休老同志在书画艺术、法律科普知识、环保绿色健康生活理念等多方面有非常好的专业优势，为社区楼道文化建设提供了资源保障。要积极鼓励离退休老同志参与楼道文化建设，开展丰富多彩的文体活动。创建主题鲜明、各具特色的楼道文化，发挥余热和作用，让社区和谐文明之花越开越艳。

科学发展观是创新的发展观，校区结对搭建为老服务平台应积极探索与实践，社会资源互补共享有待于我们进一步有效挖掘和整合。落实"六个老有"是我们工作的重中之重。重点难点问题仅依靠离退休部门本身难以解决，应及时向有关部门反映，向领导汇报，争取他们的支持。同时，为老服务也需社会参与、全民关怀。

2011年1月

新形势下高校离退休职工服务管理体系研究

华　军*

中共中央组织部、人力资源和社会保障部《关于进一步加强新形势下离退休干部工作的意见》（中组发[2008]10号）指出，新形势下做好离退休职工的服务工作具有重要的意义。2011年中共教育部党组又下发了《关于加强和改进新形势下离退休干部工作的意见》，进一步指出，要进一步加强和改进离退休干部工作，建立健全离退休干部工作制度和工作机制，切实加强对离退休干部工作的组织领导。高校作为知识分子聚集区，高校离退休职工大多是老专家、老教授，学术水平高，是社会的宝贵财富，利用其渊博的知识和深厚的技能，在人才培养、爱国主义思想建设、科学研究和社会服务上都具有重要的意义。

一、高校离退休职工服务管理工作现状

进入21世纪以来，中国逐渐进入老龄化社会，高校离退休职工数量正在不断增加。据统计，2009年教育部直属高校和直属单位的离退休人数已达15万人，其中干部就达到1.2万人。经过这几年不断的教育深化改革，高校离退休职工更是明显增加。目前，中国高校离退休职工一般年净增长率在10%左右，离退休职工和在职人员比例约为1:3，并且知名高校中这一比例更大。当前，高校离退休职工呈现出几大特点：70多以上的人员较多；离退休干部多，大多年龄超过80岁；“空巢”现象多。这给当今的高校离退休职工服务管理工作带来了很大难度。中国高校历经多次改革变迁，从中华人民共和国成立初期到“文化大革命”时期，再到改革开放，离退休职工的情况多种多样，情况比较复杂。有的年事已高，有的体弱多病，有的丧失生活自理能力，有的子女不在身边等等，尤其是那些处于高龄、高发病时期的老人，其服务管理工作尤为困难。传统的服务管理模式体系已经不能够适应这一变化，亟待新的服务管理体系出台。

* 华军：曾任浙江大学离退休工作处玉泉管理服务中心副主任，现已退休。

二、高校离退休职工服务管理体系存在的问题

高校离退休职工作为学校的一个特殊群体,为学校的长足发展和社会建设做出了巨大贡献。关注高校离退休职工的思想与生活,保障他们晚年有一个幸福的生活是我们应尽的责任和义务。虽然当前离退休服务管理工作中呈现出很多困难与问题,只有去正视和面对这些困难与问题,才能够真正地实现党和国家提出的“老有所学、老有所乐、老有所为”的基本目标。

(一)高校离退休服务管理与家庭、社区及社会养老有裂缝

目前,中国高校离退休工作相对比较独立,与家庭、社区以及社会等养老保障机构对接工作不到位,出现裂缝,特别是信息资源共享、经验交流等方面存在很大问题。而现在针对这一问题,相关部门还没有真正起到很好的调节作用。当前,中国高校离退休职工的养老体系主要包括家庭、社区及社会养老三个模式,然而这三个模式均存在不同程度的缺陷,导致新形势下高校离退休职工服务管理难以跟进。

(1)家庭养老方面。家庭养老是传统的养老模式,通常是老人的子女来照料老人的饮食起居以及思想精神生活等。但是随着中国对外开放以及经济的不断提高,加上现代青年的思想比较激进,勇于闯荡,直接导致家庭出现“空巢”危机。特别是高校离退休职工的子女,从小就受先进知识的熏陶,具备独特的先进学习机会,掌握了大量的技术与知识,思想比较活跃。因此,高校离退休职工的家庭养老模式步履维艰。

(2)社区养老方面。这一模式体系主要包括养老院、老年公寓及社会福利机构等,但是随着这一模式的快速发展,存在的弊端也逐渐呈现,供需不平衡成为主要问题。另外,很多养老机构大多是几间空房,摆设有麻将桌等,并没有真正的专业服务人员,并且赌博现象时有发生,给社会造成不良影响。

(3)社会养老方面。在中国,高校离退休职工大多都是在编事业单位,有着充足的经费保障与制度保障,相对其他老年群体更为优越,但也存在很多问题,诸如在老年人精神层次是无法照顾到的。

(二)高校离退休职工服务管理内容比较局限

当前中国高校离退休职工的服务管理工作,大多采取离休、退休分别管理机制针对离休人员,多数采取专门工作部门直接负责管理,而退休人员高校大多采取节日慰问以及文化体育活动、医疗健康服务等进行管理服务。这种分别

管理的模式有其优越性，高校一般离休人员少，可以采取专门工作部门的服务管理模式，然而退休人员数量庞大，难以真正做到一对一服务。但是，这项管理模式的弊端也非常明显，多数离退休职工反映，学校对离退休职工不够重视，除了过节示意的进行慰问，组织一下聚餐，其余的服务项目就没有了，感受不到社会的温暖。

综上所述，目前中国高校离退休职工服务管理体系存在严重的问题，不少离退休老人在生活上没有子女的照顾，没有养老机构的真正服务，没有养老制度的贴心服务。针对这一问题，在新形势下做好高校离退休职工服务管理体系，真正让他们感受到社会的温暖，为生活充满信心。

三、高校离退休职工服务管理体系对策分析

面对当前高校离退休职工的复杂局面，以及新形势下各项问题的日渐暴露，工作人员要坚持以人为本，不断努力创新服务管理体系，构筑高校离退休职工的和谐晚年，促进社会整个大局的和谐太平。特别是随着科技信息的不断发展，高校离退休工作人员要学会综合利用网络资源，提高自身素质、自身学习力和竞争力，从而推动高校离退休工作稳定有序开展。

（一）充分认识新形势下做好离退休服务管理工作的意义

高校离退休职工是我们的社会宝贵财富，为中国教育事业做出过巨大的贡献，为社会和谐稳定科技发展付出重要的力量。可以说如果不是这些老前辈，就没有当前科技的腾飞、经济的辉煌。而今，我们绝不能忘记高校离退休职工的贡献，永远不能丢弃离退休职工的优良作风及崇高精神，尊老、爱老、敬老、爱护离退休职工的政策和原则永远不能改变。因此，在新形势下，要认真落实科学发展观，全面做好离退休职工的服务管理工作，切实为高校离退休职工办真实、办实事，为他们营造良好的生活环境及条件。

（二）不断创新高校离退休职工服务管理体系

高校离退休职工服务管理要在吸收传统管理模式精华的基础上，不断地进行创新和完善，为高校离退休职工服务管理体系不断注入新的血液。2012年，国家“十二五”规划已经开始逐步落实，对于高校离退休职工服务管理体系，教育部等相关部门已经着手各项制度的制定。例如2012年6月在“离退休干部大讲堂”中指出，“今年是干部离退休制度建立30周年，部党组将一如既往地重视老干部工作，在政治上关心老干部、在生活上关爱老干部，落实各项政策，提高工

作水平”。当前,中国经济已经得到迅速发展,为高校离退休职工服务管理体系提供了便利条件,高校应全面构建一套符合自身的新型服务管理体系。

综上所述,高校离退休服务管理要逐渐从依靠学校管理逐渐过渡到依靠全社会管理,构建新型的家庭、社区、社会、学校为一体的管理新体系。当然,这种新型的模式一开始实施起来也存在很大问题,但是随着中国社会制度的不断完善,社会保障体系的逐渐成熟,在一定的时期内肯定能够实现这一模式的转变。

2012年5月

高校离休干部心理需求浅析

吴妹影*

离休干部在中国革命、建设、改革各个历史时期都做出了巨大的历史性贡献,是建立中华人民共和国、建设中国特色社会主义事业的功臣。尊重老干部就是尊重党的光荣历史,爱护老干部就是爱护党的宝贵财富,学习老干部就是学习党的优良传统和作风,重视发挥老干部作用就是重视党的重要政治资源。我们要从这样的高度来充分认识做好新形势下老干部工作的重大意义,不断提高老干部工作水平。中组部常务副部长沈跃跃在2012年离休干部工作座谈会上,特别强调要注重和加强对离休干部的个性化服务,并提出了现实要求,要求针对“双高期”离休干部体弱多病、行动不便,生活难以自理以及“空巢”“独居”现象增多情况,加强人文关怀和精神慰藉。因此,注意心理健康是所有老年人提高生活、生命质量的关键。

一、离休干部的基本心理状况

离休虽然是一种正常的角色变迁,但离休干部在离休后的心理感受是大不一样的。担任过领导职务的离休干部在离休之前,有较高的社会地位和广泛的社会联系,其生活的重心是机关和事业;离休以后,生活的重心变成了家庭琐事,广泛的社会联系骤然减少,使得他们感到很不习惯、很不适应,容易出现如焦虑、紧张、抑郁等心理状态。环境的变化、身体机能的退化、“空巢”家庭等是出现心理问题的主要原因。

尽管现在老同志工资待遇、医疗保障都比前些年有所提高,但很少有涉及老年人心理健康方面的服务,不能有效解决老人们最迫切的心理需求。根据日常与一部分老干部的交流,我们发现老干部们由于生活经历、家庭环境、心理素质、身体状况的不同,他们存在的心理问题以及处理心理问题方法也存在差异。目前老同志不良的心理状态主要有三种类型:①孤独感。由于子女忙碌,对老

---

* 吴妹影:曾任浙江大学离退休工作处西溪管理服务中心副主任,现已退休。

人的照顾不能顾全,所以最普遍的问题可能是孤独感充斥、幸福感缺失。丧偶、独居、本人或配偶身体自理能力差的离休干部,会产生孤独感。若老伴病逝,由原来的彼此“依靠”变成“孤立无援”,时间一长容易产生“与世隔绝”的心境,会出现悲观失望,甚至产生抑郁、绝望的情绪。②失落感。“双高期”的到来,老干部们处理自身心理问题和精神压力的能力越来越差,特别是在现代化的社会,新知识、新事物如雨后春笋一般,而离休干部由于年龄较大、大脑衰老、思维缓慢,接受新鲜事物能力较差,再加上获取新知识的途径很少,他们与社会脱节,与人沟通有代沟,觉得自己对社会没有任何用处,进而产生自卑感、失落感。据我们这些年的工作经验,高龄老干部越来越重视生活的情绪元素,更善于管理自己的情绪,从而比低龄老干部体验到更多的积极情绪。③怀旧情绪。老干部进入“双高期”以后,大脑的功能更加衰退,很难接受新鲜事物,这使他们更加喜欢回忆往事,长期沉湎于对往事的回忆,留恋过去,再加上常常与老同事、老战友追忆过去,很容易产生怀旧心理。④忧虑情绪。一些离休干部有一定的文化水平,关心党和国家大事,对贪官腐败现象和贫富差距过大现象非常愤慨,进而产生忧虑情绪。

二、心理健康与离休干部管理服务

健康不仅是躯体没有疾病,还要具备心理健康、社会适应良好和有道德。心理健康是指一种心理状态,即人对内部环境具有安定感,对外部环境能以社会上认可的形式进行适应,或者说是指个体在与社会环境相互作用时,能使自己的心态保持和谐,能使自己的行为与社会环境保持和谐。心理活动是精神不适和行为异端的一个主要原因。因此,只有准确把握离休干部的心理健康状况,充分认识到影响离休干部心理健康的关键因素,离休干部管理服务工作才能实现质的飞跃。针对离休干部步入“双高期”后心理调节能力逐渐下降,精神需求日趋突出的特点,工作人员积极探索和创新工作方法和新途径,通过宣传十八大以来党的路线、方针、政策,坚持定期走访慰问缓解离休干部孤寂情绪,开展适合老年人的文体活动如麻将比赛、猜字谜等多种形式,加强对离休干部心理健康教育,引导离休干部调整心态。工作人员以电话调查、走访慰问、座谈会等形式加强与离休干部子女的沟通,让他们意识到,老同志们不仅需要物质上的关心,更需要子女在精神上多关注,要多回家陪陪老人,多和老人沟通交流,如果太忙,也可让孙子、孙女等晚辈回家看看老人,让老干部真切地感受到儿孙满堂的天伦之乐。

如何做好离休干部服务管理工作,创新离休干部党组织设置方式和活动方式,才能更加有效地加强离休干部思想政治建设;如何利用社区资源为离休干部提供全方位的优质服务等,都给离休干部管理服务提出了新要求。因此,必须主动适应新形势、新任务要求,准确把握新时期离休干部工作特点和规律,调查掌握离休干部的迫切需求,转变服务方式,不断研究新情况,解决新问题,探索新途径、新方法,从不断满足老同志的物质需求向不断满足老同志的心理、精神文化需求转变,关注离休干部的心理健康问题,及时给予正确的引导和关爱,从而推进离休干部工作的创新发展。

三、立足离休干部心理需求提升和优化离休干部管理服务水平

立足离休干部心理需求,针对当前离休干部管理服务工作现状,我们应该从以下三个方面提升和优化水平离休干部管理服务。

(一)开展心理健康教育和心理咨询活动

开展有关老年心理特点、老年心理保健、老年心身健康等方面知识的传授和训练,使他们能采取有效方式,调节和控制心理活动;了解、缓解和解决他们存在的心理压力和心理疾病,引导离休干部树立健康向上的生活态度和信念,战胜各种挫折和困扰,维护自身的健康;帮助他们保持愉快的心情和乐观的情绪,随时转移不良情绪,使身心健康调节到最佳状态。如条件允许,应建立老年心理咨询机构,疏导各种不同心理问题,以适应客观形势的发展变化,帮助有心理问题的离休干部恢复健康的心态。通过报纸杂志等媒体,大力宣传老干部中的"健康老人"的养生经验,减压经验。提倡老同志们培养自己的幸福感,加强自我关怀意识,学会自我宽慰和理解。

(二)根据心理特点有针对性地开展心理关爱工作

处于"双高期"和"空巢"的离休干部,容易产生消沉没落情绪和焦虑、恐惧、猜疑感。对待这些离休干部,一方面要高度关注他们的医疗、护理康复情况;另一方面应加大走访慰问力度,经常给予开导、鼓励和情感慰藉,减轻他们的消极负面情绪,使其对"各种疾病"有一个较为正确和全面的认识,对疾病有一个乐观科学的态度。2012年,笔者所在的浙江大学湖滨校区离退休办就为离休干部建立了动态管理一览表,对离休干部的病情、住院及慰问情况、电话联系、呼叫器使用情况进行跟踪。工作人员年走访慰问离休干部1440余人次,电话联系离休干部1230人次,看望生病离休干部850余人次,特别是对于那些寡孤、"空

巢”独居的离休干部，有专人定期联络慰问，减少了他们因长期独居带来的寂寞感。

（三）积极开展有益身心的活动

通过开展各种活动，切实把关爱和照顾离休干部的各项举措落到实处。如加强日常联系、沟通，减少离休干部的寂寞感；解决困难问题，减少离休干部的忧郁感；丰富文体活动，增进离休干部的愉悦感；参加关心下一代活动，增进离休干部的成就感，发挥离休干部余热；开展社区服务，增进离休干部的亲情感，让那些子女不在身边的离休干部同样能感受到如子女般的关爱，形成一个尊老、敬老、爱老的氛围，使离休干部精神文化需求到满足、心理得到慰藉、心情更加愉悦，心态保持健康，快快乐乐、安安心心地享受晚年时光，不断提高生活的幸福指数。

四、结 语

我们要以习近平总书记在2011年9月15日《全国老干部工作先进集体和先进工作者表彰大会上的讲话》精神为指导思想，提高思想政治素质和工作能力，加强与老同志的思想沟通和情感沟通，热情周到地为老同志服务，妥善处理各种矛盾和问题，努力提高服务管理本领。要深入研究老干部工作面临的新情况新问题，积极探索运用老年学、心理学和信息网络技术等现代科学知识、方法和手段来推进工作，努力提高老干部工作者的开拓创新能力。

2013年3月

做好高校离休干部管理服务工作的探讨

陈　洁*

离休干部是党和国家的宝贵财富，为国家的兴起和发展付出过心血、做出过贡献，是构建和谐社会的重要组成部分。长期以来，党和政府就非常重视离休干部的工作，胡锦涛总书记做出重要指示：要“切实把老干部工作作为一件大事来抓”，要“把中央关于老干部工作的各项政策措施落到实处”。

近年来，各高校都紧紧围绕党和国家的方针政策，切实落实好离休干部的各项待遇，在老干部工作上取得了一定的成效。但随着离休干部年龄的增大，数量越来越多，高校老干部工作出现了新的局面。因此，如何在新形势下，转变服务方式，探索工作的新途径、新方法，做好离休干部管理服务工作，成为我们急需研究探讨的问题。

一、当前高校离休干部的特点

随着离休干部年龄的增大和社会的不断发展，离休干部的情况发生了较大的变化；同时，与其他行业相比，高校内离休干部也具有自身的特点。从当前形势来看，高校离休干部主要有以下几个特点。

（一）整体素质较高

高校的离休干部大多是老教授、老专家，接受过高等教育，具有较高的专业知识水平，多数人具有中级以上的专业技术职称。作为知识分子，他们往往对社会生活当中的新信息较为关注，国家的发展、社会的进步、人民物质文化生活水平的变化，都会在老同志心中涌起波澜。很多老同志把阅读报纸书籍，作为自己每天雷打不动的制度，即使患病住院，也坚持每天必读不误。

*　陈洁：曾为浙江大学离退休工作处工作人员，现任浙江大学材料科学与工程学院教育教学主管。

(二)普遍进入“双高期”

所谓“双高期”,是指高龄期和高发病期。截至2010年,浙江大学共有342位离休干部,其平均年龄83岁,其中最大96岁,最小也有75岁,并且85岁以上的老同志占36%。如果以75岁以上作为高龄的标准,则浙江大学的所有离休干部整体都进入了高龄期。高龄带来的问题就是体弱多病。目前,长期在家卧床和住院的离休干部共有68位,行动不便、不能参加活动的离休干部30人,共98人,将近占了总人数的1/3。此外,高血压、糖尿病、心脏病等老年人的常见疾病在每个离休干部身上都普遍存在,老同志的视力、听力、记忆力等也都呈现出逐年下降的态势。

(三)有强烈的组织归属感

离休老同志大多经过革命战争的洗礼,具有很强的组织意识。随着离开自己原先的组织体系,心理的需求变化促使他们尤其重视自己的群体归属问题。虽然不在职了,但心理上仍然是把自己看作一个群体的成员,而离休办公室就是他们能够寄托和依靠的家园。随着年龄的增大,他们对于离休管理部门的依赖程度也越来越大,无论是心理、生理、个人还是家庭的问题,都希望能得到组织的关心和帮助。大到房屋买卖签合同、就医看病选医院,小到和家里人闹情绪、住家环境噪音干扰等事情,都会找到离休办公室来寻求帮助。

(四)精神压力大

离休老同志从工作岗位上退下来,尤其步入“双高期”,有的因年龄大了,产生衰老感;有的因身体多病,产生病危感;有的因碰上难解的问题,产生疑惑感;有的因家庭困惑,产生低落感。这些精神问题都给老同志带来了巨大的压力。

二、高校离休干部工作面临的问题

(一)管理服务人员配置缺乏

离休干部进入“双高期”后,以往的服务模式难以适应老干部的需要。年龄日渐增大的离休干部,需要更多的服务人员共同来做好管理与服务工作。对疾病缠身、身体较差、不便参加社交活动的老干部以及性格孤僻不愿意外出也不喜欢主动与他人沟通的老干部,需要上门提供服务。但目前管理服务人员相对较少,有的离退休干部工作人员身兼数职、工作任务繁重,难以为老同志提供细致周到的服务。从浙江大学的人员配置来看,专职从事离休干部工作的人员共有10位，平均一位工作人员要服务将近35位离休干部，服务压力明显。

（二）管理服务的难度加大

随着离休干部的年龄增大、身体变弱，无论是政治学习还是活动参与都表现出不适应。在政治学习上，很多老同志由于身体状况不能按时参加组织生活，支部组织的学习也经常请假，就连交党费也需要子女代劳。同时，就算是参加学习的老同志，也由于眼睛看不清、耳朵听不清，学习效果大打折扣。目前浙江大学，大多数支部都有将近一半的老同志无法参加学习，支部建设难度很大。在活动组织上，一般的体育活动也已经全部取消，像钓鱼、下棋这样的休闲活动，参与的人也寥寥无几，满足老干部们活动的渴望和组织能让老同志适应的活动成为当前工作的一大难点。

（三）离休干部工作的支持力度不足

离休干部工作是一个全方位的工作，离休干部提出的很多问题，光靠离休管理部门是解决不了的，需要各个主管部门的支持和领导的重视。但目前，很多部门不了解老干部工作，也没有认识到老干部工作的重要性，不愿意给予老同志过多的关心与帮助，给老干部队伍带来了不稳定因素。

三、如何做好高校离休干部的管理服务工作

做好高校离休干部工作，不仅关系到国家改革、发展和稳定的大局，也对家庭、学校、社会的和谐稳定起着积极的促进作用。针对当前出现的新问题、新情况，老干部管理部门应该在与时俱进思想的指导下，转变思路，采取新措施新方法，做好老干部的管理与服务工作。

（一）加强宣传，争取支持

离休干部工作对高校建设来说，不是中心工作，很容易被领导忽视，却是高校建设的重要方面，不容被忽视。因此，我们离休干部工作部门首先需要经常把老干部政策和上级精神及时地向主要领导汇报，把老干部们的思想动态和关心的热点问题及时归纳整理供领导参考，让领导知道老干部工作"不是中心却牵动中心，不是大局却影响大局"，让领导感受到离休工作的重要性。其次是要做好与其他部门的协调工作，如人事、财务、物业管理、社保、保健等部门，取得了它们的配合和支持，离休干部工作才会事半功倍。再次是做好宣传工作，为

老干部工作营造良好的环境。老干部部门可以通过网站、报纸、杂志等平台，向学校的其他部门以及社会各界展示离休干部的晚年风采和离休部门的工作成果，让更多的人了解离休干部，了解离休干部工作，使人人都树立尊老养老的道德观念，把关心、关爱、关怀老干部作为义不容辞的职责，在整个高校乃至全社会形成敬老爱贤的良好氛围。

（二）加强感情投入，创新服务模式

要做好离休干部工作，感情是第一位的。只有加强对老同志们的感情投入，用真心去为他们服务，才能让老同志们感受到组织的温暖，他们才能安享晚年生活。因此，老干部管理者在管理服务的同时，要根据每个老同志的实际情况，将感情投入结合起来，寻找适合每个老同志的服务模式。亲情化服务就是这样的一种服务模式。所谓“亲情化服务”，就是要将老干部视为自己的亲人，用自己的真心去换的老干部的信任，用自己的行动去帮助老干部，使他们生活便利、充满幸福感。具体来说，就是要定期与老同志们交流沟通，主动走进他们的家里甚至病房，了解他们的身体和生活情况，想他们所想、急他们所急、供他们所需，真心为他们办好事，热心为他们解难事，诚心为他们办实事，在节日的时候为他们送去一份祝福和关怀，让他们感受到社会给予尊敬与热爱。

（三）建立信息档案，完善联系制度

建立老同志的信息档案，可以让离休管理部门全方面地了解老同志的详细情况，从而为他们提供有针对性的服务。首先要建立老同志的基本情况信息档案，记载老同志的个人情况、工作经历、党员信息等内容，通过收集整理形成数据库，达到相关部门的信息共享，使老干部的各项待遇能得到及时落实。其次要建立老同志的健康档案，记载老同志的身体状况、生活习惯等信息，通过掌握全面、翔实的医疗信息，实现老干部对症下药，为老干部的健康生活提供可靠的保障。此外，要建立老同志的家庭联系档案，记载老同志的家属及亲友的联系方式，为老干部工作提供畅通的沟通渠道。在此基础上，可以与行动不便的老同志家属建立“家庭联系制度”，通过多种形式，如个别电话联系、集中召开家属沟通会等，不定期地与老同志家属互通信息，一方面可以更深入地了解老同志的情况，另一方面也可以促进家属对老同志的关心，从而把温暖送到每个老同志的心里。

（四）创新管理模式，实行网格式管理

离休干部的管理工作需要做细、做全。因此，管理部门可以尝试实行网格式的管理。根据离休老干部的住所、性格、兴趣爱好等，将全体老干部划分成若干个网格，每个网格内包含一定数量的老同志，由一名身体好的老同志担任片长，一名工作人员负责网格内的各项日常事务及联络工作。片长定期召集同一网格内的人员进行集中学习、交流及活动；负责联络的工作人员要定期走访并将走访和帮扶情况如实记录，将有关老干部的生活状况和问题以报表形式反馈给部门。在这种网格式的管理模式下，信息来源集中、迅速，有利于离休管理部门及时掌握离退休人员思想动态，能及时帮助解决问题，把矛盾消灭在萌芽状态。

总而言之，新形势下的离休干部工作正随着社会的发展而进步，随着客观条件的变化而变化，给离休管理部门提出了很多新的要求。我们的一切工作都要从老干部的要求与实际情况出发，与时俱进，改革创新，保证他们能够度过愉快而祥和的晚年生活。

2011年2月

学苑春秋篇

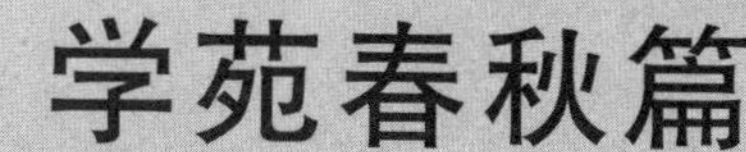

银耀新时代　共建双一流

——浙江大学机械工程学院“机械银丝带”五位一体师生互助模式探索*

梅德庆　项淑芳　王芳官

为学莫重于尊师，为善莫过于敬老，在学院党委领导下，教工党支部和学生党支部合力搭建“机械银丝带”师生互助平台。“机械银丝带”将学院28个学生党支部分别对接一名退休老教师，凝聚起退休老教师群体与学生群体力量，连接起一条银丝纽带。学院28个学生党支部，通过与老教师结对的系列活动，构建起一套内容丰富、活动形式多样的培养体系，弘扬以尊师敬老为主要内容的传统美德，促进学生思政工作的发展。从“问”“听”“伴”“解”“颂”等多方位，增进师生全面交流，夯实师生互动基础，构建服务师生机制，切实起到服务师生、弘扬师德、传承师道的作用。

一、“问”，问老教师平日近况

支委定期与老教师联系，询问老教师近况，记录老教师教学故事。党支部定期组织学生党员到老教师家中拜访，与老教师聊天谈心，倾听老教师的故事，品析老教师丰富的人生阅历。同时，学生党员把年轻人的学习生活与老教师分享，让他们了解年轻人的动态，为他们带去朝气与活力。

作为学校历史的见证者和求是创新精神的传承人，老教师们为学校的发展建设贡献了自己最美好的青春年华，每当老教师口述自己的经历时，学生党员对校史和国家发展变化都会有更深入的了解。老教师结合自己求学和毕业后分配任教的经历，向学生党员介绍学校学科专业的发展变迁，提到机械系分支合流的学科变化，讲到学校楼房、设施等硬件的升级换代，提到教师队伍整体素质提升、学生数量增多、社会影响地位提高等软实力增强。

---

* 作者单位：浙江大学机械工程学院。

新冠肺炎疫情期间，老教师们的身体状况始终牵动着学生党员的心，党支部因地制宜地开展关心慰问工作。党支部组织学生党员采取电话询问、微信视频、短信问候的方式，及时了解老教师们的生活需求和健康状况，提醒老教师们做好疫情防护，适量室内运动，宣传疫情防控政策和防护常识。同时考虑到进出小区防控政策、老人腿脚不便等原因，党支部通过在网上下单送菜送鸡蛋送口罩到家等创新的方式，帮助离退休教师解决实际困难，并及时补充营养。

二、"听"，听老教师传经授道

"春蚕到死丝方尽，蜡炬成灰泪始干。"老教师在教学工作中投入了毕生心血，退休后，虽离开了教师岗位，却常怀为师厚德。他们在退休后，仍心系学生的成长与发展，希望能够把自己丰富的知识、宝贵的经验传授给学生。学院搭建"银龄讲坛"平台，定期邀请老教师重返课堂授教，给学生们传道授业解惑。

"银龄讲坛"的第一讲邀请了已过耄耋之年的蒋克铸教授重返讲台上最后一课，他站立长达3小时为学生传授毕生科研实践心得，将对知识的热爱与敬畏、对传道授业一丝不苟的态度以及对青年学生的殷切期望都淋漓尽致地体现在这堂课里，春风化雨，润物无声。两度登上学院"银龄讲坛"、已过杖朝之年的陈秀宁老师，党龄已有60余年，虽离开教学岗位，但仍然在整理编写机械类专业教材，他编写的教材至今仍是研究生入学考试的参考教材。陈老师不仅向学生讲述分享教材编写经验与学习方法，而且向考研学子深入浅出地解答考研知识难点。

三、"伴"，伴老教师温馨时光

节假日期间，支部组织学生党员到老教师家中做饭、弹琴，与老教师一同生活，走近彼此；周末，支部组织学生党员同老教师一起登山、散步，度过一段意义非凡的时光；逢中秋、冬至等特殊节日，还会一起吃月饼、包饺子；平时，支部会邀请老教师参与支部活动，与学生党员一块重温入党誓词，学习会议精神，回顾艰辛岁月。疫情期间，支部安排学生党员线上联系老教师，了解老教师的境况，共话家常，互相鼓励共度疫情生活。

学生党员在与老教师的接触与交流中，不仅丰富了知识内容，扩展了认知视野，强化了社会责任感；同时，也在感悟老教师人格魅力的过程中，潜移默化提升了人格修养和思想境界。学生党支部也积极与教工支部合作，派出学生党员作为志愿者参与教工党支部组织的离退休老教师春秋游活动，在春秋游活动中沿途搀扶老教师，确保老教师出行安全，同时全面增进师生关系，活跃出游活动氛围;还使学生党员在志愿活动中丰富知识,拓展眼界,在老教师思想境界的熏陶中提升党性修养和思想水平。一声问候,道出深深敬意;一个电话,表达无限关怀;一次陪伴,驱散深秋寒意。退休老教师们不仅可以深深感受来自学校大家庭的温暖,而且学校与老教师之间也加强了沟通,增进了了解。

四、"解",解老教师一时所需

随着互联网应用的快速普及,很多生活方式得以改变,退休老教师有时对计算机、移动支付等新生技术相对陌生。为了切实关心退休老教师的生活,解决老教师在实际生活中遇到的问题,学生党总支开展了学生志愿服务活动。党支部开展学生志愿服务活动,搭建联络服务平台,组建了7支志愿者服务队伍,为志愿者制作爱心联系卡,方便退休老教师与学生志愿者随时交流沟通。在老教师需要帮助时,结对党支部会第一时间派出志愿者同学上门,为老教师解决设备维修、软件维护等方面的问题。

爱心联系卡使得志愿者与有特殊困难的老教师一一结对,针对他们在就医、家电维修等方面的困难"按需服务",避免了以往志愿者服务"一窝蜂""一阵风"情况。疫情期间,党支部组织开展"云探望"退休老教师,党支部派出学生党员以线上线下等多种方式了解老教师们的生活需求和健康状况,宣传疫情防控政策和防护常识,提醒老教师们做好疫情防护。针对老教师视频操作相对陌生等问题,支部实时电话沟通帮助解决相应问题。支部考虑到老教师的日常生活需要和对网购的不熟悉,为了保障老教师的身体健康,避免外出感染的风险,多个支部为老教师线上置买生活用品,并实时联系外卖小哥等工作人员将物资统一打包放置于老教师家门口。

五、"颂",颂老教师德艺双馨

为大力弘扬尊师重道,在校园中弘扬敬师、爱师、尊师风尚,以老教师自身和学生党员之间的故事为载体,传唱机械学子和老教师的温馨故事,学院充分利用媒体资源,让银丝带活动起到示范带动作用,引导学生树立正确的人生观和价值观。第一期"银龄讲坛"中,蒋克铸教授最后一课的视频传到网上后,感动了全中国亿万人民,蒋老师的事迹受到了媒体的广泛关注,《人民日报》、新华社及其新媒体平台和其他近百家新闻媒体争相报道,点赞关注量突破千万,蒋克铸教授成为当年中国教师最令人感动的人物之一。2018年9月10日,在中央电视台举办的《寻找最美教师》评选活动中,蒋老师荣获中央广播电视总台"2018年度最美教师"特别关注奖(全国仅10人),并登上央视舞台。

思老人之所思，念老人之所念，十年坚守。机械学子们用最温暖的倾听，体悟老人们丰富的人生经历，成就了最温情的陪伴。直击人心的“情感认同”，教学相长的“代代传承”，实现了老人精神世界“精准帮扶”与学生思想道德“感悟提升”的良性互动。

2020 年 12 月

加强学院离退休工作，助力学校双一流建设

——浙江大学电气工程学院离退休工作小记*

吴长春　贾爱民

浙江大学电气工程学院（以下简称电气学院）现有离退休教工284人，其中80周岁及以上107人，90周岁及以上7人。学院老龄委成立于1995年，是学校最早成立的院系老龄委之一，目前与学院退休教工党总支两块牌子，一套人马。自成立以来，老龄委和退休党总支紧紧围绕党和国家工作大局，围绕学校中心工作，组织开展了学习、参观、座谈等各项形式多样、丰富多彩的活动，使离退休党员离岗不离党，退休不褪色，使全体离退休教职工离岗不离心，为国家改革发展点赞加油，为学校"双一流"建设建言献策，增添正能量，受到学院离退休教职工的普遍欢迎和学校的多次好评。电气学院退休教工党总支2018年还被学校评为"浙江大学先进基层党组织"，是全校当年退休支部唯一的先进基层党组织。

一、平台建设卓有成效

目前的电气学院老龄委充分考虑了学院历史悠久、退休人员众多的特点，采用了老龄委与退休支部人员合二为一、老龄委工作与支部工作有分有合、具体管理分层分级的模式，按基层单位设立9个老龄委小组和9个党员小组，有效开展各项工作。特别是2018年，为了解决电力电子工程中心退休人员的历史遗留问题，专门设立了电气学院老龄委电力电子工程中心分委，真正解决了他们的后顾之忧。学院老龄委每月召开一次例会，回顾总结过去一月的工作，讨论部署下月的工作。退休党总支每半年召开一次党员大会，学习党的十九大及中央有关文件会议精神，学习学校第十四次党代会报告及学校有关文件、会议精神。多年的实践证明，电气学院老龄委的结构合理、层次分明、分工明确，是学院离退休工作的有力保障，为学校学院的"双一流"建设贡献了自己的力量。

---

* 作者单位：浙江大学电气工程学院。

二、创建品牌活动，构建尊老爱老和谐氛围

电气学院是最早开展离退休工作研讨会暨90、80周岁华诞教工集体贺寿庆典活动的院系之一，至今已连续举办15年，这项活动已经成为学院离退休工作的品牌活动。在活动中，学院党委书记致贺词，院长介绍一年来学院在教学、科研、人才等方面取得的成绩，老龄委主任作离退休工作总结。活动丰富多彩，既有为寿星佩带胸花、拍个人与集体照、送上贺礼等仪式，还有一台丰富多彩的文娱节目，师生共贺、热烈隆重，大大弘扬了学院尊老爱老的优良传统。

三、凝心聚力，组织丰富多彩活动

学院积极开展"走基层、看变化、促发展"活动，近几年组织离退休教职工参观了浙大工程师学院、紫金众创小镇、浙大紫金港校区、舟山校区、海宁校区、浙大网新集团、浙江林学院、临安钱王祠、湘湖跨湖桥遗址博物馆、南浔古镇、塘栖古镇、绍兴安昌古镇、转塘千桃园、上虞杨梅果园等地。

老龄委每年组织4～5次到杭州花圃、郭庄、曲院风荷、满陇桂雨等处品茶座谈，畅谈国家、学校和学院发展，交流人生体会。鼓励离退休教职工参加省校老年大学声乐班、舞蹈班、书法、绘画、摄影、英语等各种培训班，参加的教工不下五六十人次，做到老有所学、老有所乐。

通过丰富多彩的活动，离退休教职工充分了解了国际形势，分享国家、学校改革开放成果，陶冶个人情操，增进同志友谊。

四、用心服务，关心离退休教工身体健康

老龄委在工作中非常关心老同志的身心健康。邀请浙二医院心血管科的专家来院作健康养生报告；每年不定时对老同志进行慰问；学院成立了130万元的爱心基金，每年给3～5人医疗补助2000～10000元；2019年2月，汪槱生院士与严晓浪老院长共同捐资600万人民币成立了"槱生教育基金"，其中300万元的利息可用于老龄委开展活动及离退休教职工的慰问与医疗补助。

对于高龄体弱离退休教职工，老龄委就近开展多次高龄体弱离退休教职工专场茶叙座谈活动；对于因病没有参加90、80周岁华诞教工集体贺寿庆典活动的寿星，老龄委同志还专门去医院或登门拜寿。

得知老职工去世后，学院老龄委积极做好家属慰问工作，协助处理后事，前往告别，为他们送最后一程，有时应家属要求赶赴外地为去世者送行。

五、积极主动，做好关心下一代工作

学院始终活跃着一批孜孜不倦，仍在我校科研和教育事业一线奋斗着的退休老教师。原学院院长严晓浪为打破西方集成电路芯片垄断，带领杭州中天微系统有限公司的200多名年轻人专注32位嵌入式CPU IP研发与规模化应用；钱照明80岁了，仍在参与指导电力电子学科建设工作；吴长春老书记为学生作"新时代电气青年学子的责任与担当"报告，勉励学院年轻教师和学生成长。吴长春、吴国忠、孟小莲、江传桂等多次参加学生主题党日活动，与学生座谈交流；吴国忠担任学院继续教育中心负责人，累计培养工程硕士研究生班学员3000余人；蔡际令与三个年级200多位毕业生结对，建立微信群；赵光宙、潘再平多年来担任浙大宁波理工学院下属学院院长；王小海、潘再平多年来担任浙江省电子竞赛专家组组长、专家组成员。同时，电气学院还有许多离退休教工在担任研究生、本科生督导和组织员，指导研究生，指导实验室工作等。据不完全统计，目前全院有60多位离退休教职工还在社会、学校和学院参加各种工作，发挥余热。

电气学院老龄委和退休教工党总支本着倾注关爱之情、多做务实之事的服务宗旨，努力为全体离退休教工做到思想上关心、精神上关爱、行动上支持，为全院师生打造一个和谐向上的文化氛围，为学校"双一流"建设注入活力，做出不懈的努力。

2020年12月

让新时代离退休工作充满温度和情怀

——浙江大学信息与电子工程学院的实践*

王　震　赵颂平　蔡　超　毛盛健

党的十八大以来，习近平总书记多次就离退休工作发表重要讲话、做出重要批示，提出了一系列新思想新观点新要求，这些重要论述为做好新形势下离退休工作指明了方向。浙江大学信息与电子工程学院（以下简称信电学院）离退休工作在学校离退休工作处和学院党委的指导下，结合自身实际，经过多年的创新和实践，依托学院平安基金、关心下一代工作委员会及退休党支部等载体，在老有所依、老有所为等方面走出了一条“有温度有情怀”的离退休工作之路。

一、老有所依——莘莘学子记恩情

在“祝你生日快乐”的歌声中，信电学院今年80寿诞和90寿诞的7位寿星教师走上舞台，一齐吹蜡烛、切蛋糕，并接受师生代表们的献花。这已是信电学院平安基金理事会第十年为离退休教师举办“八十寿诞庆贺会”，累计已为80多位寿星祝贺寿诞。

信电学院平安基金成立于2007年，是当时省内首个校友“反哺”教师的基金。基金建立的初衷是帮助缓解退休教职工在医疗保险之外的患病经济困难。平安基金理事会认真负责，不仅制定好规范的章程和实施细则，组织特色活动，而且定期向捐赠校友汇报工作，释放出无限的正能量。

让退休教师安享晚年是平安基金设立的宗旨。平安基金理事会自成立以来，除了对患病老师及时进行慰问补助，每年还举办许多贴心暖心的活动，如八十寿诞庆贺会、健康讲座、趣味运动会等，让退休教师们老有所乐、老有所依。诚如受助教师沈老师所言：“平安基金不仅是信电系良好师生情缘的一种体现，更是优秀学子对老师当年辛勤付出的一种回报。毕业离校多年的学子，还惦念

*　作者单位：浙江大学信息与电子工程学院。

着当年老教师们的健康甘苦，为老教师们排忧解难，这浓浓的师生情谊，谱写了信电系的新曲。"吴老师也为平安基金赋诗一首，表达对捐赠校友的谢意："平安基金保平安，雨露之恩涌泉报；三尺讲台论著述，一生秉烛书笔抱；四旬年华创事业，来日携手再返校；有幸今享基金福，夕阳晚年乐逍遥。"

平安基金成立十周年之时，无数老教师送上感谢信，表达对基金的感激和对学生的感谢。在过去的十多年里，平安基金补助生病住院退休教师近92人次，慰问住院及久病的退休教师175余人次。

让爱与关怀温暖人心。聚沙成塔，爱心传递。平安基金设立之后不断收到更多校友的支持和捐赠。无线电技术专业87届毕业生郑树生在学院六十周年庆贺大会上看到平安基金为退休教师们举办的八十寿诞庆贺活动，深受感染，怀着对恩师的感激之心向平安基金捐赠100万元人民币。宫先仪院士有感于信电学院的温暖和关心，感动于平安基金对退休教师和困难教职工的关爱和帮助，向平安基金捐赠30万元人民币。由于近些年在职教师中患大病的情况屡屡出现，经平安基金理事会讨论同意，将基金的公益对象扩大到困难在职教师，让更多的老师感受到校友的关怀。

从设立到现在，平安基金在理事会的管理下运转良好，不断得到校友的关心与支持。平安基金不但切实缓解了教职工的后顾之忧，更重要的是这份真挚的关怀和无价的爱心，使教师们在精神上倍感温暖和鼓舞。

二、老有所为——弦歌不辍育后代

信电学院离退休老师中有多位是院系的创始人，也有一位是历经抗日战争、解放战争和抗美援朝的离休干部，还有一位是中国共产党创始人之一、中共一大代表王尽美先生的孙子。虽然他们早已退居二线，但为了祖国下一代的教育，引导学生提升人格素养、传承优秀文化、健康快乐成长，却一刻也不停息。

中国共产党创始人之一、中共一大代表王尽美先生的孙子王明华教授系原信电系光电子专业创始人之一，退休后一直活跃在育人第一线，现任浙江大学关工委副主任。他积极参与对青少年，特别是党员学生的理想信念教育，以"信仰的力量""信仰与理想""永远跟党走"为主题，在校内向多个院系的学生作宣讲和座谈。2019年信电学院精心设计了"跟着王明华学党史"项目，学院团委和综合办公室牵头，以王明华教授为主要师资力量，通过课堂教学、现场教学、互动交流等形式，在研究生和本科生中开展理想信念和家国情怀教育，助力培养有理想、有觉悟、有抱负的新时代大学生。

作为“跟着王明华学党史”项目的重头戏，伴随着“不忘初心、牢记使命”主题教育的深入推进，2019年下半年信电学院领导班子、党委委员、学生党总支书记、师生党支部书记等30余人来到嘉兴南湖开展初心之旅。此次学习特邀王明华教授作现场教学。王明华教授从近代中国的软弱、人民的困苦和无数仁人志士的奋斗探索，讲到中国共产党的创立。“那个时候的‘主义’太多了，苏联十月革命的成功让更多人相信并追随马克思主义。”王明华教授反复讲道，中国共产党人的初心就是为了人民的幸福和中华民族的崛起。一大代表中有个别同志分道扬镳、脱党甚至叛党，王明华教授强调共产党员一定要明确政治方向，牢固政治信仰，始终坚定不移地跟党走。在参观到“走中国特色社会主义道路”时，王明华教授谈道：“贫穷不是社会主义，社会主义是要让老百姓过上好日子。‘解放思想’说起来容易，做起来则需要敢为人先的魄力和自我革新的精神。”

同年，在浙江大学新落成不久的党建馆里，30多位大一学生迎来了一堂特殊的思政课。这堂课没有教材，有的是一个个生动的故事、一件件精美的实物，带给学生们的是一种全新的学习体验。“作为一名大学生，必须要了解我们的国史、党史，知道我们是从哪里来，今后又要往哪里去……”教授是这堂课的主讲人，他满头白发，目光却炯炯有神，结合自己的人生经历，王明华教授满怀激情地带领学生们走入时光隧道，重温国家从站起来、富起来到强起来的革命历程。

“跟着王明华学党史”历经两年有余，王明华教授以其丰富的人生阅历和通达睿智的人生态度，给在校大学生上了一堂又一堂生动的思想政治课，引起了正处于人生岔路口的同学们的深深思考和共鸣。同学们纷纷表示，在今后学习工作中，将以一代又一代优秀党员为楷模，不忘初心、牢记使命，发挥模范带头作用，学好科学文化知识，为国家为社会做出自己的贡献，在新时代建设事业担当大任。

离退休教师是高校发展的宝贵财富，离退休工作是高校工作的重要组成部分，正确认识和把握新时代离退休工作的特点和规律，结合本单位实际，全方位多角度挖掘资源，怀揣着一颗“有温度有情怀”的心投入到离退休工作中去，定会为高校教育事业增添无穷正能量。

2020年12月

牢记初心使命，争当时代先锋

——浙江大学计算机科学与技术学院退休玉泉党支部建设工作*

胡高权　周　群　吕思超

加强和改进离退休支部建设，是新时代党的基层组织建设的重要组成部分，也是做好老同志工作的重要内容。浙江大学计算机科学与技术学院（以下简称计算机学院）退休玉泉党支部始终把支部建设工作作为引领和服务离退休老同志的重要平台，结合离退休老同志的特点和实际，通过开展对标争先活动，不断创新工作思路，改进工作方法，加强党支部建设，促进离退休党支部战斗堡垒和党员先锋模范作用的发挥，引导离退休教职工为学院"双一流"建设汇智聚力。

一、党支部基本情况

计算机学院退休玉泉党支部共有离退休党员35人，其中支委5人。退休前教师24人，其中教授15人（含工程院院士1人），管理技术人员11人。目前年龄最大的87岁，最小的65岁，平均年龄77岁。

二、党支部建设工作机制

（1）以党支部为载体，开展终身学习和实践。党支部每季度举行至少一次支部活动，通过集中学习、自学、专题党课等多种形式，深入系统地学习中国特色社会主义理论体系，特别是习近平新时代中国特色社会主义思想。同时，支部党员和群众结合自身专业技术，不断学习物联网、云计算、大数据、移动互联网等新兴技术，做到又红又专。

同时，支部开展了系列实践活动，做到理论与实践相结合。先后组织了参观中共一大图片展，赴富阳龙门参观"浙江省廉政文化基地"，赴安吉余村领悟

*　作者单位：浙江大学计算机科学与技术学院。

习近平总书记有关“绿水青山就是金山银山”的论述，此外还组织参观了浙大海洋学院、浙大海宁国际学院、G20杭州峰会会址、钱江世纪城、临安指南村、义乌商贸城等。

(2)以党员为先锋，为发挥老同志特长搭建平台。离退休老同志积极参与校院两级教学科研等方面活动，陈德人老师入选中共中央组织部干部教育局全国教育培训师资库多年；董金祥老师多年担任研究生督导；高平老师兼任学院学生党建组织员等，为学校“双一流”建设建言献策。党支部响应国家和学校、学院要求，先后开展了庆祝中华人民共和国周年征文、计算机学院建院40周年征文、学院创始人何志均老师纪念文集征文等系列活动。积极参与计算机学院40周年院庆、何志均先生铜像塑立等活动，取得了很好的效果。董金祥等多位老同志一直参加计算机学院教授会议，为学院“双一流”建设建言献策。党支部书记汪益民、组织委员蒋方炎两位同志积极参加“银耀玉泉”志愿者活动，为独居老人开展关心送服务，事迹被《浙江老年报》和《都市快报》报道。

此外，党支部书记汪益民老师担任计算机学院关工委副主任一职，同时作为浙大关工委求是讲师团成员和浙大竺可桢学院本科生第三党支部引领导师，开展了“新时代，话初心”“聆听青年‘新’声，牢记党的嘱托”等“在鲜红的党旗下”系列活动，加强、加深党员老同志与青年学子间的思想交流与精神传承。

(3)有阵地有举措，切实开展各项文体活动和关心关怀工作，全面提升老同志幸福感。建立了联络员制度和微信平台，构建通畅的信息传达和沟通机制。支部按退休前所在所室结构各推荐一名委员，建立联络员制度，传达党和国家政策，倾听和反馈大家的呼声。此外，建立了支委微信群以及四个面向不同对象的微信平台，全面推进支部工作高效顺畅开展。

党支部依托学院离退休办公室、党员之家，充分利用学校文体活动阵地，积极开展各项老年文体活动。鼓励摄影、书法爱好者积极参加校院两级摄影、书法比赛，并获得多项荣誉。积极组织老同志开展各种活动，如摄影技术讲座、下一代培养经验介绍、老年人强身健体保养经验介绍等。支部书记汪益民同志从2014年8月份起还担任太极拳教员，义务指导10多名太极拳学员，为老同志的健康做出了自己的贡献。

建立了周密的活动开展制度。每次户外实践活动都制定周密的活动计划和安排，特别在老年人人身安全方面采取亲人陪护、专人帮扶等举措，确保活动安全，多年以来未发生人身安全等方面的事故。

三、党支部建设工作成效

计算机学院退休玉泉党支部建设工作获得学校和学院的充分肯定。党支部获得浙江大学离退休教职工“正能量活动示范点”荣誉称号，支部书记汪益民获得“正能量之星”荣誉称号。党支部被浙江大学作为“标准化离退休干部党支部”典型推荐参评浙江省“十百千万”工程“千个标准化离退休干部党支部建设”。

党支部凝聚力强，在抗疫斗争中发挥支部战斗堡垒作用明显。党支部认真学习习近平总书记关于疫情防控相关指示和精神，号召党员同志严格执行政府的防控规定，及时舒缓支部党员和群众情绪，发挥了党支部在疫情防控工作中的作用。在做好自身工作同时，党支部密切关心武汉疫情，在党组织正式开展疫情防控专项捐款之前，党支部已经提前募集并向武汉疫区人民捐款18170元，用慷慨解囊的义举支持武汉人民！

党支部建设获得老同志满意和肯定。党支部的活动体现了老同志热爱生活的阳光心态、老有所乐的精神风貌，老同志对活动参与热情度高，对支部的评价也一直很高。俞瑞钊教授说：“支部工作很积极、很有条理，我们很满意。”许金基教授说：“支部工作做得很好，特别对老年党员很关心照顾。”党内对支部工作的评价“很满意”和“满意”率达到90%以上。党支部高度重视党群关系和群众工作，利用微信聊天群与通知栏平台充分发挥群众的积极性、创造性，认真听取大家的意见或建议。党支部举行的大部分户外活动都是吸收非党群众一起参加的，通过这些活动密切了党群关系，也检验着党支部的战斗堡垒作用和党员的先锋模范作用。而一旦知道同事遇到困难或不幸，支委和党员都会第一时间出现在他们身边，为他们排忧解难。党外群众对支部领导的满意率也达到90%以上。

“余热映晚霞，点红暖人间”，计算机学院退休玉泉党支部将继续全力做好党支部建设工作，提升支部建设水平，积极参加学校学院各项事业，切实为新时代改革发展增添磅礴正能量，为浙江大学“双一流”建设添砖加瓦。

2020年12月

完善工作平台　建立长效机制　提升关心成效

——浙江大学农业与生物技术学院开展“双关心”工作的探索与实践*

赵建明　林良夫

广大离退休老同志，特别是一批德高望重的老干部、老教师、老专家、老党员、老模范，具有“讲理想肯奉献的政治优势、懂教育善教育的经验优势、爱学生亲校园的情感优势、学为师行为范的威望优势、较灵活可机动的时空优势”，是创建中国特色世界一流大学的宝贵财富。浙江大学农业与生物技术学院现有离退休老教师156人，其中党员占50.6%。长期以来，学院党委高度重视关心下一代工作，努力搭建工作平台，建立长效机制，关心服务好离退休老教师，同时激发广大离退休教师的积极性，充分发挥老同志的育人优势，为学校及学院“双一流”建设贡献力量。

一、建立长效机制，关心老同志思想生活

学院党政高度重视退休老教师的思想生活，开展专题研究，进一步明确思路，着眼建立长效机制，落实“双关心”，切实保障、有效组织退休老同志的活动开展。

(1)建立完善情况通报制度。学院每年举行老同志新年团拜会，学院党政主要负责人向老同志们汇报学院一年的工作，认真听取老同志对学院工作的意见和建议；学院党委经常性召开退休党支部书记会议，对老同志们的意见建议，在学院班子民主生活会上进行专门研究，及时做出回应。

(2)建立集体过生日会制度。从2016年开始，学院党委确立为80周岁离退休教师集体过生日制度，利用这一平台汇报学院的工作，听取部分离退休老师对学院发展的意见与建议。

---

*　作者单位：浙江大学农业与生物技术学院。

(3)建立老同志慰问机制。学院各系、所每年召开老同志联谊活动。连续20年,学院班子成员和各系所负责人为老同志送上新春慰问,为他们送去关心和祝福。

(4)建立退休活动经费保障机制。学院高度重视退休党支部工作,一是为退休党支部开展活动提供充足的活动经费。自2009年以来,退休党支部的活动经费已做到由学院全额承担。二是设立离退休教师的专项基金。2018年,经过学院的努力,校友企业宁波微萌种业有限公司出资50万元,在学院设立农学院离退休教师发展基金,专门用于支持学院更好地开展离退休工作。

(5)开展关爱“空巢”老教授志愿服务活动。学院团委自2007年以来,连续11年开展“守望工程”关爱“空巢”老教授活动,学院志愿者组成小分队,通过结对等方式为那些曾经为浙大的教育和发展作出无私奉献的老教师们带去年轻一代浙大学子深深的问候和关心。“守望工程”是一场温情的爱心接力,更是一场两代人的精神接力,学生通过学习老教师的艰苦奋斗、敬业奉献精神,了解自身作为新时代党员所肩负的责任,实现薪火相传。

二、丰富载体平台,传承百年农学精神

老同志是历史的创造者,也是历史的见证者,在文化传承、校史教育方面具有独特的优势。结合学院学科特色和百年农学精神,组织开展丰富多彩、积极健康的主题活动,传承百年积蕴,再创世纪辉煌。

(1)传承百年农学精神。学院离退休教师10多人,披星戴月、呕心沥血,前后历时3年多,出版了《农业与生物技术学院院史》。在此基础上,邹先定教授应邀主编《我心中的华家池》(一)(二),从不同视角讲述百余年来农科发展历程,忆述了浙大农学前辈们勤奋创业的功绩和美德,散逸着农学文化的泥香,饱含着校友们对华家池校区的乡愁。

(2)开设“百年院史大讲堂”。连续10年每年邀请离退休老师为新生作题为“浙大农科的使命担当——兼述农学院辉煌历史和光荣传统”的专题讲座,引导新生学子知院爱院荣院,激励他们牢记使命,学农爱农,开物前民。

(3)举办“历久弥新的浙大精神座谈会”。邀请三位“农二代”——朱祖祥院士之女朱荫湄、一级教授陈鸿逵先生之女陈健宽、原浙江农业大学副校长陈锡臣先生之子陈天来齐聚紫金港校区讲述父辈的西迁故事,分享浙大精神的深刻内涵。300多位师生参加活动,大家学慕农科先贤平凡伟大,感悟浙大精神时代责任。

(4)开展“人生路,农学情”老教授口述历史系列采访活动。学院专门组织人员,采访了唐觉、张上隆、谢学民、胡萃、毕辛华、刘祖生、刘乾开等15位老教授,撰写人物采访稿15篇,累计4万余字,为传承农学人的初心刻录下朴素而感人的篇章,也为我们弘扬浙大求是创新精神提供了好教材。

(5)开展“夕阳无限好,最美在黄昏”走访交流活动。该项活动自2009年以来一直坚持至今。如2018年,学生走访了学院退休老教授夏英武、高祖綗,学习、感悟他们的奉献人生。茶学系王岳飞教授带领茶学青年学生走访了童启庆、刘祖生、胡月龄、杨贤强等多位老教授,使得“茶德茶缘”薪火相传、生生不息。活动后,学生通过系列采访征文和交流座谈会分享走访活动中的收获和体会,并通过新媒体平台讲述农学故事,传播农学声音。该项活动曾被《中国教育报》在头版进行了报道,并作为学院基层团组织文化建设优秀案例,在校院层面上多次被宣传报道。

三、打造红色阵地,引领新时代思想旗帜

充分发挥老同志在德育和党建工作中的作用,积极开展学生党支部与退休老党员的对接工作,创新学生支部的党建工作,通过发挥老党员的旗帜作用,加强对学生党员的思想引领。

(1)打造“在鲜红的党旗下”党建工作平台。充分发挥老一辈农学老同志、老党员优势,以党的十九大精神为指引,紧紧围绕培养引领中国未来农业发展的卓越人才,在学生中广泛宣讲习近平新时代中国特色社会主义思想和百年农学精神。

(2)建设“于子三”爱国主义教育基地。整个基地建设了“于子三”报告厅、组建“于子三”社会实践团、创设“先锋学子”全员培训荣誉班级“子三班”,创建了“于子三”宣讲团,建设“子三园”,将爱国主义教育具象化。在这个基地建设中,马岳、沈宗坦等于子三的同学和邹先定等院史研究专家发挥了重要的作用,他们亲自走上了讲坛,为浙大师生讲述“于子三与于子三精神”。

(3)建立老党员结对学生支部制度。现有2名老党员结对学生支部,邹先定先生结对茶学本科生党支部,指导支部党员理论学习,勉励同学读著作、学思想,争做合格党员。核农学专家高明尉教授结对应生本科生党支部,为同学们讲党课、忆过往,培养家国情怀,传承求是精神。在马克思诞辰200周年纪念日之际,支部成员与结对老师探讨马克思主义理论体系,增强学生党员对马克思主义科学内涵的把握。

（4）设立邹怀熙励志奖学金。退休教师邹先定教授为全校来自其祖籍的贫困学子设立邹怀熙励志奖学金。他本人每年从自己的退休金中捐出至少1万元，学院会同学工部、教育基金会每年组织获奖学生和师生座谈会。在2018年浙江省最美爱心人物评选活动中，邹先定教授获评浙江省“‘最美爱心’学生资助人物”称号。

四、发挥育人优势，助力学院学科“双一流”建设

德高望重的老同志，始终是培养人、影响人、激励人的一面旗帜，具有教育下一代的独特优势。学院结合老同志的育人优势，找到再做贡献的价值支点，再创他们的人生价值，为学院、学科双一流建设添砖加瓦。

（1）发挥老同志在教学督导工作中的作用。离退休老教授具有丰富的教学经验，并且在长期的教学过程中养成了严谨的教风。为了进一步规范教学秩序，提升青年教师的教学水平，学院聘请老同志担任教学督导工作，目前有5位教师。他们爱岗敬业、一丝不苟，不仅奔走于紫金港校区教学楼和农生组团各个大楼之间，认真履职听课与教师的沟通，而且经常与学院教育教学管理人员通报、交流，探讨教育、教学的现状和问题，提出富有建设性的意见。

（2）发挥老同志在学科建设中的传帮带作用。老同志特别是原学科带头人具有深厚的学术造诣和见识，是进一步推进学科建设的重要力量。学院各研究所经常邀请老教授特别是原学科带头人参加学科会议，听取老同志对学科建设的意见和建议。如果树科学研究所老教授张上隆，昆虫科学研究所老教授何俊华、胡萃、程家安，茶叶研究所老教授刘祖生等经常参加所在学科的活动和会议，在学科建设方面都很好地发挥了传帮带作用。浙江大学原副校长程家安教授深入学科进行调研，针对学科发展现状、存在问题，系统设计对策，向学校领导建言献策。何俊华教授不辞辛苦，每天坐班车从华家池校区到紫金港校区办公，与青年教师和研究生一起做科研，在电镜下看昆虫标本，主持编纂《中国动物志·昆虫卷》。

（3）发挥老同志在校友发展联络工作的作用。在长期的育人过程中，许多老同志和校友们结下了深厚的情谊。这种师生之情是联系校友的重要纽带，是开展发展联络工作的重要资源。学院充分发挥老同志在发展联络工作中的重要作用，学院7个教育发展基金的成立、筹资，都有老同志们的襄赞之功。如农学教育发展基金筹建期间，原农学系党总支书记程子道老师不辞辛苦，陪同走访了合肥和诸暨等地的校友，发挥了积极的作用。

在长期的工作实践中，我们深深感到落实好“双关心”，一如既往地主动关心老同志的身体，关心他们的生活和思想，这是做好关工委工作的根本要求；搭建好的工作平台，使广大老同志有用武之地，这是发挥老同志关心下一代工作的有效途径；建立好的长效机制，这是关心下一代工作持之以恒地坚持下去的重要保障。下一阶段，我们将全面贯彻落实党的十九大精神，落实学校第十四次党代会精神，围绕“双一流”建设的要求，在更大范围、更广领域、更深层次推进学院关心下一代工作，在保障好退休教师思想生活的基础上，进一步激发广大离退休教师的积极性，为学院“双一流”建设增添更多的正能量。

2020年12月

基于微信平台高效开展离退休党支部组织生活的范例*

2020年我们取得了抗击疫情的伟大胜利，接下来我们如何在“后疫情”时代，针对离退休党员的特殊情况，高效开展党支部的组织生活，进一步贯彻执行《浙江大学基层党支部指导工作手册》中提出的党支部建设要求，认真落实对离退休党支部提出的重点任务，带领本支部全体党员及时认真学习、宣传、执行党的路线方针政策和上级党组织的决议，在关心和支持学校发展中发挥积极的作用，是高校离退休党支部建设中适应新时代发展要求的重要课题。浙江大学离退休工作处组织开展的征集“离退休工作研究类文章合集”这项活动，医学院机关总支退休支部基于微信平台，高效开展离退休党支部组织生活。

一、活动背景

根据中共浙江省委老干部局2020年4月8日发布的《关于组织离退休干部党员深入学习贯彻习近平总书记在浙考察重要讲话精神的通知》，结合医学院党委要求党支部加强组织学习工作的部署，医学院机关总支退休支部为落实《通知》中提出的迅速组织召开网上“一读三谈”主题党日活动的要求，于4月14日上午组织了一次基于微信平台的网上“一读三谈”主题党日活动。

二、活动流程

（一）活动准备

（1）发布通知：在接到上级文件精神的第一时间，医学院机关总支退休支委于4月9日起拟了开展支部活动的通知，并在支部微信群内发布。通知包含四部分内容：时间（4月14日）、地点（微信群）、内容、准备。重点：要求每位党员在规定时间内（4月13日下午2:00前），以文字形式（100字以上）上交学习

* 作者单位：浙江大学医学院机关总支退休支部。

体会。

(2)资料准备:①支委提前在支部微信群发送相关学习资料;②对于省委老干部局要求学习资料中的相关专用词汇“八八战略”“三个地”等进行了具体内容的查阅汇编并发送;③支部书记对党员上交的学习心得进行事先阅读并准备点评评语。

(二) 活动步骤

1. 群内报到

活动前15分钟开始群内报到,指定支委委员记录报到情况(见图1)。

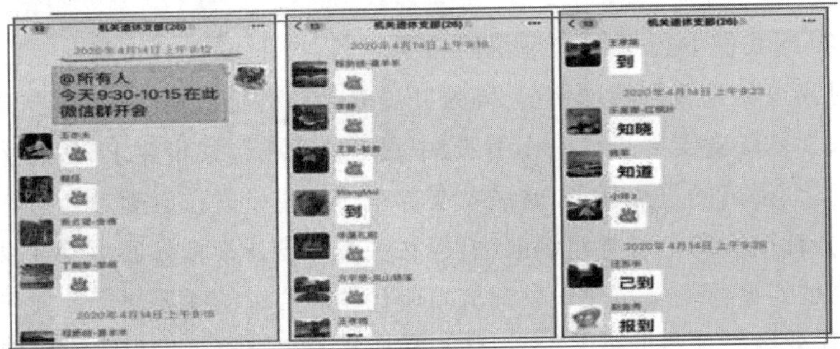

图1 微信群内报到情况

2. 活动实施及解析

(1)由支部书记宣布:开会时间到(上午9:30),网上“一读三谈”主题党日活动现在正式开始。

(2)强调今天的主题及主要内容。主题:深入学习贯彻习近平总书记在浙考察的重要讲话精神。主要内容有三项:一是参会点名;二是支部书记带领大家学习有关文件内容及资料、交流学习体会;三是支部书记点评学习体会完成情况挖掘精彩学习体会微感言,推荐给上级党组织。

(3)宣布进入第一项议程:参会点名(已经报到的不用重复),等待10秒。请支委鞠珏老师统计到会人数(见图2)。

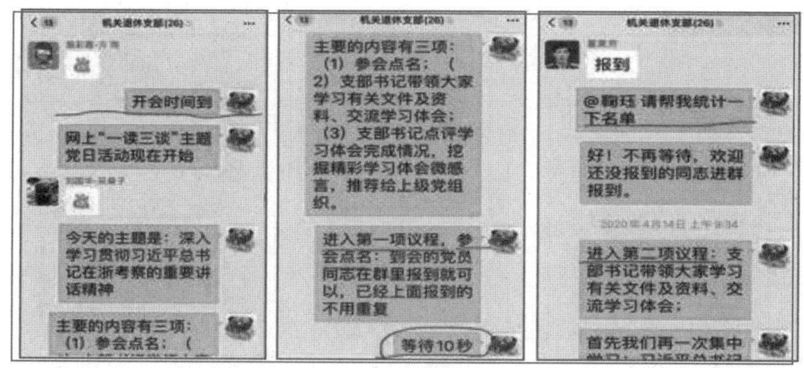

图2 宣布活动开始，进入活动第一项议程

(4)宣布进入第二项议程：由支部书记带领大家通过学习新华社"学习进行时"推出的文章《习近平浙江考察这6个细节释放出什么信号》，进一步领会习近平总书记在浙考察的重要讲话精神(见图3)。

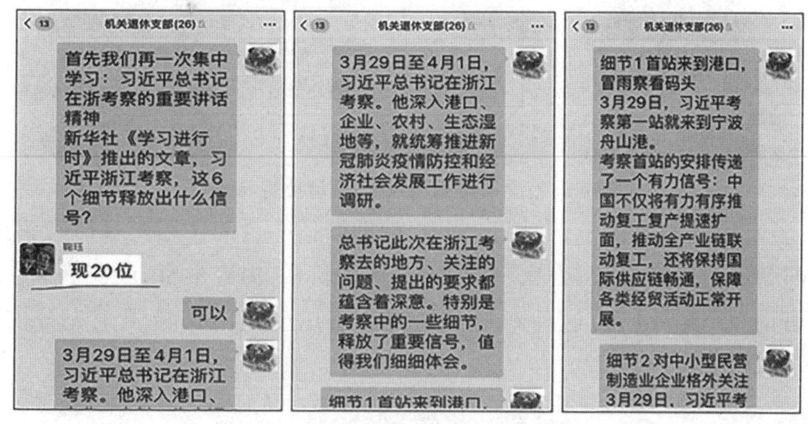

图3 进入活动第二项议程：共同学习

(5)宣布进入第三项议程：交流学习心得。由支部书记把事先收到的心得体会发送到群内，其中有200字左右的微感言，也有成篇的长文，并一一进行了点评及推荐分享，引导大家交流并参加讨论(见图4)。

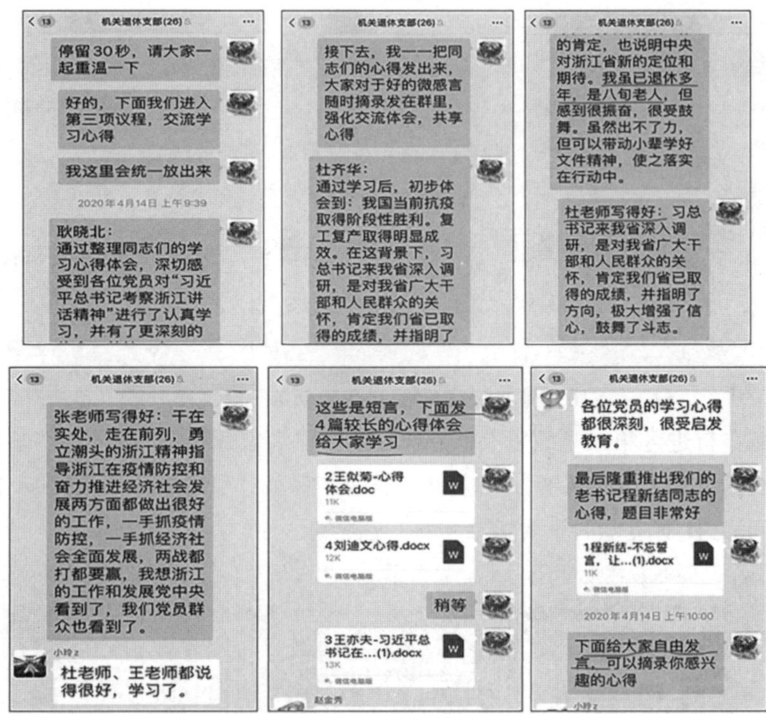

图4 进入活动第三项议程：交流心得与点评

(6)留一定的自由发言时间。本次借助微信平台的主题党日活动，得到了本支部党员的高度好评，大家一致认为：形式新颖，内容丰富，收获满满。在自由发言时间，党员们对这种新形式的支部组织生活活动给予了充分的肯定(见图5)。

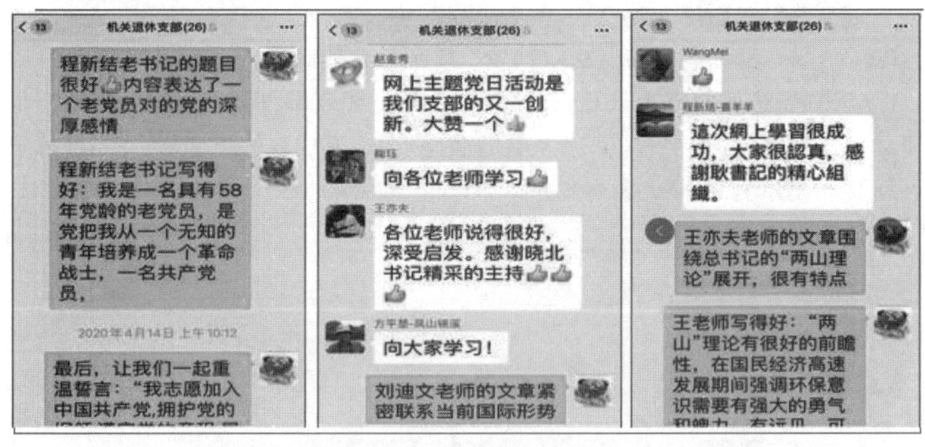

图5 进入活动第三项议程：自由发言时间

(7)活动结束环节:重温入党誓词;在播放"不忘初心"的歌声中,宣布本次主题党日活动结束(见图6)。

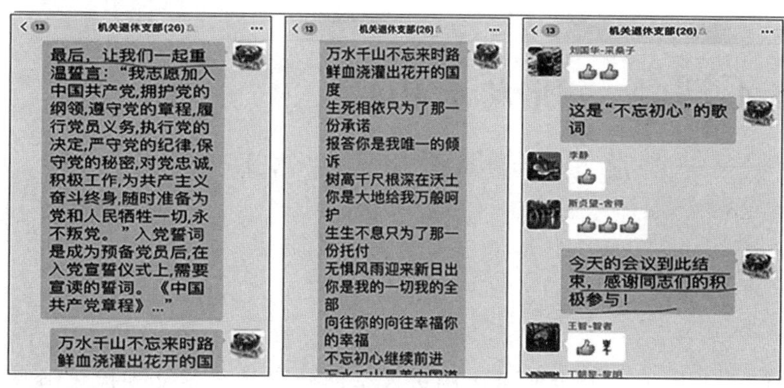

图6 宣布活动结束

3. 活动总结

(1)及时在群内通报本次活动的基本情况。在活动结束后,及时在群内通报本次活动的基本信息。包括活动用时:预计45分钟,实际60分钟;党员参加情况:30名党员中参会25人。群内交流情况:收到200字左右的精短微感言15条,400字以上的心得体会汇报6篇,会议共有134条交流互动。

(2)及时向上级党组织递交本次活动汇报。活动结束后本支部向医学院机关党总支递交了文字汇报。正如汇报中所述,同志们都认为这次网上学习形式新颖,内容丰富,交流及时,是一次很成功、很有收获的主题党日活动。

4. 经验交流

这次活动有以下三点经验值得分享:一是准备工作要充分,以确保活动的高效高质;二是活动程序要到位,以规范的仪式感体现活动的严肃与严谨;三是活动总结要及时,通过总结汇报不断完善工作,凝心聚力共同建设好离退休支部。

我们希望通过这个范例以及粗浅经验的分享,让更多的离退休党支部能够共同思考并积极探索,如何在"后疫情"时代运用好微信平台,高效做好党支部组织生活,带领好本支部全体党员,进一步坚定理想信念,牢记初心使命,坚定不移跟党走。

2020年12月

退休不褪色　薪火永相传

——以浙江大学图书馆离退休工作为例*

刘梦琪

党的十九届五中全会昭示中国迈入全面建设社会主义现代化国家的新发展阶段,开启第二个百年奋斗目标的新征程。面对复杂多变的外部环境和“双一流”建设提出的更高要求,离退休工作也应有新目标、新理念、新格局、新任务,既要让离退休老同志在政治上有荣誉感、组织上有归属感、生活上有幸福感,也要充分发挥老同志在铸魂育人和精神文化传承上的独特优势,为谱写学校和图书馆发展新篇章发光发热。

一、构建长效机制,完善离退休服务模式

浙江大学图书馆现有离退休职工208人,数量多、分布广,其中90岁以上的老同志有13人,80～89岁的老同志有55人,党员占32.2%。图书馆党委高度重视离退休工作,通过常态化沟通联系,及时向离退休老同志宣传党和国家的路线、方针、政策,通报图书馆发展情况,传达组织关怀;定期组织各类活动,与老同志交心共庆,增进感情;了解老同志政治思想状况、身体和家庭情况,动态化掌握需求信息,做到情况熟、底数清、动向明、反应快,为推进精准服务打下坚实基础。

(一)专人专岗,保障离退休工作专业化、规范化管理

自2018年岗位聘任以来,图书馆在党群工作部设立了专人专岗,着重选派群团经验丰富、擅长与老年人沟通、细致周到的专业人员负责离退休工作。一方面,通过建立科学的业务流程和完善的规章制度,明确行为规范和权责分工,有效避免了无章可循、多头指挥、缺乏协调、相互推诿等方面的问题;另一方面,由岗位负责人对馆内各类资源实施系统整合,着眼全局、整体谋划、统筹推进,

---

* 作者单位:浙江大学图书馆。

同时将离退休工作成效纳入岗位考核指标，在确保离退休工作有序、平稳开展的基础上，以内容和形式创新促进工作提质增效。

（二）“特别的爱给特别的你”——图书馆离退休职工欢送会

退休是时光的礼物，是过去工作的总结，也是未来生活的起点，为纪念人生中这一重要转折时刻，每年11月前后，图书馆都会为当年退休的职工举办一场温馨而隆重的欢送会，众多领导与同事共聚一堂，殷殷期许、切切萦耳，浓浓真情、恳恳在心。更有精心制作的采访视频，借共事多年的同事之口，忆往昔、诉衷情。这对几十年如一日为学校和图书馆事业辛勤付出的老师们来说，既是对他们过去工作生涯的总结和肯定，也是对未来生活最真挚的祝福。作为图书馆离退休工作的品牌项目之一，截至2020年底，“特别的爱给特别的你”——图书馆荣休会活动已成功举办了3届，受到了馆内外的一致好评，活动报道也多次被学校离退休处网站录用。

（三）“图书馆惦记着我们”——离退休老同志新春团拜会、重阳茶话会

图书馆发展是一个薪火相传的过程，有了前辈的不断努力，才有图书馆的今天。每逢新春和重阳佳节，图书馆都会邀请离退休老同志们欢聚一堂，叙旧情、谈发展。一方面，图书馆领导班子向老同志们传达国家和学校的重要指示精神，汇报图书馆本阶段的工作进展和取得的佳绩，历数老馆员们老有所为、老有所乐的正能量事迹；另一方面，就图书馆下一阶段的发展规划听取老同志们的意见和建议，充分吸收老一辈的宝贵经验，让老同志更好地融入到图书馆的建设中来。活动反响热烈，切实增强了老同志们的荣誉感和归属感，“我还清楚地记得我们图书馆在困难时期是怎么过的，今天看到这欣欣向荣的景象，我由衷地为图书馆感到骄傲！”“图书馆还记得我们，真好！”

（四）心系桑榆晚，情暖夕阳红——看望慰问离退休老同志

随着我国人口老龄化程度的日益提高，进入“双高期”（即年龄高龄期、疾病高发期）的离退休人员不断增多，如何优质、高效地做好这一特殊群体的服务管理，是当前离退休工作的重点和难点之一。对此，图书馆制定了固定与灵活相结合的慰问计划，有序对老同志开展走访慰问，努力提升思想上的交流、感情上的沟通、精神上的抚慰和生活上的体贴。2020年共组织看望慰问离退休老同志4位及长期住在敬老院和身体欠佳的老同志10位，力求把图书馆的关怀送到每一名老同志的手中、心上。

二、创新联系模式，开拓双向关心新渠道

“我们在图书馆工作多年，我们的命运紧紧跟图书馆连在一起，图书馆的事业永远在我们心中。”作为图书馆事业发展的亲历者和见证人，老一辈图书馆人的经验于我们而言无疑是一笔宝贵的财富，在培养教育新馆员、传承图书馆文化精神方面有着不可替代的作用。在引导离退休同志发挥余热、实现“双向关心”方面，图书馆做了许多有益的尝试。

(一)“我们惦记着图书馆”——老馆长座谈会

为利用好老干部这个巨大的“人才库”“智囊团”和“参谋部”，2019年9月，图书馆召开了老馆长座谈会，向雷道炎、缪家鼎等7位老馆长汇报了图书馆的发展成果及查找出的短板问题，希望老领导从高站位，为图书馆发展建言献策，图书馆将老同志们的智慧、经验充分落实到图书馆的决策和措施上来。

(二)“我的图书馆记忆”

文化强馆一贯是图书馆的发展宗旨，传承老一辈图书馆人的精神文化，做好老中青“传帮带”工作是其中的重要组成部分。近年来，在党委和关工委的指导与大力支持下，图书馆组织开展了“我的图书馆记忆”活动，让新馆员采访竺海康、夏勇老馆长等离退休老同志，留下独特的图书馆口述史，既丰富了图书馆的文化底蕴，也让青年馆员对图书馆的文化精神有了最直观的学习和感受。活动最终还设计成稿，被《浙江大学报》专栏报道。

(三)弘扬文化精神，传承历史文脉

2020年，图书馆积极参与离退休处“乐龄”计划，由古籍特藏部牵头进行“院系建设史”和“个人成长史”项目申报。采集本馆古籍工作者邱国华、尤钟麟、林崇煌等退休老师的口述历史，以先行者的亲身经历和感悟，梳理出浙大古籍藏书和建设的整体脉络，弘扬先辈无私奉献精神，传承浙大历史文脉。

三、以党建为抓手，凝心聚力再添正能量

在离退休工作中，图书馆党委始终把政治建设摆在首位，以“三项建设”为主线，以玉泉、西溪、华家池、湖滨四个退休支部建设为抓手，教育引导老同志牢固树立“四个意识”，坚定“四个自信”，坚决做到“两个维护”，自觉在思想上政治上行动上同党中央保持高度一致。针对离退休老同志行动不便的特点，图书馆积极利用网络信息化手段，为老同志开展学习教育、丰富文化生活、参加组织活

动提供便利，实现线上线下教育联动。在实践中形成了“夕阳红”与“党旗红”交相辉映的党建新模式。

作为凝聚社会正能量的重要载体，图书馆离退休老同志不忘初心，积极在各个领域发挥余热。年逾百岁的游修龄老馆长退休后仍潜心科研、笔耕不辍，出版了《鸡肋集》《敲键乐》《默言集》《华池随想录》等，内容涵盖农学、史学、食学、考古学、社会学乃至音乐等领域，于2019年喜获“庆祝中华人民共和国成立70周年”纪念章和浙江大学“正能量之星”称号；夏勇老馆长为“健华图书馆”公益事业奔走30年，通过在贫困地区筹建公共图书馆，助力中国农村的文化事业发展；疫情期间，图书馆4个退休支部的59名党员自愿发起捐款，生动诠释了退休不离党、退休不褪色的奉献精神和使命担当。

下一阶段，图书馆将紧紧围绕立德树人根本任务，科学谋划“十四五”时期离退休工作创新发展的新蓝图，以更高的政治站位、更强的责任担当、更好的工作作风、更精准的服务模式，扎实做好新时代离退休工作。构建长效机制，让老同志共享改革开放和一流大学建设的成果；主动关心老同志的思想和生活，健全情况通报制度，定期向老同志通报学校和图书馆的工作进展，听取老同志的意见与建议；创新“双向关心”渠道，充分发挥老同志在传承文化精神、关心下一代等方面的作用，真正实现老有所依、老有所乐、老有所为。

2020年12月

给退休老同志一个温馨的家

——浙江大学控股集团有限公司离退休工作体会*

马　衡　张金钟

离退休老同志的管理和服务工作历来是我们党和国家,也是浙江大学高度重视的一个重要课题。随着我国开始进入老龄化社会,离退休人员越来越多,一些新的管理难点和问题也显现出来。针对这些新出现的服务管理要求,做好离退休管理服务工作有着十分重大的意义。

一、控股集团离退休人员情况

浙江大学控股集团有限公司(以下简称控股集团)现管理的校办企业离退休老同志有1100多人(截至2020年底计算,不含下属集体企业的企业退休人员),其中事业编制离退休970余人,事业自收自支退休100多人,企业编制退休及内退人员50多人。

浙江大学校办工厂有着悠久的历史,早在西迁遵义、湄潭期间,在竺可桢校长的领导下就建立了"机械工场",直接为学校的教学、科研和生活服务。中华人民共和国成立后;在服务学校教学科研的基础上,校办工厂有了较大的发展,为浙江大学的发展做出了很多贡献,是浙大发展历史上不可或缺的一页。

校办工厂鼎盛时期,学校在几个阶段招收了大量技术工人,事业编制工人多达千余人(以1998年四校合并后总数计算)。

2002年起,学校按照国家的政策要求和学校的具体情况,对校办工厂进行了企业改制、关停、搬离校园的工作,至2008年浙大所有全资工厂基本上都完成了历史使命。由于大批校办企业注销,原来的工厂不存在了,退休人员的管理问题就愈显困难。一些历史遗留的矛盾和现实具体的问题出现激化的倾向,曾有集体上访要求解决问题和寻求改善退休待遇的情况发生。

控股集团是学校经营性资产运营公司,所属企业的离退休老同志便由控股

* 作者单位:浙江大学控股集团有限公司。

集团承担管理和服务任务。为了有序管理这庞大的一支退休人员队伍，落实好学校有关强化退休人员二级（院级）管理等工作要求，2017年11月集团成立了离退休管理办公室，专人专职负责离退休人员的管理和服务工作，主动深入和贴近老同志，摸情况、察实情、听意见，切实传递学校和集团对老同志的尊重和人文关怀。经过多年努力，集团的离退休管理和服务工作得到老同志们的高度肯定。

二、集团离退休管理网格化

如何把服务工作做得更好？离退休管理办公室成立后，立即与控股退休党总支一起，认真分析了1100多人退休群体的现状，走访倾听了许多老同志的建议。控股集团退休老同志群体的特点是人员多、原工作单位多、退休人员编制分类多、原企业注销后老同志们见面机会少、老人们有强烈的怀旧思想。这是一支庞大的特殊队伍，千余人大都来自几十家注销企业，甚至是无主企业，亟须加强管理，保持稳定。我们认为，应该依靠老同志来协助退休管理工作，他们情况熟、人员熟，可以直接听到许多老同志的声音。因此，调动退休老同志参与的积极性，是做好退休管理服务的一个方向。

控股集团有280多名退休党员，15个退休党支部，这些党支部基本上是按照原来工作的企业来设置的。我们充分发挥共产党员的骨干引领作用，这是一支基本队伍，依靠280多名党员辐射到1100多名退休人员。

离退休办对学校和集团现有相关制度、职责进行梳理，进一步理顺工作关系，熟悉工作要求，制定了《离退休管理办公室工作职责》《离退休管理办公室首问负责制》《退休人员活动经费管理和使用的规定》等相关工作职责和制度；设计构建了控股集团离退休老同志的人事管理信息库。同时，根据调研情况，充分考虑退休人员的意见和实际情况，调整了原来的退休联络员的组成，采取了对口党支部分布的设置，以原来各个工厂或者原来各校区为单元来分块，整合用好退休党总支和内退党总支、退休工作联络员三条组织线，构建了“三位一体”服务平台，即以退休办公室为主导，退休党支部、退休联络员共同参与的协同管理服务平台，结合片区化服务，形成“纵向到底，横向到边”的服务网。

经过几年的运作和不断调整，现在集团离退休管理服务工作基本上做到了方便快捷、一个不落下全覆盖。

三、让老同志们有获得感、光荣感

浙大校办工厂在几十年的成长过程中，从创业到发展，有着非常辉煌的历史，校办工厂发展过程中，退休老同志们曾贡献了自己的青春和才智。他们对原来的工厂有着非常深厚的感情和依赖，虽然现在工厂不复存在了，但他们为企业的发展付出了辛勤的汗水，与同事们结下了深厚的友谊，对激情年代仍旧念念不忘、记忆犹新。因此，我们做了大量工作，努力搭建老同志活动的平台，每年开展“走、看、促”活动、高龄老同志茶话会、家访探望、春节“慰问会”等多种形式的活动，组织各种方式的老同志聚会，让老同志们有归属感，消除了因原来企业注销后害怕失去“家”而无人照顾管理的失落感。我们坚持对重病老同志探望、对困难老同志帮助，努力营造控股集团就是老同志们“温馨家园”的情感氛围。

今年我们举办了多场企业老厂长、老书记、老职工座谈会，以“口述历史”形式回忆校办工厂的发展史，鼓励他们回顾过去校办工厂的贡献。老同志们的积极性非常高，对过去的工作，他们侃侃而谈、如数家珍。许多人还写了书面回忆录，提供了许多有价值的资料，老同志们再次回忆起了当年的光荣感和成就感。关于校办工厂曾经为国家建设、为国防建设、为浙大教学科研服务的许多丰富的史料，我们准备整理成册，为丰富浙大校史、控股集团的企业文化建设尽一份力。

我们在确保安全稳定的前提下，服务离退休老同志。面对老同志数量增加、老龄化趋势严峻的现状，秉持用心用情的理念，认认真真、脚踏实地为老同志服务，基本做到了稳定和有序，营造着控股集团退休老同志的“温馨家园”。这些工作离不开学校领导、学校离退休处的关心和指导，离不开控股集团领导强有力的支持。除拨出配套资金用于退休人员的活动和慰问外，集团党委书记、总裁、分管副书记等领导都直接关心工作，并与退休老同志座谈、探望重病老同志，召开有关会议介绍控股集团的发展，老同志们都非常满意。

我们将进一步努力，把退休职工的管理和服务工作做得更好。

2020 年 12 月

坚持不懈着力推进离退休工作高质量发展*

姜群瑛

浙江大学后勤集团是浙江大学的三家直属企业之一，主要承担浙江大学教学、科研和师生生活服务保障工作，同时承接政府机关、企事业单位后勤服务保障业务，下辖饮食、水电、科教、通信、幼教5个中心和同力后勤、同力水电、同力信息、求是物业、启桢教育5家公司，产业遍及省内9个地市，服务近100家企事业单位。截止到2020年12月，共有在职员工9000余人，学校退休职工1128人，其中退休党员323名，退休女职工677名。集团成立20年来，自始至终高度重视离退休工作，把离退休职工作为集团改革发展的宝贵财富，把离退休工作作为后勤集团工作的有机组成部分，把做好离退休工作作为各级党组织、各单位、各部门的重要职责。一方面，不断根据变化了的新情况，及时制定、调整离退休工作规章制度，努力建好机制，不断改进优化对离退休工作的管理，为广大离退休同志提供高水平服务；另一方面，按照学校离退休工作要求，认真研究解决实际问题，全力搭建发挥老同志积极作用的工作和活动平台，为老同志贡献余热创造条件，推动离退休工作高质量发展。后勤集团离退休工作既受到广大离退休干部职工的普遍认可，也受到学校有关部门的充分肯定。

2002年11月，尽管当时后勤集团尚处于成立初期，学校后勤各方面的管理体制和集团内部运行机制都还很不完善，但是为了做好离退休工作，后勤集团党委和行政联合发布《关于进一步加强离退休工作的意见》，明确了离退休工作分级分单位管理的原则、职责和离退休工作各项经费筹集的渠道、标准。随着后勤集团的快速发展和离退休干部职工人数的快速增长，离退休工作的面越来越宽、量越来越大、工作情况越来越复杂、要求越来越高。2007年12月，后勤集团党委联合行政再次发布《关于进一步做好离退休工作的若干意见》，以文件形式强调了做好离退休工作的重要性和必要性，明确了离退休工作要坚持的指导

---

* 作者单位：浙江大学后勤集团。

思想和工作方针，第一次系统化提出并规定了做好离退休工作的具体要求，包括对加强离退休工作的领导、完善离退休工作管理体制、建立健全离退休工作的长效机制三个方面，创造性地提出了落实离退休工作责任制的七项制度。特别是把离退休工作作为各单位班子年度业绩考核的重要内容、将各单位一把手作为离退休工作的第一责任人两项措施，一举改变了离退休工作有些被动的局面，做好离退休工作从此成为各单位及其主要负责人的自觉行动。2017年12月，为了贯彻党的十九大精神，进一步做好新时代后勤集团离退休工作，促进后勤集团各方面工作全面协调发展，根据学校离退休工作新要求，结合后勤集团离退休工作新情况，后勤集团党委和行政又一次联合发布《关于进一步加强和改进离退休工作的若干意见》，要求各级党组织、各单位、各部门和全体党员干部进一步提高对离退休工作重要性的认识，强调浙大后勤事业和后勤集团各项工作之所以有今天和谐发展的良好局面，是一代又一代后勤人不忘初心、艰苦创业、砥砺奋进的结果，同样凝结着广大离退休干部职工的心血和汗水，广大离退休干部职工不仅为学校创造了大量的物质财富，也为后勤集团创造了宝贵的精神财富，要求从政治上、生活上关心、帮助离退休职工，维护好、发展好、实现好离退休职工的根本利益，使广大离退休职工共享学校和后勤集团改革发展成果。2017年《关于进一步加强和改进离退休工作的若干意见》对2007年《关于进一步做好离退休工作的若干意见》实施以来的离退休工作作了总结，对各项制度作了进一步完善，确立和形成了后勤集团离退休工作七项制度，为做好离退休工作和为老同志开展高水平服务提供了制度保障。

(1)对离退休工作实行信息化管理制度。建立离退休干部职工数据库，由人力资源部负责数据库日常管理工作，与人力资源信息系统形成一体化信息系统，大大提高了离退休工作信息化科学化水平，实现了离退休工作质的提升。近年来，虽然后勤集团机构几度调整变化，退休人员不断增加，但离退休工作总体平稳，机构改革调整对离退休工作的影响被降到最低程度，信息化系统发挥了不可替代作用。

(2)把探访作为离退休工作的一项基本制度，要求各单位各部门领导每年原则上至少一次亲自登门走访、探望本单位离退休干部职工，同时明确规定探访干部职工实行分级负责，确保探访全覆盖。后勤集团领导每年都带头探访离退休干部职工，始终把老同志的温暖健康放在心上，纳入工作安排，为各单位、各部门落实好探访制度树立了榜样。工会、团委每年都组织团员青年上门探访老先进、老战士、老教师、老党员等，给老同志送去组织和单位的关心和温暖。

（3）在节日或离退休干部职工因病和生活遇到困难期间，所在单位要组织集体性或个别性问候活动，让离退休干部职工感受到来自单位的温暖。各单位都把慰问工作作为每年年底的一件大事来抓，认真组织安排活动，精心选购慰问物品，想方设法让老同志高兴开心。在生病或住院期间，各单位或退休党总支都会在第一时间去关心问候，不让老同志感到孤独和无助。

（4）要求各单位树立为离退休干部职工热情服务的意识，不断改进和健全服务工作机制，在离退休干部职工需要时，及时给予切实有效的帮助和救助。同时要求各单位经常性听取离退休干部职工的意见，结合实际开展各种面向本单位离退休职工的生活服务或便民服务，为离退休干部职工送去实实在在的温暖。

（5）要求各单位每年适时组织开展面向全体离退休干部职工的群众性活动，通报学校、后勤集团和本单位的有关工作情况，在确保安全的前提下应当认真组织各种形式的学习、参观、休闲活动，不断丰富离退休干部职工的生活，不断提高离退休干部职工的生活品质，让广大离退休干部职工充分感受新时代中国特色社会主义新成就。

（6）后勤集团先后制定了《离退休人员专项活动经费管理办法》《离退休职工活动经费管理和使用规定》，加强对离退休工作经费安排、管理、使用的指导、监督。要求各单位不断完善离退休工作经费保障机制，在年初预算时安排足额的经费，用于开展离退休工作。要为离退休干部职工开展活动创造必要的条件，并提供各种保障措施。要为离退休干部职工着想，尽量简化手续，真心实意服务好离退休干部职工。据不完全统计，2019年后勤集团及各单位直接用于离退休干部职工的费用总计超过130多万元，平均每位离退休职工参加活动次数超过2次。

（7）为了不折不扣地把离退休工作各项制度落实到位，让广大老同志共享改革发展的新成果，后勤集团把离退休工作开展落实情况纳入各单位负责人年度业绩考核内容，考核结果与负责人的年度薪酬直接挂钩。此举不仅有效解决了各项工作制度落实问题，而且完全改变了过去离退休工作相对被动的局面，做好离退休工作的积极性、主动性、创造性得到了充分释放，离退休工作步入了常态化制度化的轨道。

2020年是极不平凡的一年，面对突如其来的新冠疫情，后勤集团在认真做好疫情防控和复工复产的同时，始终把离退休工作扛在肩上、抓在手上。7月3日，后勤集团党委和行政联合发文，对离退休工作领导小组和工作小组成员作了调整,进一步强化离退休工作的主体责任。7月10日,后勤集团召开离退休工作会议,认真学习上级有关会议、文件和领导讲话精神,分析工作中面临的新情况新问题,对进一步做好离退休工作进行再研究、再部署、再落实。后勤集团党委强调,离退休工作是后勤集团的重要工作,也是各级党组织的重要责任,要以习近平新时代中国特色社会主义思想为指导,进一步提高对做好离退休工作重要性紧迫性的认识,不断增强做好新时代离退休工作的自觉性协同性,努力把离退休工作的意义和价值更好地发挥出来,不断推进离退休工作高质量发展。

2020年12月

做好新时期高校二级单位离退休党支部建设的路径与方法*

赵爱军

高校离退休党员是一个庞大的群体，高校离退休党支部是党的基层组织的重要组成部分，承载着党和国家关心爱护离退休党员的重要任务，也是建设平安校园、和谐社会的稳定器。在实际工作中，特别是在加强二级单位离退休党支部建设中，要组织开展好党支部的活动，发挥好离退休党支部的战斗堡垒作用，要做好宣传引领，使党员们能真正做到“离岗不离党，退休不褪色”，保持共产党员先进性。

一、加强政治站位，提高思想认识

离退休党员受年龄和身体条件的限制，与社会的接触相对减少，对各种新媒体资源也相对陌生和难以适应，对新鲜的事物了解甚少。

（1）发挥二级单位党组织的作用。充分发挥二级单位党组织在离退休党员教育管理中的作用，不定期召开情况通报会，通报学校的基本情况，特别是全面从严治党新常态下学校在党员干部中开展“不忘初心、牢记使命”主题教育的进展情况和支部换届等情况，让老同志及时了解党的新要求、新举措。

（2）过好组织生活。依托“三会一课”，组织学习习近平新时代中国特色社会主义思想，及时传达开展各类主题学习教育的要求，根据不同情况，集中学习和自主学习相结合，对有条件的支部，可建立学习微信群、钉钉群等，便于相互的学习交流。通过学习教育，进一步提高离退休党员的思想认识，不断增强“四个意识”，坚定“四个自信”，做到“两个维护”，引导党员们始终保持党员本色，牢记自己的入党誓言，自觉在思想和行动上同党中央保持高度一致。

* 作者单位：浙江大学本科生院。

二、加强教育管理,增强学习动力

大部分的党员居住相对分散,有的年老体弱,行动多有不便,直接影响党内生活和组织活动的开展;另外,支部书记和委员的配备还不尽合理,存在着部分年龄偏大、身体健康状况欠佳、工作力不从心等问题。

(1)合理设置党支部。党员人数较多的支部,可以下设若干党小组,居住相对集中的可编为一个党小组,平时可以党小组活动为主;党员人数较少的支部,可考虑和所在社区的退休党支部建立联合党支部,使党支部的设置更科学合理,从而更利于加强教育管理,更利于参加组织生活。

(2)重视班子建设。特别是要对离退休党支部书记和支委的选配工作予以重视,对超龄的老书记、支委要及时进行换届,选配相对年轻、身体健康、责任心强、有一定的组织能力、处事公道正派、能起表率作用的同志担任支部书记和支部委员。

(3)建立党务联系人制度。原单位可以委派政治素质高、责任心强、党务经验丰富的中青年干部担任退休党支部的联络员,通过建立联络员制度,进一步加强离退休党支部的组织领导和日常管理。这一举措也有利于改变党支部领导班子因为身体条件、年龄和知识等的限制,在组织活动上有心无力的困境。

三、丰富活动内容,激发党员活力

离退休党支部党员的年龄差距比较大,大的八九十岁,小的五六十岁;身体健康状况也不尽相同,居住地点也比较分散,离退休支部活动开展普遍存在一些困难,难于兼顾,这些是支部活动开展困难的重要原因。

(1)可以根据老同志的年龄和身体状况分类组织开展活动,以丰富的活动内容,提高他们参与活动的积极性。对相对年轻、身体健康的党员,可以结合"走、看、促"活动,适当增加一些外出的学习教育活动,切身感受经济社会发展取得的新成就,利用红色资源开展党性教育,让老同志"展示阳光心态,体验美好生活,畅谈发展变化";对能就近参加活动的老党员,可以不定期就近组织茶话会或主题实践活动,进行形势教育,凝聚老同志的正能量,如举办书画摄影展和歌咏活动,激发老同志抒发爱党、爱国、爱人民、爱生活的美好情怀;对行动不便的老党员可以采取支部党员进行上门看望和慰问等措施,适时地向他们介绍学校和支部的一些情况。

(2)创新党组织活动形式。充分发挥高校学生群体"铁打的营盘,流水的兵"的特点,可以开展"大手拉小手"结对活动,组织离退休党员与学生党员结对。一方面通过老党员讲讲优良传统、“过去的那些事儿”，能起到传帮带的作用；另一方面，青年学生朝气蓬勃、有活力，在交流交往过程中让老党员接触新东西，丰富活跃组织生活的内容与形式。

(3)不定期举办离退休党支部班子等党员骨干培训班，通过参观考察、相互交流、学习先进等形式，增强离退休党员骨干的事业心和责任感，提高他们的政治理论素质和业务能力，激发他们开拓进取、积极向上的主动性。

(4)要积极对接党员居住地所在社区，可与所在社区退休支部开展联谊活动，既丰富支部活动，又能增进与社区退休党支部间的相互了解，能更好地争取所在社区对支部更多的支持。

四、挖掘典型事迹，加强宣传引领

工作中要善于发现能够发挥模范带头作用的离退休党员，利用新媒体手段加强宣传，形成向先进学习的氛围。

(1)挖掘在发挥正能量方面的典型。广大老同志奉献社会、余热生辉的生动实践非常丰富，深入挖掘总结、表彰宣传老同志在担任党建组织员、教学督导员、学生辅导员、科技指导员、社区志愿者等方面的先进典型和感人事迹，是推动老同志为党的事业增添正能量的重要抓手。如在今年突如其来新冠疫情中，笔者所联络的党支部中就有一名优秀退休党员兼任退休支部委员，积极参加余杭区西溪融庄的志愿者服务。在社区卡点每天坚持服务，做好物品发放工作，检查出入社区的行人和车辆人员的健康码及测体温。她不顾年老体弱，工作认真负责，受到社区好评；在学校机关党委号召下，不仅在志愿基础上捐助100元现金，同时向浙江省红十字会捐了2000元现金，表达了一个老共产党员的心愿。为此，党支部通过微信公众号等推文，加强先进事迹深度报道，进行多渠道、多角度地宣传激励，突出精神鼓励，形成向优秀老党员学习的氛围。

(2)围绕唱响当今时代主旋律，传播正能量。组织开展“红色典藏”行动，请老同志回忆红色岁月、寻找革命足迹、编印革命回忆录、编辑红色革命故事等，鼓励当代大学生传承和发扬红色革命文化。特邀部分老同志到学校为学生讲红色故事和优秀传统文化，为青年干部上党课，从而为党和人民的事业传播正能量。

(3)搭建有效平台，在“润物细声”中发挥老党员的模范带头作用。立足经济社会发展形势和老同志实际，把离退休党员的所能所愿与社会所需所盼相结合，创新载体平台，就近就便搭建平台，为老同志增添正能量提供条件。通过召开座谈会、发放调查问卷、上门征求意见、考察调研等途径，拓宽老同志建言献策渠道；引导老同志在社区、家庭发挥言传身教、化解矛盾、释疑解惑的作用，增强与基层纽带的作用；拓展和提升各级老干部活动中心和文体活动场所，借此发挥老同志传播先进文化作用；依托关工委、老年大学、老年体协等涉老组织，引导老同志参与其中并发挥主力军作用，宣扬老同志在社会管理及其创新实践中发挥的作用。

加强高校离退休党支部建设，不仅是做好离退休工作的重要环节，也是当前高校党建工作的一个重要课题。因此，我们要充分认识加强离退休党支部建设的意义与作用，积极探索新时期高校离退休党支部建设的途径与方法，做到为老服务凝聚人心、真情实效巩固根基。

2020年12月

他山之石篇

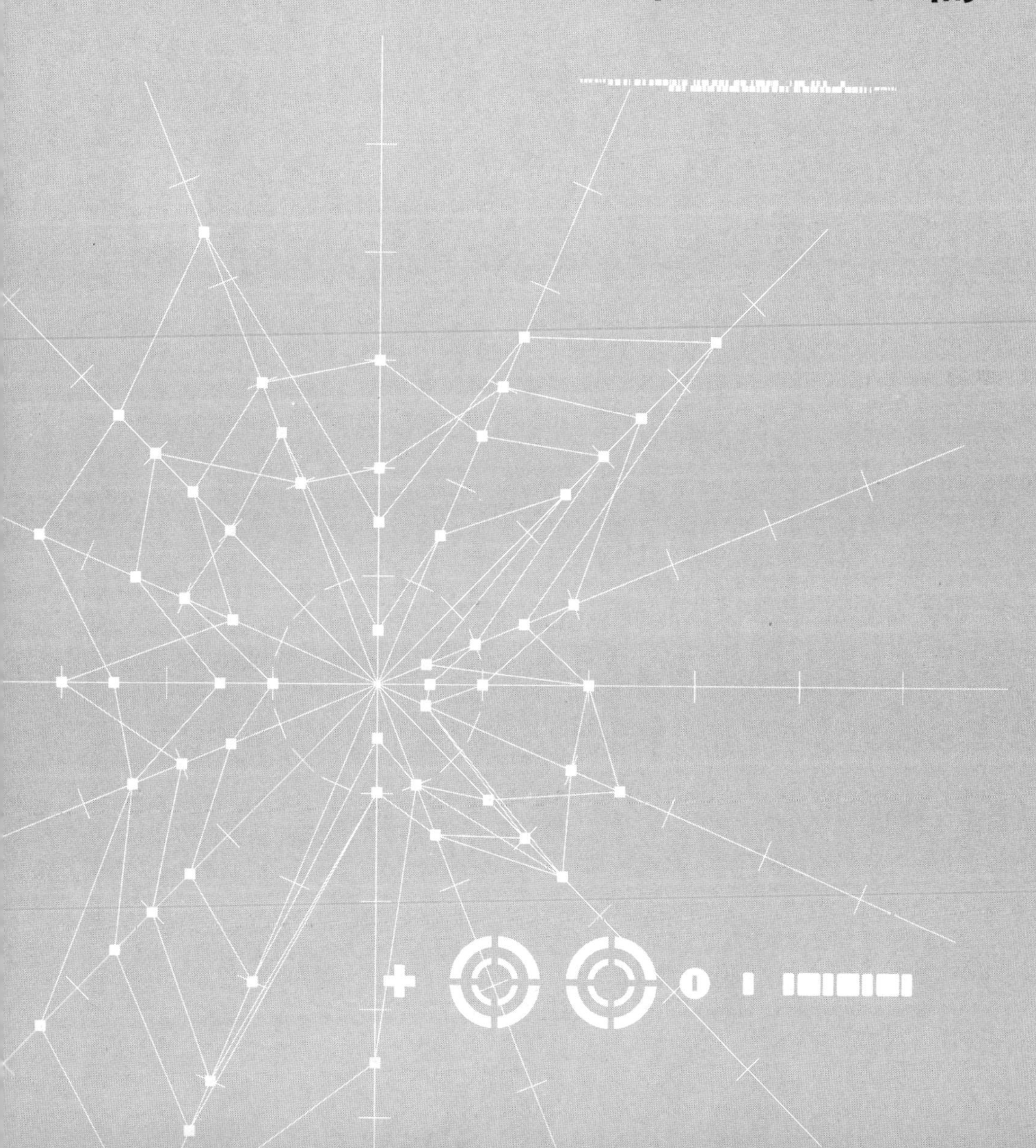

浙江大学离退休教职工开展“我看改革开放新成就”专题活动调研报告

2018年是改革开放40周年。40年来，国家发生了翻天覆地的变化，取得了巨大的成就。为庆祝这个历史性时刻，充分抒发浙江大学广大离退休教职工的心声，激励离退休教职工不忘初心、牢记使命，继续为党和人民事业贡献力量，根据中共中央组织部《关于在离退休干部中开展“我看改革开放新成就”专题调研的通知》（老干通〔2018〕6号）文件精神，浙江大学组织离退休教职工开展了一系列活动。

一、开展多样活动，不忘初心，永葆革命本色

40年来，中国人民创造了一个又一个历史奇迹，老同志们是改革开放的参与者和见证者，亲眼见证了改革开放的伟大历程，亲身感受到了改革开放的伟大成就。40年的实践证明，改革开放是我国必须始终坚守的正确之路、强国之路、富民之路，坚定不移沿着这条道路走下去，弘扬西迁精神、不忘初心，就能将不能变成能、将可能变成现实，就会创造浙江大学更加美好的明天。浙江大学离退休教职工以形式多样的方式诉说着“不忘初心、砥砺前行、牢记使命、不懈奋斗”的信念。

积极响应浙江省委老干部局关于深入开展“银耀新时代·共建‘六个浙江’”正能量活动，老干部们走出去亲眼看看祖国的新发展，亲身体会改革的新成效。今年5月24日，浙大组织开展了2018年上半年离休党支部书记读书班活动，带领近30位平均年龄近90岁的离休干部党员骨干赴湖州市德清县钟管干山小镇参观。老干部们参观了位于干山粮站综合体的红色记忆收藏馆等地，切身感受到党的十八大以来“绿水青山就是金山银山”理念在我省的生动实践，感受到社会主义建设和发展所发生的变化，纷纷为德清钟管干山坚持推动生态文明建设、发展美丽经济取得的成绩而喝彩。

浙大生命科学学院组织退休党员赴嘉兴南湖革命纪念馆参观学习。通过

参观学习，进一步感受中国共产党的诞生和由小到大、由弱到强的奋斗历程，领略“开天辟地、敢为人先的首创精神，坚定理想、百折不挠的奋斗精神，立党为公、忠诚为民的奉献精神”的“红船精神”。通过一帧帧图片和珍贵史料及南湖红船、嘉兴火车站等复原场景，老同志从史料和影像中回顾了中国共产党带领中华儿女艰苦卓绝的革命历程，感受到那激情澎湃的岁月。他们深切感受到，正是因为中国共产党人的不断探索和不懈努力，才有了中国翻天覆地的变化，才有了人民群众生活日新月异的幸福生活。

10月8日，浙江大学老年学院举办庆祝国庆暨纪念改革开放40周年书画作品展。活动得到了广大离退休书画爱好者的积极响应，老同志踊跃参与，经各校区老年学院分院评选推荐，共有44幅作品参加了本次展览。他们用笔墨讴歌改革开放的成就，书法作品风格迥异，各具特色，绘画作品立意新颖，形式多样，浙大离退休教职工用阳光的心态感染人、激励人。10月16日，浙大与萧山区委老干部局联合举办“纪念改革开放四十周年摄影展”，老同志们用手中的相机定格美好的生活，用作品讴歌伟大的祖国和纪念改革开放40周年。他们用实际行动，展示对实现中国梦的美好向往。

10月25日上午，离休干部、材料学教授陈全庆同志围绕“不忘初心，砥砺前行”学习体会与大家做了交流，他讲到中华人民共和国成立前后在大学入党的同志在入党前都经过系统的马克思主义理论学习，从人类社会发展的历史唯物主义理论到实现共产主义的伟大目标，都进行了认真的学习和领会，并在此基础上形成了坚定的信念。这些同志的初心是建立在革命理论基础上的，经受住了革命战争年代艰苦卓绝斗争的考验。她说，目前的学习应系统化，要努力构建一个严密的逻辑体系，以新的发现去丰富和完善相关理论，并用发展了的理论去教育大学生。

二、举办文体活动，营造庆祝氛围，永远跟党走

浙江大学重视离退休教职工的思想政治教育。积极引导浙大老同志在习近平新时代中国特色社会主义思想指引下，增强“四个意识”，树立“四个自信”，传播中国好声音，唱响浙大老同志的好声音。通过举办各类主题鲜明又丰富多彩的活动，吸引更多的老同志参加，并积极发挥老同志为党和人民的事业增添正能量，从而实现文化养老和健康养老的目的。

为庆祝改革开放40周年，充分展示我校广大离退休老同志的心声感言，组织离退休教职工积极参与“讴歌新时代，永远跟党走”主题征文活动。老同志们

结合生活实际和亲身实践，纷纷撰写文章表达了对改革开放以来国家面貌发生的重大变化、经济建设取得的重大进步和人民生活水平不断改善提高等方面的感想和体会。共征集到征文30余篇，其中选送的《跨越40年的大数据对话——记改革开放春天里的科技奇葩》《安得广厦千万间——我眼中改革开放40周年居舍的变迁》《浙大的“浩然”之气——从民生燃气的变化看40年的改革开放》、《十桥架南北、天堑变通途——记改革开放中钱塘江上的桥》在省委老干部局开展的“讴歌新时代，永远跟党走”主题征文活动中分获一、二、三等奖，获奖数居省直单位前列。

为庆祝建党97周年、纪念改革开放40周年、四校合并组建新浙江大学20周年，学校在6月份举办了“讴歌新时代永远跟党走”——浙大老同志庆祝建党97周年文艺演出，分设戏曲、舞蹈时装、歌咏（合唱）三个专场。10月17日，正值重阳佳节，浙江大学隆重举行庆祝老年节大会，校党委常委、副校长张宏建出席庆祝大会并致辞。文艺演出在合唱《把一切献给党》中拉开序幕，上千名老同志欢聚一堂，用歌舞，用老同志喜闻乐见的方式，歌颂建党97周年、改革开放40年来取得的伟大成就，诉说老同志们对这个伟大新时代的自豪情怀和对美好生活的衷心赞美。

三、开展畅谈建言，提升参与能力，展望美好生活

40年来，我国发生了翻天覆地的变化，为学校教育事业鞠躬尽瘁、奉献青春的离退休老同志体会最深、感受最浓、想法最真。通过座谈交流、调研访谈、热议评议、研讨学习、征文抒怀、体验实践、文体活动等形式，组织广大离退休老同志开展好畅谈和建言活动，广泛听取老同志的心声意见，引导老同志忆往昔、说发展、谈变化、献良策，引导广大老同志牢固树立“四个意识”，不断坚定“四个自信”，真正做到“两个坚决维护”，结合推进“两学一做”学习教育常态化制度化，组织老同志看变化、谈感受，进一步激发老同志发挥余热的热情，使老同志共享改革发展成果，为学校的“双一流”建设贡献力量。

11月9日，学校在校友企业总部经济园开展了离休党支部书记读书班活动，24位离休干部围绕“我看改革开放新成就”主题，实地感受改革发展成效，通过考察学习积极为创新创业工作加油鼓劲、献计出力。老干部们重点围绕“我看改革开放新成就”“弘扬爱国奋斗精神、建功立业新时代”展开讨论交流。离休干部杨世超说：“通过考察活动，看到了新时代创新创业取得的伟大成就，为此感到由衷的喜悦。”陈康发言，习近平总书记在讲话中指出“中国经济是一片

大海,而不是一个小池塘",振奋人心。老干部纷纷为我国改革开放40周年以来取得的巨大成就而点赞,表示老干部在新时代仍然是党建的重要力量。

10月24日,学校组织30多名离休干部到杭州龙坞开展"走基层、看变化、促发展"活动,让老同志们感受金秋时光,享受美好生活,畅谈改革开放40周年新成就。陈纲老师说:"在改革开放刚提出那会儿,我们的中心工作是怎么样让老百姓脱离贫困吃饱饭;如今,我们国家发生了翻天覆地的变化。作为离休老党员,改革开放的成果我享受到了,我过得很幸福、很知足。改革开放40年的发展变化不仅让我们回想到了昨天的不易,也让我们看到了今天的美好,更坚信明天会更好。"徐秀敏老师说:"大家都应该发自内心地感谢国家和学校的关心和照顾。"

重阳节前夕,浙大建工学院走访慰问了舒士霖、唐锦春、钱在兹、刘岳球等离退休教工,并邀请杜高杰、毛根海等离退休教工代表到学院开展交流活动。老同志们围绕国家发展、学校发展以及自己所在的学科发展,结合自身经历、感受身边的变化,畅谈了改革开放以来国家、地方和学校在科技、经济、社会发展等方面取得的丰硕成果。大家普遍认为,伴随着改革开放一路走来,40年的实践告诉我们,改革开放是我国必须始终坚守的正确之路、强国之路、富民之路,坚定不移沿着这条道路走下去,弘扬西迁精神、不忘初心,就能将不能变成能、将可能变成现实,就会创造浙江大学更加美好的明天。当前,我们正处在国家繁荣、人民安康的美好时代,更要衷心拥护党,继续关心支持学校的发展,在推动学校改革和新时代的新征程中继续贡献自己的智慧和力量。

10月30日、31日学校与老领导校关工委顾问郑造桓,校关工委顾问、求是宣讲团团长邹先定老师进行座谈。郑造桓指出,今年是改革开放40周年,也是四校合并组建新浙江大学20周年,浙江大学在改革开放的浪潮中立足本省、放眼全球,取得了长足的进步和发展。邹先定老师表示,作为改革开放的亲历者、见证者和坚定支持者,感慨万千,不停赞美伟大祖国改革开放40年来取得的辉煌成就和发生的翻天覆地变化,感慨改革开放成果的来之不易。他们均表示要坚定思想信念,永远跟党走,凝聚起强大的正能量,紧跟时代步伐,参与和迎接新时代的改革开放,继续发挥余热,以实际行动为党和人民事业增添正能量。

浙江大学持续引导发挥老同志积极作用。充分发挥老同志政治觉悟高、政治经验丰富的独特优势和突出作用,引导和保护好离退休教职工的政治热情,利用"在鲜红的党旗下""相约星期五"(与青年师生交流)、"银龄讲坛"等品牌活动,充分发挥老党员、老同志优势,在师生中广泛宣传习近平新时代中国特色社会主义思想和党的十九大精神,紧紧围绕"立德树人"根本任务,以理想信念教育为核心,以社会主义核心价值观为引领,引导师生健康成长。今年是建党97周年,也是改革开放40年,浙江大学要抓住时机,大力宣传在党的领导下我国各方面所取得的伟大成就,从而团结引导广大青年学生听党话、跟党走,努力使浙大学子学会担当,成为与当代中国国情、综合国力相匹配的为社会主义终生奋斗的有用人才。关工委求是宣讲团的老同志与青年学子进行思想交流等一系列活动,表达了老同志不忘初心、牢记使命,以关爱青少年的健康成长为己任,为学校的思政、党建工作发挥了应有的配合补充作用。

忆往昔峥嵘岁月,展今日盛世年华,浙江大学离退休老同志们不忘初心、牢记使命,坚持学习,与时俱进,坚信在习近平新时代中国特色社会主义思想的指引下,国家日益繁荣昌盛,全国人民在新时代都能过上更加幸福美好的生活。

2018年12月

礼赞新中国　奋进新时代

——浙江大学离退休教职工"我看新中国成立70周年新成就"专题调研报告

为深入学习贯彻习近平新时代中国特色社会主义思想和党的十九大精神，庆祝新中国成立70周年，激发广大老同志爱党爱国爱社会主义热情，引导浙大离退休教职工畅谈70周年国家发展尤其是教育事业取得的辉煌成就和宝贵经验，发挥老同志为党和人民事业增添正能量的积极作用，根据教育部统一安排部署，浙江大学在离退休教职工中开展了"我看新中国成立70周年新成就"专题调研系列活动。

一、组织部署情况

浙江大学离退休工作处以习近平新时代中国特色社会主义思想为指导，全面贯彻党的十九大精神和十九届二中、三中全会精神，充分领会此次专题调研活动精神，坚持统一部署，有序推进，取得实效。2019年1月4日，学校召开全校离退休工作交流会，学校党委副书记、副校长张宏建，校老干部工作领导小组单位负责人、院级单位分管离退休工作负责人和联络员等100多人出席会议，统筹部署2019年离退休工作。4月9—10日，召开离退休工作联络员会议，进一步加强校院两级联动，指导院系做好离退休教职工庆祝新中国成立70周年筹备工作。学校离退休工作处专门召开党政联席会议，讨论开展系列活动具体方案并发布《中共浙江大学离休工作委员会 浙江大学离退休工作处关于庆祝新中国成立70周年系列活动的通知》（离休党工委〔2019〕5号），统一部署全年工作，明确时间进度，确保责任到人。5月23日，发布《关于在全校离退休教职工中开展"我看新中国成立70周年新成就"专题调研活动的通知》，进一步推动各二级单位深入开展调研，取得积极成效。

二、强化思想引领，切实开展主题教育活动

在此次调研活动中，学校高度重视离退休教职工的思想政治建设，引导广大老同志牢固树立“四个意识”，坚定“四个自信”，做到“两个维护”，不断强化老同志用习近平新时代中国特色社会主义思想武装头脑，引导他们珍惜光荣历史，不忘革命初心，永葆政治本色。

（一）注重抓住节点

2019年是新中国成立70周年，也是中国共产党建党98周年和五四运动100周年，学校注重抓住重大时间节点，围绕党和国家政治生活中的几件大事，将有关主题紧密结合，围绕立德树人，深入开展系列主题教育活动。为纪念五四运动100周年，5月14日，浙大关工委求是宣讲团召开“纪念五四运动100周年”座谈会，学习领会习近平重要讲话精神，畅谈高校肩负的铸魂育人重要使命，进一步凝聚思想、明确方向，做好关心青年一代健康成长的重要工作。结合全党开展“不忘初心、牢记使命”主题教育和建党98周年重大历史时刻，6月28日，浙江大学玉泉校区离休干部召开庆祝建党98周年座谈会，18名离休干部和6名材料科学与工程学院的学生党员共聚一堂，重温入党誓词，学习习近平总书记在“不忘初心、牢记使命”主题教育工作会议上的重要讲话精神，向时代楷模张富清同志学习，共同参观了新启用的老党员驿站，在交流畅谈中进一步传承老一辈的艰苦奋斗精神。此外，离退休工处在职党支部也开展了“不忘初心、牢记使命”主题教育活动，邀请离退休工作处原处长高伟民与大家一起话初心、谈使命，加强自身建设，提高政治站位，进一步坚定理想信念，用心用情做好新时代离退休干部工作。上半年，离休党工委理论学习中心组成员面向离退休基层作读书报告、专题宣讲16次。

（二）注重凝聚思想

为了强化老同志思想建设，广泛凝聚老同志思想共识，汇聚精神力量，引导老同志弘扬革命精神，坚定理想信念，讴歌辉煌成就，学校离退休工作处组织开展了形式多样、内容丰富的老同志特色活动。一是开展红色寻访活动。3月19日，电气工程学院组织40名离退休党员赴长兴新四军军区司令部旧址参观，进一步凝聚党员同志初心。3月25日，离退休工作处组织部分退休老同志赴安徽“爱国主义教育基地”岩寺新四军军部旧址参观学习，开展缅怀英雄先烈行动。5月30日，组织离退休党建骨干赴嵊州市烈士陵园和嵊州市党史陈列馆，瞻仰

革命先烈的丰功伟绩。6月29日，组织部分退休党支部书记参观红色文化教育示范基地浙江诸暨庄余霞村，传承革命精神。二是组织开展特色党日活动，离退休工作处及材料科学与工程学院、电气工程学院、生命科学学院等有关单位纷纷组织离退休教职工前往九溪、萧山农事基地、临安、梦想小镇、中国共产党杭州历史馆开展党日活动，传达学校近期工作进展，与老同志一起学习有关重要文件精神，持续引导和保护好老同志的政治热情。5月17日、22日，离退休工作处、生命科学学院分别组织离休党员、退休党员参观“红船精神万里行”大型图片展，回顾红船精神，开展党性教育。三是开展有针对性的党课学习。3月29日，玉泉离休党总支举行新学期第一次党课学习，离休党工委书记、离退休工作处处长王东为老同志们作“我和我的祖国之海洋强国战略”讲座，切实落实老同志政治待遇，尊重和保障老同志政治权利，确保老同志积极拥护支持党和国家的重大战略部署。4月23日，学校离休党工委以“我和我的祖国”为主题，组织离休干部骨干前往浙江省委老干部局老党员驿站、中国共产党杭州历史馆参观，召开2019年上半年党支部书记读书活动，激励老同志不断加强自身学习，唱响时代主旋律。

三、强化务实作风，精准开展调查研究活动

为进一步探索离退休工作的独特规律和方法，提高工作的专业化水平和质量，学校离退休工作处充分利用此次“我看新中国成立70周年”专题调研契机，发挥离退休工作人员及老同志“两支队伍”作用，大兴调查研究之风，深入扎实开展工作。

(一)横纵结合，坚持问题导向

离退休工作处高度重视自身建设，坚持调查研究是谋事之基、成事之道，迈开步子、俯下身子、横纵结合，突出问题导向，积极开展调研工作。一是横向借鉴经验。3月14日，学校党委副书记、副校长张宏建带队赴教育部离退休干部局，汇报交流党建、信息化建设、老同志作用发挥及各类学习活动平台搭建等工作。此外，上半年离退休工作处班子成员带队先后赴江南大学、北京大学、北京航空航天大学、重庆大学、四川大学、中山大学、华南理工大学离退休工作部门展开调研交流，通过实地考察，立足本校实际，充分借鉴兄弟高校组织开展工作的先进做法，不断夯实工作基础，开拓工作思路，提升离退休的管理与服务水平。二是纵向吸纳意见建议。先后召开全校离退休工作交流会、离退休工作联络员会议，邀请各院系、机关部处、直属单位离退休工作联络员一起围绕加强和

改进学校离退休工作，做好庆祝新中国成立70周年系列活动组织开展建言献策、汇智汇力。此外，离退休工作处充分利用定期召开的新退休人员座谈会、“走、看、促”活动等，就日常工作和活动开展情况向老同志征求意见建议，了解离退休教职工实际需求，进一步提高精准化服务水平。

（二）校地联动，共促合作发展

认真开展“走、看、促”活动，通过实地考察学习，组织老同志学最新思想、观城乡新貌、看身边变化。2019年上半年，离退休工作处先后组织离退休教职工赴富阳、绍兴、桐庐等地参观考察，带领老干部忆往昔、说发展、谈变化、献良策。组织开展红色寻访活动3次，参加退休支部书记132人，组织“走、看、促”活动13次，参加老同志909人。各院级单位纷纷开展外出调研活动，包括环境与资源学院组织退休教师党支部联合博士生党支部和硕士生党支部赴安吉余村考察，农业试验站组织本站退休教职工赴苏州木渎古镇参观，建筑工程学院组织离退休教职工赴梦想小镇、富阳经济技术开发区调研，经济学院组织老同志赴西湖区三墩镇美丽乡村兰里考察，通过实地走访进一步加深老同志对祖国发展、城乡变化、地区建设的感受体悟，加强老同志与当地群众的沟通交流。

认真开展“三服务三助力”活动，促进离退休教职工服务企业、服务群众、服务基层，助力民营企业发展、乡村振兴和社会治理，彰显“银龄”作用。5月17日，为进一步深化校地合作，学校离退休工作处和德清县委老干部局共同组织“浙大 德清老干部‘三服务三助力’”活动，通过实地考察、座谈交流，结合老同志专业业务特长，助力社会经济创新发展。5月30日，组织学校关工委求是宣讲团赴建德市学习交流，实地体察新农村变化，赏十里荷花、观石斛基地，与当地民众座谈交流，发挥农学专家的科研专长，为地区农业技术提升建言献策，在助力新农村建设的同时进一步开阔老同志眼界，努力使广大离退休教职工在思想上、行动上与党中央决策部署高度一致，为时代发展凝聚思想共识。

四、强化正能量发挥，广泛开展宣传教育活动

老同志是党和国家以及学校事业发展的建设者、亲历者，是推进中国特色社会伟大事业的重要力量。在此次调研中，学校高度重视发挥离退休教职工的积极作用，充分释放正能量，鼓励老同志讲好中国故事、弘扬中国精神、传播好中国声音。

（一）充分依托平台作用

进一步深化“乐龄”计划实施工作，坚持将老有所为、老有所乐相结合，挖掘退休教职工人力资源，积极搭建老同志参与学校建设的多样化平台。通过多种途径健全“乐龄”银色人才库。在每月退休人员“迎新会”上，在近30个老同志文体团队中，通过走访慰问、微信公众号、处网站等，对退休人员进行普查，征询参与意向，及时将信息登记入库。畅通老同志与校内用人单位的沟通渠道，组织引导老同志深度参与此次“我看新中国成立70周年新成就”专题调研。在浙江大学老干部工作领导小组统筹协调下，通过积极搭建“乐龄”平台，强化老同志与院级单位及其他部门的沟通联系，为老同志提供深入参与学校日常教学科研工作，助力地方经济社会发展，研究和宣传习近平新时代中国特色社会主义思想，做好自我服务和关心下一代工作的宝贵契机，帮助老同志转变观念、提高自信、挖掘潜能。据统计，目前从事学校相关工作的退休教职工已达300余人。

（二）着力发挥品牌力量

充分发挥老同志政治觉悟高、政治经验丰富的突出作用。一是着力打造“在鲜红的党旗下”学生党建教育活动平台。2019年上半年学校关工委求是宣讲团共开展40多次与青年师生的座谈交流，如举办“铭记抗战艰苦岁月 守望崛起奋斗未来”新中国成立70周年系列座谈会，与学生党支部结对，为向学生党员作报告，给入党积极分子上党课，召开主题党建沙龙等。通过老同志分享亲身经历，畅谈感受体悟，进一步坚定青年理想信念，引导大学生健康成长，让老同志成为助力学校思政教育，实现“立德树人”根本任务的一支重要力量。二是围绕新中国成立70周年，在全校范围内开展以“我和我的祖国”为主题的“读懂中国”活动，广泛动员和组织老教授、老同志及广大青年学生积极参与，着力宣传“五老”在中华人民共和国成立70年来，在国家建设、教育发展中的突出贡献和典型事迹，以教育和启发青年一代立足中华大地，树立爱国情怀，在实现中华民族伟大复兴的征程中建功立业。自3月份部署活动以来，各学院受访“五老”人数96人，参与学生人数497人，提交微视频38个、征文72篇。求是宣讲团共开展40场次与青年师生的座谈交流活动。三是树立榜样力量。为广泛动员老同志参与庆祝新中国成立70周年系列活动，营造共庆祖国华诞、共享祖国荣光的热烈浓厚氛围，3月21日，离退休工作处面向全校离退休教职工及有关单位开展“正能量之星”“正能量活动示范点”评选活动，大力宣传和表彰先进典型，凝聚共识、振奋精神，引导离退休教职工为党和人民的事业、学校“双一流”建设汇智汇力。

五、强化文化熏陶，创新组织系列文体活动

紧紧围绕“我看新中国成立70周年新成就”专题调研，精心组织一批主题鲜明、载体丰富、寓教于乐的文体活动，使广大离退休教职工在潜移默化中升华爱国情感，展示离退休教职工昂扬奋进、蓬勃向上的新时代精神风貌。

（一）讴歌时代发展

充分发挥老年大学、老年体协、老年艺术团等学校老年团队作用，在全校离退休教职工中开展系列主题庆祝活动。离退休工作处组织老同志积极参与庆祝新中国成立70周年摄影作品展、越剧交流会、京剧交流会、浙江大学“求是杯”门球邀请赛以及“我和我的祖国”浙江大学老同志庆祝中华人民共和国成立70周年歌咏会、“新中国成立70周年暨校庆122周年”书画作品展，动物科学院以“清廉动科”为主题举办书法征文活动。通过丰富多彩的文体活动，引导老同志讲亲历故事、谈感受体悟、赞发展成就。

（二）展示银龄风貌

坚持面向老同志，采用老同志喜闻乐见的方式，组织老同志“展示阳光心态，体验美好生活，畅谈发展变化”。6月26日，浙江大学老年合唱团举行“求是情怀 岁月如歌浙大老年合唱团成立20周年座谈会”，回顾建团20年的发展历程，表彰杰出团员，唱响“我和我的祖国”赞歌，用歌声表达对祖国、生活的热爱，表达老同志人老心年轻、积极向上的精神。此外，上半年离退休工作处精心组织了2次老年人趣味运动会，吸引了400多名老同志参与其中，展示了老同志热爱体育、追求健康的精神风貌。积极推进老年大学建设，以“老有所学、老有所乐、老有所为、老有所教”为目标，开设22门丰富生动的教学课程，陶冶老同志情操，丰富老同志晚年生活。充分发挥“银龄”志愿者作用，每月8日组织“银龄”志愿者在学校教工活动中心给退休教职工提供发放工资单、通知单、生活资讯等“一站式”服务。定期组织我校“银龄”志愿者到西湖区求是村等老同志集中居住地开展志愿服务活动，给退休孤寡老人送去慰问和温暖，进一步发挥老同志自我管理、自我服务的积极作用，展现“银龄”互助风采，激励老同志以自身模范行为带动和鼓舞周围群众共同释放正能量。

六、强化主题聚焦，生动开展畅谈建言活动

浙江大学离退休教职工是中华人民共和国成立70周年来光辉历程的见证者、亲历者，也是学校建校122周年来事业发展的建设者、推动者。此次调研

中，学校高度重视收集老同志原汁原味的话语，引导老同志总结70年国家发展特别是学校发展的成功经验，听取老同志助力学校改革、创建中国特色世界一流大学的宝贵意见和建议。

（一）点赞新成就，寄予新希望

在“读懂中国”征文活动中，浙江大学原党委副书记、经济学院离休教授周文骞与前来采访的同学们分享：“我早已不是‘愤青’一族，而已经进入了鲁迅先生所说的‘岂有豪情似旧时，花开花落两由之’的年纪，但我依然有所思、有所梦。第一个美梦是生我养我的祖国真正实现了以人为本的和谐社会，达到民富国强的境界。第二个美梦是我工作了一辈子的浙大早日冲破制度障碍，求真务实地成为世界第一流大学。”

在浙江大学关工委召开的“读懂中国”活动部署会上，浙江大学党委原副书记、校关工委顾问郑造桓在讲话中指出：“‘读懂中国’和‘在鲜红的党旗下’是有机的整体。‘读懂中国’，首先要读懂中国的历史，读懂近现代的心酸历史。”他从1840年鸦片战争讲到1949年中华人民共和国成立的艰苦卓绝的伟大历程，鼓励青年一代“要学习了解历史中值得纪念的事件并深切感悟中国共产党的历史担当和时代使命。同时还要读懂浙大的校史，浙大的校史是中国历史的缩影。要通过这次‘读懂中国’活动，更多地了解国史、校史，有所感悟，有所收获。”

在浙江大学关工委求是宣讲团赴建德市学习参观考察过程中，校关工委顾问、求是宣讲团团长邹先定说：“当前正处于中华民族发展的最好时期，也是广大青年奋斗的最好时代，‘天将降大任于斯人也’，老同志们要拿出‘功成不必在我，功成必定有我’的奉献精神，加强学习，用习近平新时代中国特色社会主义思想武装自己，扎扎实实做好学生思政工作。”

在“不忘初心跟党走 牢记使命再出发——浙江大学玉泉校区离休干部召开庆祝建党98周年座谈会”上，材料科学与工程学院离休教授陈全庆表示：“我的一生经历过战火纷飞的革命年代，也经历了国家建设和改革的大好时光，因为加入了中国共产党，生命变得更加充盈和光辉。我们要向优秀党员张富清同志学习，心里始终装着党和人民，充分彰显共产党人的精神底色。”

在“求是情怀 岁月如歌 浙大老年合唱团成立20周年座谈会”上，老团员彭孝章说：“20年了，我们从彼此陌生，逐步相知相识，到今天的融合与包容。我们用歌声表达对祖国、对生活的热爱，表达我们人老心年轻、积极向上的精神。”

在参观“红船精神万里行”大型图片展过程中，玉泉校区离休党总支委员、离休第五党支部书记金小源说:“今年是中华人民共和国成立70周年,我们是披荆斩棘、风雨同舟走过来的。像我这样从农村出来参加革命的,如果没有党的培养和教育,就没有今天的我。我们的幸福生活来之不易!要感谢党!向革命先烈致敬!”

离休第三党支部书记陈文彬说:“中国共产党从成立初期仅有50多名党员发展到现在近9000万名党员,并带领老百姓从站起来、富起来到强起来,非常了不起!我有信心见证第一个‘一百年’的到来!”

在环境与资源学院退休第二党支部与环境生态研究所博士班党支部结对开展交流和口述历史访谈活动中,农业遥感奠基人王人潮老师结合自己青年时代深入农村,为提高粮食产量出谋划策的经历,深情表示:“青年学生要有理想、有担当,践行国家战略,在国家需要中实现自身的价值。”

在录制“读懂中国”采访视频、撰写采访文章过程中,我国空间结构事业的主要开拓者和奠基人之一董石麟院士结合自己有关空间结构和钢结构的研究,用亲身经历讲述了一个“从无到有,从小到大,从大到强”的科教兴国之路。他鼓励青年学生:“一定要入一行爱一行,只有热爱自己的专业才能喜欢所学的课程,也才能学好课程,打好扎实的基础。不积跬步,无以至千里;不积小流,无以成江海。”

浙江大学原副校长唐锦春教授18岁进入浙大,21岁留校任教。他说:我这一辈子都在浙大,改革开放的影响太大了,浙大是出总工程师的地方。

年近百岁的石善培老先生和同学讲道:“对于一个民族、一个国家来说,德育是教育中最为关键的。”“浙大学子要牢记竺可桢校长的两问:进入浙大做什么?将来成为什么样的人?”老先生希望“年轻一代能心怀祖国,放眼全球。中国还有许多地方需要年轻人去建设”,“青年人只有怀着奉献国家,服务人民的抱负,才能真正成为一个大写的人”。

(二)建言献良策,助力新发展

结合“我看新中国成立70周年新成就”专题调研,环境与资源学院在退休教职工间开展“我为环资发展献良策”活动。退休教师纷纷表示,希望学院始终贯彻落实习近平总书记在全国教育大会上的讲话精神,始终把立德树人作为根本任务、作为检验学院工作的根本标准,将立德树人这个理念融入学生思想道德教育、文化技术教育、社会实践教育等各环节,贯穿于学科建设、教学科研、行政管理等各领域,引导全院教师以德立身、以身施教,为国家培养更多创新型、复合型、应用型人才。

在农业试验站的离退休教职工与青年骨干座谈交流中，农场原场长夏英武回顾了曾经办农场、办农学专业的丰富经历。他表示："搞好农场对教学科研很有用，并不是可有可无的。希望学校领导对农场的建设要给予充分重视，它跟实验室学科建设是紧密联系的。"

此外，部分离退休教职工还就如何更好地满足老同志日益增长的精神和物质文化需求特别是养老需求，如何调动有限的人力资源对数量不断增加的"空巢"老人给予精准关怀和帮助，推进既有住宅增设电梯地方立法工作等主题提出了自己的意见建议。

忆往昔峥嵘岁月，展今日盛世年华，浙江大学离退休教职工们不忘初心、牢记使命，坚持学习，与时俱进。学校着眼共谋高质量新发展，牢牢把握引导广大老同志为党和人民事业增添正能量工作主线，不断强化党组织建设，全力推进正能量活动，不断提高管理服务水平，共同书写好新时代离退休工作的新篇章。

2019年7月

浙江大学离退休工作处赴东北大学、吉林大学学习交流调研报告

张晓亮　朱　征　王剑忠　郭银火

为深入学习领会习近平新时代中国特色社会主义思想和党的十九大精神，认真贯彻落实中央3号文件和教育部党组《实施办法》精神，进一步夯实浙大离退休工作校院两级管理体制，切实做好新形势下离退休干部工作。浙江大学离退休工作处朱征、王剑忠、张晓亮、郭银火等一行4人于2018年4月23—24日赴东北大学和吉林大学进行学习调研。通过调研，我们对这两所大学的离退休管理工作现状有了比较全面的了解，发现其中的工作亮点，并进行了思考与总结。

一、基本情况

截至2018年3月底，东北大学有离退休老同志2910人，其中离休干部95人，党员1438人，47个离退党支部，工作人员13人，设有信息管理科和综合服务科两个科室；吉林大学现有离退休人员6698人(临床医院除外)，其中离休干部280人，党员3071人，89个离退休党支部，工作人员50人，设有行政办公室、离休科、退休科、老年大学和活动室等机构。两所学校均对离退休教职工实行校、院两级服务管理，对离退休党员实行一级管理模式。

二、工作亮点

(1)以“两项建设”为抓手，精心谋划，找准离退休党建工作的有效途径。东北大学和吉林大学均设立了离退休党委，党建工作量大、任务重，不断深化思想政治引领，是加强离退休老同志“两项建设”工作的重中之重。一是加强离退休党委建设，吉林大学通过专项学习、现场讨论、视频资料、个别交流等形式，结合具体工作，先后10余次对系统内党务秘书进行培训，对支部书记进行专项培训3次，召开表彰大会3次，对78名表现突出的先进党务工作者、97名优秀党员进行表彰，提升党务工作者业务水平。二是加强党组织建设，坚持理论学习、组

织生活等制度,为老同志深入学习、互动交流创造条件,研究制定对离退休支部书记和支委的工作补贴标准,保障党建工作经费和活动经费。三是突出个性化管理,针对老同志的年龄、爱好等特点,将学习刊物分类“送学上门”,以老同志喜闻乐见的方式推进学习的开展。四是灵活设置离退休党组织,将数量较少的离休党支部和退休党支部自愿结合,有效解决支委选配难、党支部班子老龄化问题越来越突出、基层党组织活动开展限制因素增多等问题。吉林大学年内完成了25个党支部的换届选举工作,对9个支部书记进行了调整,新成立支部1个,进一步健全和完善了组织建设。

(2)加强离退休干部“两个阵地”建设,不断满足老干部们日益提高的文化养老需求。新形势下,广大离退休干部的需求结构开始发生变化,老同志的思想观念、精神需求、活动方式日趋多样化,对精神文化生活的需求更加强烈。两所高校均高度重视离退休干部活动阵地和学习阵地的建设,一是努力扩大老年大学的招生规模和教学质量。吉林大学老年大学持续推进“文化养老、暖巢圆梦”工程建设,努力吸引更多的老同志到老年大学参加学习,注重教学改革,开设电脑培训班、微信培训班等。二是持续加大硬件设施的投入。吉林大学开展“创建标准化活动中心活动”,组成检查小组对各校区活动中心进行了全面检查。在活动室安装监控摄像头,进行全方位的严密监控,有效防止和抑制了各种安全事故。三是加强协会作用,以学院或兴趣成立老同志协会,离退休工作处加强对协会的工作指导,协助健全组织机构,建立协会章程,完善管理办法,制定年度活动计划等,实行自我管理、自我活动、自我教育、自我服务的模式,充分发挥老同志的优势和能力。四是发挥文化活动展演平台的作用。吉林大学积极开展以“畅谈、建言”为主要内容的为党和人民的事业增添正能量活动,如征文、书画展、摄影作品展等,增强老干部信党、爱党、跟党走的信心和决心。

(3)加强宣传,弘扬正能量传播好声音。激发离退休老同志的政治优势、经验优势、威望优势,多层面聚能发热。一是搭建好“老科协”平台。吉林大学“老科协”已发展会员600余人,积极开展科学研究、科技开发、技术服务和著书立说等科普活动,先后撰写、发表科普文章100余篇,编写出版各类科普作品700余万字,开展科普讲座35场次,取得了显著的社会效益。二是积极发挥自身专业优势,成立监督小组,如财务监督小组等,继续为学校服务、发挥余热。三是注重宣传学习身边涌现出的先进模范。如吉林大学以学习黄大年精神和白求恩精神为主题开展主题党日活动20余次,在校内掀起了学习贯彻习近平总书记重要指示精神和弘扬黄大年精神的高潮,树立了正确的行为导向。

(4)深入探索,提高离退休干部服务质量。重视离退休人员的服务管理工作,坚持"以服务为中心,以稳定为重点,以和谐为根本",为老同志办好事、办实事。一是增强工作人员服务意识。两所高校以完善医保信息为契机,对离退休老同志进行走访,了解老同志的家庭情况、身体情况、生活中所遇到的苦难和思想上遇到的问题,对症下药地做好工作。二是充分保障老同志的基本权益。通过每年校领导定期的情况通报会、各种座谈会、财务预算通报等形式使其享有监督权、知情权和建议权。三是提高精细化服务水平。吉林大学前卫校区设计了离退休职工服务与活动指南,采用活页形式,内含离退休办公室职责、常规性工作安排、各类兴趣小组的微信二维码、每月活动安排等,老同志可以根据自己的需要选择。离退休办公室会根据具体安排发放其他通知,可插入活页本中,起到提醒作用。四是加强工作人员队伍建设,建立一支思想红、作风硬、业务精的工作人员队伍。吉林大学在全校离退休系统中开展了向"全国老干部工作先进个人"宋建辉同志学习活动,收到了非常好的效果,增强了工作人员把"冷板凳"坐成"热事业"、在有作为中求有地位的信心和决心。

三、启迪与思考

通过这次调研,联系东北大学和吉林大学的工作实效,反观浙江大学实际情况,有以下思考:

(1)加强顶层设计,夯实离退休工作校院两级管理体制。党的十九大提出要"认真做好离退休干部工作",在"双一流"建设背景下,用党的十九大精神指导学校"双一流"建设实践,进一步夯实浙大校院两级离退休管理工作。一是以校院两级离退休工作领导小组为工作抓手,发挥离退休工作处职能部门的指导、服务、沟通的纽带作用,明确校院两级离退休工作具体职责,强化校院两个层面的物力和人力保障,努力培育宣传基层单位离退休工作先进典型事迹,在全校营造尊老敬老爱老的良好风尚。二是加强对院级单位退休党支部党建工作的指导、督促和检查作用,把退休党支部建设纳入党建工作规划中,经常开展研究退休党支部工作,并在组织活动场地、经费、学习资料等方面给予支持。同时,配合和指导好院级离退休工作领导小组,抓紧抓实抓好退休党支部建设,充分调动党员参与学校事业发展的积极性,凝聚人心、团结力量。三是依托校院两级管理体制,共同推进关工委工作,多方合力引导老同志发挥余热,将知识与经验用在引导青少年继承和发扬我国和我校文化传统上,多种渠道充分发挥老同志弘扬正能量和智囊团作用。

(2)加强现代化的信息手段在离退休工作中运用。探索运用信息化网络技术等现代化科学手段,为校院两级离退休老同志提供丰富的网络学习资源和信息化交流学习平台。一是完善校院两级联动的我校离退休人员在线数据库平台,开放院级单位权限,覆盖全校加强使用率。通过信息系统积累形成的大数据分析,促使离退休工作更加科学化,信息共享、两级联动,更好地实现分级分类管理。二是在离退休党员中充分利用离退休工作处官方网站、微信公众平台、微信群、QQ群等新媒体平台发布传达中央、省委、学校党建相关信息,拓宽离退休党员学习渠道。

(3)提升保障服务的专业化、精细化水平。不断改进服务管理方式,着眼社会化服务管理的目标,探索建立单位、社会、家庭相结合,各负其责、优势互补工作机制,让老同志通过双重服务管理得到双重关爱。一是加强工作统筹协调,对学校离退休资源重新整合和优化配置,形成学校离退休工作处与学院两级纵横交织的管理层次,加强与院系离退休工作小组的沟通交流,从整体上提高离退休工作管理和服务水平。二是在保障服务的专业化精细化中,根据工作实际,研究制定服务老同志的有效举措,注重发挥家庭在养老中的基础性作用,教育引导家庭成员切实履行应尽义务的同时,进一步整合资源,完善困难帮扶机制,加强人文关怀和精神慰藉,积极加强与外界的联系沟通,寻求与社会、社区等养老机构开展合作,使他们在养生、医疗、康复、精神慰藉等方面享受社会化的养老服务,拓宽我校离退休职工养老养生渠道。三是通过健全党内关怀机制、推进志愿服务,采取重点联系、重点帮扶等措施,给予生活困难的老同志更多关心照顾,让我校老同志老有所养、老有所医、老有所教、老有所学、老有所为,老有所乐。

2018年4月

浙江大学离退休工作处赴西安交通大学、陕西师范大学学习交流调研报告

商 鸿 韩东晖 李 民 华 军

为进一步贯彻落实党的十九大提出的“认真做好离退休干部工作”要求，学习兄弟高校在工作中形成的好的经验做法，2018年5月2—5日，浙江大学离退休工作处调研组赴西安交通大学（以下简称西安交大）、陕西师范大学（以下简称陕西师大）进行学习调研。

一、调研主题

落实中央2016年3号文件情况、校院两级离退休工作管理机制、离退休党建工作、内设机构及工作队伍建设等。

二、基本情况

西安交大分三个校区，有离退休人员4476人，70岁以上人员占53.2%，80岁以上人员占27%。建有离退休党委，辖53个离退休支部，党员1685人。工作人员18人，设有党委办公室、综合事务办公室和离退休事务办公室三个科室。

陕西师大分两个校区，离退休人员1610人（其中离休干部25人），其中党员720人。建有离退休党委，辖36个离退休党支部，正式工作人员编制9人，在岗8人，缺编1人。

两所高校对离退休人员实行校院两级管理，对离退休党员实行一级管理模式。

三、工作亮点

（一）以贯彻落实中央3号文件为抓手，拓展“两项建设”新思路

两所高校面对新时期离退休干部工作新挑战，把进一步加强离退休干部思想建设和党组织建设作为第一要务。为进一步贯彻落实中央3号文件精神，两

所高校都已出台相关实施意见(西交〔2016〕30号文、陕师党发〔2016〕65号文《关于进一步加强和改进离退休干部工作的实施意见》)。

具体做法:

(1)通过离退休党委加强离退休党支部建设,西安交大建立并实施《党委委员联系党支部工作制度》,每月给支部下放《组织生活内容参考》,做到既有计划又有要求。通过实施党支部组织生活"时间固定、质量固定、效果固定",一年不少于6次。

(2)加强党组织理论学习,坚持组织生活制度化,为离退休干部深入学习、互动交流创造有利条件。加强离退休支部书记委员培训,组织参观红色基地,为离退休支部书记和支委发放工作补贴,保障党建工作经费,调动了支部干部的积极性。

(3)以学校特有历史精神为抓手,进一步做好离退休干部党建和思想政治工作.2017年12月以来,习近平总书记对西安交大"西迁精神"先后做出四次重要批示,引起强烈反响。交大组建宣讲团队,汇总梳理西迁精神、西迁群体的相关资料,计划在全体离退休党支部中开展"不忘初心 弘扬西迁精神"的主题教育活动。

(4)拓展党建工作新格局,组织离退休党支部和学生党支部开展结对子活动,充分发挥老党员在大学生思想政治教育、党建方面的作用。西安交大关工委和仲英、启德两个学院党总支进行共建共创学生党支部建设的试点工作,采取联合集中学习、联合过组织生活、联合开展党课教育等形式,交流党建工作经验,提高大学生党建工作水平。

(二)关注"晚年幸福"需求,落实"两项待遇",推进暖心工程和精准服务

两所高校都坚持精细化服务理念,实行分片服务管理,认真落实两项待遇。

(1)政治待遇方面,组织学校工作通报会,邀请老同志参与学校决策,担任学校理论学习和时政报告主讲人。举办离退休党员理论学习,西安交大在党的十九大闭幕后第一时间为1600多名党员购买十九大报告单行本以及新修订的党章,同时给每个支部印发十九大三项决议、党的新一届领导机构产生纪实、十九大报告产生纪实、党的十九大精神学习图册等学习资料。做到学习贯彻党的十九大精神的支部及党员全覆盖。

(2)生活待遇方面,陕西师大为老同志增设了校内生活补贴(900元/月)标准,使老同志收入持续增长,共享学校发展成果,制定了《陕西师范大学离退休

教职工特殊困难补助基金管理办法》，设立了每年50万元的特殊困难补助基金，做到了特困帮扶全覆盖。另外，陕西师大还实施了对老干部住宅楼加装电梯等公共基础设施改造工程。西安交大制定了《关于对空巢、独居、孤寡等特殊离退休人员实施关怀工作的暂行办法》，根据关注度，采取不同的关怀办法。同时组织支部、志愿者、行政组长等加强平时的关注和帮扶，并做好信息反馈，目前有志愿者156人，开展一对一服务，重点帮扶对象40人。西安交大整合学校医疗资源，联同校医院和多家附属医院为重病（急病）离退休人员开通绿色通道，积极联系相关社会医疗和社会化服务机构为老同志提供紧急救助、上门出诊等服务，满足老同志和家庭不同层次的需求。

（3）不断加强文体活动的组织和投入，建设好“活动阵地”。西安交大2017年开展“畅谈十八大以来变化，展望十九大胜利召开”等各类文体活动48场（次），参与人次达9000余人。西安交大规范文体社团建设，完善社团管理制度，现有老年文体团队44个，活跃成员1450人。陕西师大着力打造社团矩阵，构建老年活动体系，组建了老教授协会、老年体协、老年书画协会等7个老年群众团体，制定了《陕西师范大学老年群众团体管理办法》，有近80%的离退休人员参加了群众团体。

（三）加强校、院二级管理，进一步做好离退休人员的管理服务工作

（1）组织架构上，两所高校均实行校院两级管理，同时均设有一级的校级离退休党委。两所高校以离退休党支部为抓手，按照“党委统一领导、离退休处主要负责、二级单位积极协作、全校职能部门主动配合”的模式进行管理。西安交大建立了以离退休党委（处）、二级单位党委为主，53个离退休支部、156名老年服务志愿者、90多名楼宇行政组长、43个老年团体及老同志指定联系人为辅的为老服务体系，统筹各方面力量，构建互助的工作机制。陕西师大成立了由党委书记任组长、分管离退休工作的校领导任副组长，有关职能部门负责人为成员的学校离退休工作领导小组。

（2）离退休活动经费管理，西安交大活动费划拨200元/年到院级单位作为活动经费，年终慰问以实物形式。师大活动费150元/年，教师节、春节由学校发放慰问金。

（四）积极引导老同志发挥作用，激励老同志为党和人民事业增添新能量。

（1）发挥关工委、老年大学等重要平台作用，为老同志不断释放正能量提供支持。2017年西安交大主办“老校友回母校活动”并完成了新一届关工委班子

的换届工作，目前正在落实教育部关工委关于“读懂中国”活动；西安交大支持并推进“思想交大”老年宣讲团发挥作用，持续开展了传承和弘扬“西迁精神”的教育活动，2017年还成立了“传承与创新”老年宣讲团，已经开展6次主题讲座，4场座谈会。陕西师大充分发挥关工委作用，通过编写《长征精神永存》等10个教育专题，先后义务为162所大中小学、部队、企事业单位、青少年管教所作报告300多场，直接听众10余万人。

(2)加强老同志学习阵地和活动阵地建设，两所高校在校领导的支持下目前都有规模较大、设施齐全的老年活动中心，环境好、空间足，中心包括各种文化体育活动场地，老年体协、老年大学和部分团体组织都有独立的办公场所，在硬件上保证了各项活动顺利有序的展开。西安交大共享教工之家。陕西师大老年活动中心面积2600平方米(新校区老年活动室150平方米)。

(3)积极引导离退休老师践行社会主义核心价值观，促进青年师生健康全面发展。西安交大动员和支持离退休同志积极参与学校教学、督导、招生、咨询等相关工作，其中26人参与了本科教学督导工作，参与教学评估与咨询，每年有50人参与本科生招生宣传工作，对扩大学校影响、提高生源质量发挥了积极作用。组建了老年支援服务队，目前有老同志志愿者156人，他们对老同志开展一对一的帮助和关怀，已服务高龄困难老同志400余人，重点结对帮扶40人。成立了23名离退休老同志组成的校园与社区文明督导队，监督检查校园和家属区环境卫生状况，及时向有关部门提交问题清单和该进意见。陕西师大把鼓励离退休老同志“施展才华、多出精品、以文化人”纳入学校文化建设，学校坚持10年组织老同志用毛笔为新生书写录取通知书，被誉为“最值得珍藏录取通知书”，在全国引发良好反响，被《人民日报》《中国教育报》予以专题报道。师大老教授协会专门成立心理咨询中心，长期在大学生中开展心理健康教育和职业心理教育。

四、启迪与思考

联系西安交大学和陕西师大的离退休工作实务，这次调研给予我们启迪与思考有以下几点。

(一) 要夯实校院两级管理模式

在学校“双一流”建设的背景下，要进一步在原有基础上理顺关系，夯实离退休工作校院级两级管理体制。

(1)要明确校院两级离退休工作职责，优化和完善校院两个层面人力资源配置和经费保障，做到离退休工作处、原单位和学校其他相关职能部门的联动工作机制，逐步形成“校党委统一领导，离退休工作处和原单位主要负责，全校职能部门主动配合”的离退休人员服务管理工作格局。建立校院两级单位离退休工作考核制度，定期举办院级离退休工作座谈会，促进各院级单位之间的交流，要加强典型事迹宣传力度，在全校营造尊老敬老的良好氛围。

(2)要加强对二级单位退休党支部的指导和督促，把退休党支部建设纳入学校党建工作规划中，引导离退休党支部认真落实“三会一课”、组织生活会、主题当日活动等制度，让退休党支部在构建健康向上、稳定和谐的离退休群体中发挥政治核心和先锋模范作用。

(3)要充分发挥和强化老年大学、老年体协、老年文体团队的自我管理、自我服务功能，改变目前包办过多、介入过深的现象。

（二）要强调精准服务理念，全面做好老同志服务管理工作

(1)积极开展离退休老同志身体状况、生活状况、发挥作用等调研，做到基数清、情况明、分类细、服务全。加强信息征集，做好基础信息共享，主动做好慰问、帮扶，对身患重病、高龄、失能、失独、孤寡、“空巢”等特殊群体通过开展党内关怀、走访慰问等形式帮助他们解决实际困难，把学校、部门的深切关怀转化为具体的实际行动。

(2)政治待遇方面，定期组织学校情况通报会、座谈会和参观考察活动，做好离休干部政治学习资料的发放工作，做好重要纪念日的慰问工作，增强老同志的“四个意识”。

(3)生活待遇方面，要确保离退休人员工资的及时调整，各类补贴的按时发放。重点要关注特殊群体，做好爱心基金离退休专项基金的申请发放工作，进一步扩大爱心基金的覆盖面。

4.关注居家养老、医养结合等老同志关注的重点问题，主动及时了解省市出台的养老政策及服务信息，想方设法畅通渠道将政府公共服务、社会优待服务和市场化服务有关政策待遇落地，更好地满足离退休人员养老服务需求。

5.积极强化老同志集中居住区域所在社区的联系。

（三）要丰富平台建设内涵，发挥优势突出特色，激励老同志增添正能量。

要积极引导我校离退休老同志在践行社会主义核心价值观、弘扬中华民族传统美德等领域发挥重要作用。

(1)注重深入挖掘老教授老专家的资源优势，为学校“双一流”建设、地方经

济社会建设发挥积极作用。

(2)坚持以校老年学院、老年体协和文体团队为依托,加强老同志学习阵地和活动阵地建设,按照布局合理、规模适当的原则,加强基础设施和功能拓展建设,建设适合老同志活动的场所。着力打造社团矩阵,构建老年活动体系,提高离退休人员参与度,发挥我校老年群体在学校各项活动中的展示作用。

(3)着力打造重点品牌,发挥校关工委的示范作用,为老同志不断释放正能量提供支持,进一步加强与学校团委、学生会和学园等相关部门及校外单位的沟通联络,结合"党史、国情、校情",传递正能量,扩大学校社会影响力,提升品牌活动的美誉度,进一步落实"银龄人才"计划。

(四)要利用新技术、新媒体打造立体宣传阵地

(1)要完善学校离退休数据库校院两级联动机制,优化权限设置,提高数据使用率,通过信息系统累计形成的大数据分析,促进校院两级离退休工作高效科学,基础数据的共享和管理也是校院二级管理的优势体现。

(2)继续丰富离退休工作处门户网站、微信公众号、微信群、QQ群等平台内容,进一步激发老同志学习信息化手段的热情,提高老同志的操作能力,为老同志开展学习教育、丰富文化生活提供便利。要充分运用各类新媒体和老干部工作媒介,及时报道活动动态,发现和宣传活动中涌现的离退休老同志先进典型,不断激发广大老同志参与正能量活动的内生动力,放大老同志增添正能量的社会效应,形成良好的舆论氛围。

2018年5月

浙江大学离退休工作处赴武汉大学、中南大学学习交流调研报告

樊　婷　徐国斌　成光林　俞文胜　薛　冰　刘雪漪

为深入学习领会习近平新时代中国特色社会主义思想和贯彻落实中央2016年3号文件精神和党的十九大提出的“认真做好离退休干部工作”指示精神，浙江大学离退休工作处一行6人于2018年5月17—19日赴武汉大学、中南大学进行学习调研，就多校合并高校的离退休工作模式、完善离退休党建工作机制、有效降低涉老活动中的安全隐患、如何建设高素质有活力的工作人员队伍、更好地提供精准化服务管理等问题进行深入交流座谈。通过对两所高校深入细致的调研，探究其中的亮点和经验，并结合浙江大学“双一流”建设背景中离退休工作的标准与实际，归纳思考后现总结汇报如下。

一、两校基本情况

截至2017年底，中南大学工作人员编制24人，校财政列支离退休人员4821人，其中离休101人。全校共有离退休党员3023名。铁道、湘雅和校本部三个校区建成了3个总建筑面积达6000多平方米各项功能齐全的综合型老年活动中心，老年大学设立3个分校，每年开设30个教学班，招收学员近2000人。

武汉大学离退休工作处共有28名在编工作人员，其中处级人员4名，正科人员5名，副科人员6名，现设处综合办、一区（文理学部）、二区（工学部）、三区（信息学部）、四区办公室（医学部）。离退休人员有近7000人，其中离休人员147人。现老年大学正开设有70多个班级，老年活动中心面积共约5300平方米。

二、经验和工作亮点

（一）夯实校院两级管理，强化二级管理职能

中南大学和武汉大学均实行校、院二级管理，离退休工作处宏观管理、指导和协调，退休人员的服务管理工作以二级单位为主。两所大学均已出台贯彻落

实中央3号文件的实施细则，武汉大学还将二级单位的离退休工作落实情况纳入班子考核体系。

武汉大学离退休工作处层面负责老同志骨干的慰问和春秋游等工作，二级单位负责老同志重大节日慰问、组织春秋游、福利发放等具体工作，离退休工作处制定相关工作要求，降低潜在风险。中南大学离退休工作处也只组织离休干部和退休校领导等骨干人员的春秋游活动。

（二）多元化表彰评估体系，全方位激发老同志积极性

武汉大学每两年组织评选“十佳老人”“先进老年协会”“优秀老年协会会长”，由退休党支部、老年协会自主申报，二级单位党委讨论同意后上报评选名单，并由老年协会、关工委、老年大学等相关负责人参与评选。每4～5年组织评选“百名风范长者”，激励表彰某一领域优秀的老同志。老年大学每年表彰“先进班集体”“优秀教师”“优秀工作者”。针对这些奖项召开表彰大会，邀请校领导为获奖老同志颁发荣誉证书和奖杯，并利用宣传板报、橱窗、报纸、网络媒体等途径宣传评奖评优结果，极大增强老同志的积极性和归属感，鼓励他们老有所学、老有所乐、老有所为。

（三）借助各类新媒体路径，打造八位一体信息化平台

随着越来越多的老同志借助新媒体享受全新生活方式，打造“互联网＋离退休工作”成为大势所趋。中南大学于2013年起陆续打造了包括离退休网站、老同志博客、一键通手机、微信公众号（手机报）、信息服务站、短信平台、通信联群、志愿者服务系统在内的八位一体信息化平台。通过八位一体信息平台极大提升为老服务质量，创新离退休工作方式，促进老少互动和老少互帮。

（四）注重精准需求与服务，打造新老品牌活动

老年节送祝福活动是中南大学的传统活动。每年老年节都举办钻石婚、金婚伉俪送祝福暨老年人文艺会演，校领导为钻石婚金婚伉俪送上祝福，颁发牌匾、证书和祝贺金。各校区也常年开展征文、摄影、书画等文化艺术活动，让广大老同志尽享晚年乐趣。从2013年起，中南大学离退休处工作人员利用暑期，分期分批赴外地多个城市，看望慰问长期居住异地的离退休老同志，送学送慰问，并带回他们对学校和离退休工作的建议。异地慰问活动常常让老同志感动得热泪盈眶，深受老同志欢迎。

三、启迪与思考

（一）做实离退休工作二级管理

通过调研兄弟院校离退休工作机制和结合浙江大学离退休工作具体实际，加快推进离退休工作二级管理势在必行。浙江大学离退休工作处应借鉴兄弟高校的管理服务模式，着重抓好骨干核心工作，将事务性工作和精细化服务循序渐进转移并落实在二级学院，从而加强力量创建我们自己的工作品牌特色。在推进二级管理过程中，要明确好校院两级管理的各自具体职责和可行的实施方案，耐心解释引导，并充分发挥退休骨干的沟通联络作用。通过对二级学院的表彰激励措施和将二级单位离退休工作落实成效纳入院级领导述职述廉打分指标体系，从而促进二级学院管理服务的积极性。

（二）推进机构改革和统一校区管理

机构调整改革要以稳定为前提，在稳定的基础上让老同志老有所为，发挥老同志正能量。浙江大学现有以老同志居住地为基础的分校区管理模式，在为老同志就近服务和开展活动带来便利时，也存在校区管理差异化问题。在稳定和保障老同志基本服务和福利前提下，在处层面设定各项常规服务和管理的统一标准，并在此基础上设定年度考核体系，淡化校区管理概念，统一管理服务流程与细则，增加老同志自主选择服务地点权利，并在校区选择时要明确选择时间节点、选择标准、变更事由等。在目前紫金港服务点工作人员轮值的基础上，进一步做实服务，明确具体职责与可办业务细则流程。各校区职能重构定位和统一管理过程中，要充分借用学校离退休工作领导小组中各相关职能部门之力。机构改革推进和校区统一化管理方案一旦实施，开弓就没有回头箭，要思想统一、同心协力，保质保量地完成改革的目标与任务，共同助力我校“双一流”建设。

（三）开创信息化建设新路径

信息化数据库由于涉及内容广泛、指标众多、采集信息精准率不够，离退休人员数据库需要不断完善。为保障老同志信息安全，也为了将老同志基本信息和活动动态及时在线体现，建议创建浙江大学单独的在线数据库系统，并可以参考我校人事处人员管理系统，在人事处信息管理系统上延续开发子系统，在职与离退休人员信息数据直接关联并实现在线自动转换。

(四)建立多元评优表彰体系

要学习借鉴武汉大学树典型、立标杆的多元化评优表彰体系,从各方位激励老同志和工作人员的热情度与认同感。离退休工作处可结合浙江大学关工委、老年学院、老年体协、老年合唱团等各条线上工作,设定相应的表现优异的老同志和工作人员的成果奖、作风奖、服务奖等,确定奖项评选标准、条件、流程等,给予获奖者物质和精神奖励,并充分发挥二级学院在评选过程中的作用。

2018年5月

浙江大学离退休工作处赴重庆大学、四川大学学习交流调研报告

陈会贤　杨友鹏　韩东晖　李　民　郦　平

为深入学习领会习近平新时代中国特色社会主义思想和党的十九大精神，认真贯彻落实中央2016年3号文件精神和全国老干部局长会议精神，进一步做好新形势下我校离退休工作，夯实校院离退休工作二级管理机制，创新工作思路，改进工作方法，提升工作水平，2019年5月6—9日，浙江大学离退休工作处一行5人专程赴重庆大学和四川大学进行调研。

调研组针对“三项建设”情况、信息化建设情况、离退休教职工管理服务情况、发挥老同志正能量的具体做法和特色经验、关工委、老年大学、老年文体团队及活动中心建设等情况与川渝两所高校进行座谈。

一、基本情况

截至2019年4月底，重庆大学离退休人员4260余人，其中离休干部43人，80岁以上人员1100多人，90岁以上139人，100岁以上1人。离退休党委共有离退休支部38个，离休支部2个，工作人员18人，设有党委办公室、行政办公室和离休办公室三个科室和四个校区办公点。

四川大学离退休人员8180余人，其中离休干部133人，80岁以上人员2220余人，90岁以上220余人，四川大学老干部党总支现有8个党支部，其中离休党支部5个，在职、退休党支部3个，工作人员21人。设有设望江东区、望江西区、华西校区三个办公点和老年活动中心。

两所高校对离退休人员都实行校院二级管理，对离休党员实行一级管理模式（其中四川大学将退休校级人员纳入一级管理）。

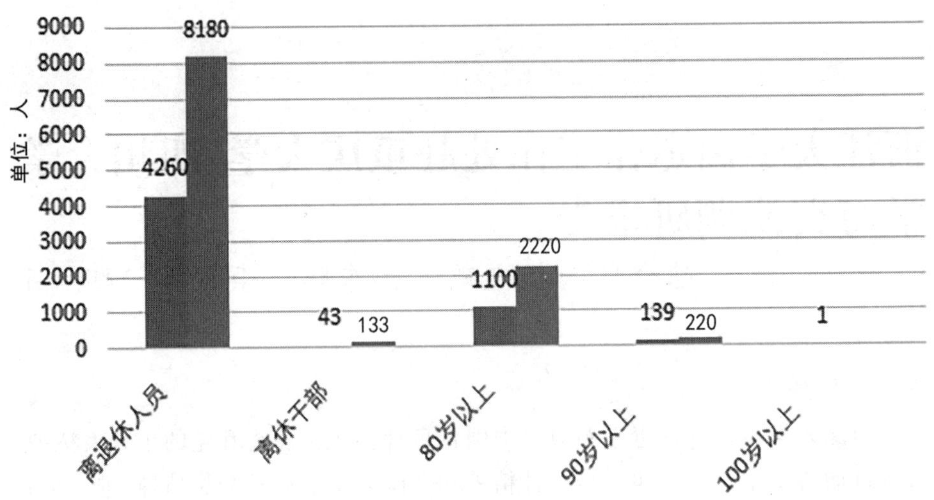

二、特色做法和工作亮点

(一) 以中央2016年3号文件为着力点，拓展"三项建设"新意涵

重庆大学和四川大学为进一步贯彻落实3号文件精神，两所高校都已出台相关实施意见(重大委〔2017〕1号、川大委〔2017〕46号)。两所高校面对新时期离退休干部工作新挑战，把进一步加强离退休干部思想政治建设和党组织建设作为第一要务。

(1)提升"三项建设"的内涵式发展。重庆大学在离退休党建工作中，落实"五强化"原则，即强化党的组织设置合理性，强化支部组织建设，强化党支部班子建设，强化组织关系的归属感，强化组织制度长效性建设。四川大学每月8—9日召开离休党总支扩大会，传达学校精神与党的方针政策；每个支部根据总支会议精神，次日进行学习传达。

(2)完善"三项建设"的运行机制。重庆大学着力在"五机制"上动头脑，形成并完善了"一级抓一级，层层抓落实"的运行机制，即教育引领机制、经费保障机制、基地考评机制、作用发挥机制、责任联动机制。四川大学针对离休干部年老体弱的现状，每学期整理汇总学习资料，送学上门给行动不方便的老党员，由在职人员协助离休支部开展活动。

(3)落实"三项建设"的奖惩机制。重庆大学紧紧围绕"三项建设"，制定了"三突出"准则，进行考核，即突出政治学习和思想教育的引领，突出纪律法规教育，突出先进典型，并在此基础上，进行优秀党员、文明老人、文明家庭和优秀小组长的评选工作。四川大学党委对二级单位基层党建的考核专门设置老干部工作开展情况，考核结果与绩效挂钩，今年的“我和我的祖国”已经纳入学校的党建考评，学校给予老干部工作很大支持。

（二）以精准服务为落脚点，落实“两项待遇”

两所高校都坚持精细化服务理念，实行书记、校长双责任制，按照片区服务管理的理念，认真落实“两项待遇”。

(1)确保政治待遇到位。两校每年由校领导亲自主持学校工作通报会和新退休人员欢迎会，邀请老同志代表参与学校决策，吸纳老同志好的意见和建议。向老党员发放最新学习资料，每年做到及时传达“两会”精神，确保老党员与国家的大政方针同频共振。为此，重庆大学制定了“三明确”的工作细则，分别为明确主体，由学校离退休工作小组牵头引领，离退休工作处和二级单位同向发力；明确工作保障，包括人员经费和生活保障；明确工作实效，及时了解情况。四川大学老干部党总支以多样化的形式，确保老同志的政治待遇落地、落细、落实。

(2)确保生活待遇到位。两校均坚持节假日探望走访老同志，确保老同志生活待遇到位。重庆大学通过给二级单位划拨专项预算，为二级单位慰问老同志提供物质支撑，设置重大医疗帮困基金，以5年为周期，确保老同志遇到重大变故时能感受到学校与组织的温暖，充分考量老同志生活所需，开展老小区住宅楼加装电梯等公共基础设施改造工程。四川大学设立帮困基金，每人每年缴纳60元，给予生病、住院、重大疾病人员200元、500元、1000元的慰问经费。在福利费中设置70岁、75岁、80岁、90岁、100岁人员生日费，发放到工资中。

体协、老年大学、老年艺术团为依托，以3个活动中心、7个活动点为载体，构建老同志活动立体化格局，实现人员覆盖最大化和功能最优化。截至2018年底实现了对全校离退休人员的覆盖70%以上。四川大学建立关工委、老年体协、老年大学、老年艺术团、新四军研究会5个老年工作平台，每个平台每年划拨专项经费4万元，充分释放老同志文体活动的潜能。

（三）以二级管理为切入点，凝练队伍建设

在中国特色社会主义进入新时代和老龄化现象日益加剧的新形势下，两校积极运作离退休工作二级管理，提高了管理服务质量和实效，营造了全校都来关心照顾老同志的浓厚氛围，形成了学校上下齐抓共管的良好局面。

(1)完善二级管理的顶层设计。两校均实行离退休工作二级管理，按照“党委统一领导，离退休处主要负责，二级单位积极协作，全校职能部门主动配合”的模式进行管理。重庆大学坚持分管书记、校长双领导制。四川大学深入推行二级管理，在校级层面设立离退休工作委员会，在基层单位设立离退休工作小组，确保离退休工作事事有规划，件件有落实。

(2)制定二级管理的考核机制。四川大学制定川大委〔2017〕46号文件，对二级单位实行奖励绩效，进行考核。每学期开展1次针对二级单位联络员的培训班；并将培训纳入考核，与绩效挂钩。实奖励绩效行2年以来，成效显著。

(3)推进离退休工作的信息化建设。重庆大学按照“大平台、小应用”的思路，开发离退休人员数据库，所有二级单位均可登录查询，并及时对部分信息进行完善。现正研讨未来在职人员有电子工作证，退休人员有电子退休证的新方案和办公系统OA自动化。

(4)凝练离退休工作队伍建设。四川大学通过两项举措扎牢制度建设的篱笆。每月开展一次“今天我来讲”专题讲座，由工作人员轮流担任主讲，结合个人成长经历和学习心得来阐发，至今已开展了15期；每月第1个星期一开展团队建设，学习八段锦等健康养生锻炼活动。通过两项举措，凝聚了士气，磨炼了队伍。

（四）以老年群团为结合点，增添新能量

发挥高校离退休干部的政治优势、经验优势、威望优势和专业优势，充分凝聚和释放正能量，影响和带动周围群众坚定不移跟党走，传递向上向善的精神力量，是高校离退休工作的重要社会责任和使命担当。

1.充分发挥老年群团的支撑作用

重庆大学紧紧抓住关工委、老年体协、老年大学、老年艺术团等老年群团，有序开展活动，目前各群体正在落实教育部关工委关于“我和我的祖国”活动。四川大学以关工委、老年体协、老年大学、老年艺术团、新四军研究会为载体，持续打造“五个平台”阵地建设。

(1)关工委：重庆大学有30个二级关工委，工作骨干300余人，参加关工委活动的离退休老同志700余人，建立了特邀党建组织员、教学督导员和学生社团辅导员“三员”工作队伍，制定有关工委工作条例等工作制度，学校单独划拨经费，现任关工委主任的是校党委原副书记、纪委书记，重庆市第一、二、三届政协委员姚木远同志。校关工委每年工作要点由学校党委转发，坚持每月召开主任办公会，工作有重点，不定期进行检查，年末进行工作总结。校级制定有工作

条例、会议制度、宣传工作制度、学习培训和评比表彰制度、秘书处工作制度、财务管理和档案管理等规定，以及《重庆大学关工委特困优秀学生奖学金评审条例》。对二级关工委制定有《重庆大学二级关工委工作制度》和《重庆大学二级关工委工作考核评分标准》，每年进行工作考核。学校关工委每年召开干部培训会2～3次，通过学习培训提高队伍素质。浙大关工委建有重庆大学关工委校园宣传网页。长期坚持办专栏、出简报，通过学校新闻网和广播电视新闻中心对关工委工作进行报道，及时向上级关工委报送工作信息简报。

四川大学关工委成立于1991年10月，各学院、直属单位党委（总支）都成立了二级关工委，现四川大学关工委由在职和离退休老同志共50人组成，现校关工委主任由党委常务副书记罗中枢担任，副主任由在职的3位校领导和4位退休校领导担任，40个二级关工委的主任由基层党委（总支）或行政现职领导担任，至少有1位离退休老同志担任副主任，共有委员497人。校关工委还设有6个指导部，有成员近80人。形成了由党政领导为主导、以离退休老同志为主体的近800人的骨干队伍和近2000人参与的工作队伍。先后多次获得中央精神文明办、中国关工委、教育部关工委、四川省关工委、四川省教育厅关工委授予的先进集体荣誉称号。关工委下设秘书处和关工委办公室。关工委办公室有1位正科职人员主要负责处理关工委工作的日常事务，沟通协调，宣传、报道等工作。每年关工委工作也会纳入学校的党建考评。今年3月份举行2017—2018年度离退休工作、关工委工作先进表彰大会。2018年关工委在参加教育部关工委"读懂中国"活动中，共收到视频22个，征文52篇，向教育部推荐3个优秀视频、5篇优秀征文。《对话泰斗 心向未来——访四川大学华西临床医学院欧阳钦教授》入选中国教育电视台。

（2）老年大学：重庆大学老年大学开办于2001年，坚持办学18年，共有5500余人次离退休老同志参加了学习。现开设声乐、舞蹈、葫芦丝、模特、国画山水（基础）、国画花鸟（基础）、国画创作、瑜伽、书法、古埙、营养学等12门课程，19个学习班级。

每个班级设有班长，本校学员占90%左右，学费的收取依据党政联席会议纪要，费用平均到每位学员，本校人员离退休处给予1/3的学费补贴，费用为40～100元不等，老年大学经费主要由学校筹集，纳入离退休公用经费预算，学员交纳学费作为补充，接受社会捐资助学。老年大学现在可以进行网上报名选课，进行扫码网上缴费。规章制度较完善有《重庆大学老年大学章程（试行）》《重庆大学老年大学学员个人安全文明公约》《重庆大学老年大学更衣室管理规定》《重庆大学老年大学班级微信群使用规定》等。

四川大学老年大学办得有声有色，深受学校和社区老同志喜爱，招生人数全年达6000余人次。老年大学设立总校、一分校、二分校和三分校，总校的校长由分管校领导担任，分校校长由已经退休的校领导担任，各校区主管的处领导担任分校副校长，对老年大学工作进行指导管理。在课堂要发挥正能量作用，不能进行传销等活动。费用自收自支，相关人员做好台账工作。给予每个分校4万元活动经费。

2. 注重文化品牌的塑造与宣传

重庆大学搭建了“三个平台”，从不同层面把“六个老有”作为贯穿主线，“乐”“为”并举。分别是每年上半年的“老年之春”和下半年的“金秋重阳”活动平台；老年群团自身活动平台，其中诗书画院每年出版一本画集。四川大学充分发挥现有优势，内外联动、上下互通，成功地推出了“四大文化品牌”，业已成为川大响亮的文化招牌之一，分别为每学期出版一本《秋实》专刊报道学校离退休工作的开展情况；编定汇总老同志回忆文集《濯锦录》（濯锦，为成都一带所产的织锦），并列为学校校园文化系列之一，追忆学术大师和杰出人士，目前已出版5本；《为霞尚满天》为老年文艺会演的精彩剪影，用图文并茂的形式呈现了“莫道桑榆晚，微霞尚满天”的理念；刻录《川大记忆》VCD，记录下长者的谆谆教诲和人生感悟。

3. 在老年群团活动中增添新元素

重庆大学顺应老龄化时代的发展趋势，主动作为，引导老同志转变养老思维模式，通过实地走访和互相评比，在“老年之春”活动中，向老同志集中推荐优质养老机构。数年下来，给老同志及其子女以更多的选择性，打破了居家养老的惯常思维，实现了养老模式的多元化。与此同时，不断创新，今年成功推出了老年手机下载K歌App，老同志可以将自己的好声音、好嗓门上传网络，由其他人员在线投票，收到了良好的反响。四川大学也尝试在条件成熟的老年群团中设立党支部，增强老同志之间的联结和纽带。

三、启迪与思考

通过这次调研，联系重庆大学和四川大学的离退休工作实务，见贤思齐，对标学习，结合浙江大学实际情况，主要有四点思考。

（一）要夯实校院齐抓共管二级管理模式

尽管浙江大学的二级管理已经取得了一定的成效，但是浙江大学仍然要注意到自身与兄弟高校的差距，取其精华，完善学校的二级管理运行机制。

(1)完善离退休工作“十个一”目标，建立二级管理的考核机制和督查机制。通过对川渝两校的调研，发现他们工作的卓有成效，建立在完善的考核运营机制的基础之上。为此，要制定明确的考核规章制度，对于二级单位的离退休工作开展情况，定期进行专业化考核，以督促更好地实施离退休的各项举措。

(2)开展二级单位离退休工作联络员培训工作。每年或每学期开设专门的二级单位离退休工作联络员培训班，宣讲党和国家最新离退休工作政策，提升其业务水平。

（二）要深化精准服务理念，提升离退休工作水准

(1)提升精准服务的理念。高校的离退休工作，不同于其他部门，既需要大刀阔斧的改革，又需要心思细腻的绣花针功夫。老同志的情况各异，就要求我们做到精准服务。

(2)把牢精准服务的方向。精准服务，不是大包干，而是要在离退休工作处、二级单位、党支部、退管会、片区小组等现有形式的基础上，形成一个周密的服务网络，确保老同志情况得到第一时间的传达和反馈。同时，对老同志群体要给予差异化的服务，尤其是对于遇到重大家庭变故和身患重大疾病的老同志，更应及时慰问和帮扶，让老同志的晚年舒心愉悦。

（三）老年群团建设要品牌化、内涵化，激发老同志正能量

(1)要整合现有的老年群团，在关工委、老年体协、老年大学、老年文艺团队的纵向格局的基础上，平行整合已有资源，提高老年群团的纳新功能，形成一批有影响力的老年活动品牌。

(2)注重挖掘、整理老干部、老教授、老专家、老领导的资源，形成文字版的资料汇编，为学校“双一流”建设、地方经济社会建设发挥积极作用。

（四）要充分利用新媒体、大数据等技术，形成立体式宣传矩阵

离退休工作不仅要做得好，还要说得出，尤其是在网络迅猛发展的当下，谁掌握了新媒体资源，谁就占领了舆论工作的高地。

(1)要打造一支骨干队伍，学懂弄通最新的新媒体技术和语言，整合离退休工作处网站、微信公众号、微信群、QQ群等网络平台，传播浙大老同志好故事、

好声音。

(2)要丰富离退休人员信息资料。在条件允许的情况下,增加老同志图片、视频影像等,形成如朋友圈、QQ空间一样的图文并茂的素材,并进一步优化权限设置,提高信息使用率。

(3)推进大数据处理离退休各项数据的工作。在资源共享的基础上,实现移动数据段的资源即时查询。共享和管理也是校院二级管理的优势体现。

(4)在老同志中大力普及智能手机功能的使用工作,形成人人会用手机的新格局,实现离退休工作的指端服务。

四、调研体会

带队处领导非常重视此次调研活动,打电话与两所高校离退休负责人联系落实有关事宜,并指导制定了《调研手册》,内容包括川渝两所高校离退休工作基本情况、浙江大学离退休工作情况和调研工作方案等,并提出了具体分工和工作要求。在调研期间,调研组成员及时对学习考察活动进行总结。大家表示,这次交流学习受益匪浅,看到了差距,找到了短板,发现了不足。今后要努力对标兄弟高校的先进模式,学习好的经验做法,结合学校的实际情况,调整步调,瞄准靶向,因地制宜地推进离退休工作创新融合发展,为学校的“双一流”建设加油助力。

2019年5月

浙江大学离退休工作处赴中山大学、华南理工大学学习交流调研报告

柴　斐　王剑忠　成光林　应丽萍　张亚群

为深入学习领会习近平新时代中国特色社会主义思想和党的十九大精神，认真贯彻落实《关于进一步加强和改进离退休干部工作的意见》(中办发〔2016〕3号)和《中共浙江大学委员会 浙江大学关于进一步加强和改进离退休工作的意见》(党委发〔2018〕(7)号)文件精神，全面加强和改进新形势下浙大离退休工作，充分发挥职能部门的积极作用，2019年5月14—17日，浙江大学离退休工作处一行5人赴中山大学、华南理工大学进行学习交流。通过对两所高校深入细致的调研，探究其特色做法和工作亮点，结合浙大工作实际进行了归纳思考。

一、基本情况

中山大学由广州校区、珠海校区、深圳校区三个校区、五个校园组成，其中，离退休老同志集中在广州校区(南校园2642人，占比例73%;北校园998人，占比例27%)。目前离退休人员3640人(其中离休干部75人)，党员1300余名，党支部52个(其中2个离休党支部)，在编工作人员12人(其中处级干部5人，科级及以下7人)。机关部处综合改革后，离退休党工委下设5个支部(2个离休党支部、2个本处退休党支部、1个在职党支部)。

华南理工大学由五山校区、大学城校区、广州国际校区三个校区组成，其中，离退休老同志集中在五山校区。目前离退休老同志有3340人(其中离休干部51人)，党员1126人，党支部76个(其中1个离休党支部)，在编工作人员11人(其中处级干部6人，科级及以下5人)。华南理工大学离退休工作的管理架构如图1。

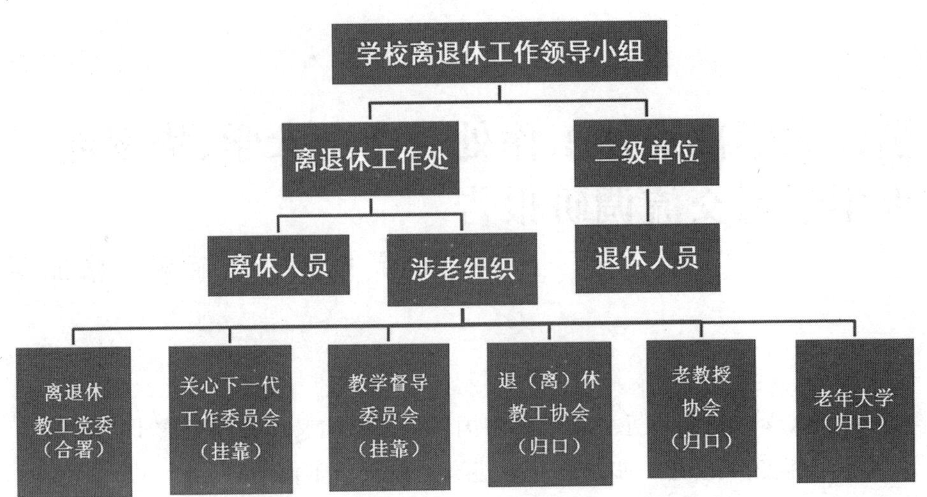

图1 华南理工大学离退休工作的管理架构

二、特色做法和工作亮点

（一）学校领导高度重视，支撑保障有力

华南理工大学校领导高度重视离退休工作，在组织建设、制度建设、阵地资源、经费支持等方面提供了有力支撑保障。

调整离退休工作领导小组，由学校党委书记、校长任双组长，分管离退休工作的校领导任常务副组长，分管人事工作的校领导任副组长，成员由组织、人事、财务、党办、校办、离退休、校医院等相关部门单位负责人组成，统筹全校离退休工作。每年至少召开1次工作会议。

2017年出台《华南理工大学关于进一步加强和改进离退休工作的实施意见》和《华南理工大学离退休教职工校院（处、所）两级管理实施细则》，对领导小组各成员单位和各二级单位的职责做了明确规定。

加强离退休党务工作力量。2017年学校为离退休教工党委配备1名专职副书记、2名副处级组织员。离退休处中层干部由3位增加为6位。

2017年，学校自筹近8000万元发放离退休人员相关补贴，为退休人员发放大病医疗补助128.52万元。

有专门的教学、活动阵地，建筑面积达5500平方米，与校工会共享共建，由校工会负责管理和维护，保障老年大学、退（离）休教工协会等老年组织在活动中心的场地使用。

（二）实施校院两级管理，职责明确、分工配合

中山大学离退休处以2018年机关部处综合改革为契机，积极落实离退休人员校院两级管理制度，现阶段正处于大力推进转型期。其中离休干部由学校直管，退休党支部、党员由二级单位管理。

中山大学退休人员各项经费分配如下：活动费共计250元/人，其中50元/人留在学校用于组织公共活动，其余200元/人下放到二级单位；福利费共计600元/人，全部下放到二级单位。学校层面不再组织外出活动，去世、慰问、听取意见等具体事务性工作由二级单位负责。

华南理工大学2017年10月出台《华南理工大学离退休教职工院校（处、所）两级管理实施细则》，明确了校院两级职责。其中离休干部学校直管；设立离退休教工党委，退休党员的党建工作学校负责。

华南理工大学退休人员各项经费分配如下：活动费200元/人，全部留在学校组织公共活动；福利费1400元/人，其中200元/人下放到二级单位、400元/人下放到二级分会，250元/人用于体检，剩余550元/人留在学校统筹使用，用于各个涉老组织的骨干慰问、党员慰问、困难及病人补助等。与中山大学一致，学校层面不再组织外出活动，去世、慰问、听取意见等具体工作由二级单位负责。

（三）以关心下一代委员会、退休教工协会、老教授协会等涉老组织为有力抓手，引导老同志凝聚和释放正能量

中山大学关心下一代委员会是在学校党委领导下，以现职党政领导为主导，提出工作任务，以老同志为工作主体，开展工作。在实际工作中，凝练出四大特色品牌，形成长效工作机制。一是助力“青马工程”，配合做好马克思主义理论研修班的学生辅导工作，多形式参与学生活动，帮助更多大学生骨干成长为当代青年马克思主义者；二是实施“逸仙领航”计划，倡导老同志与学生结对，效果较好；三是长期开展“名家名师讲好中大故事”；四是注重“党建宣传”，动员更多党务工作经验丰富的老党员充实到学校特邀党建组织员队伍中，助力学校党建工作。

华南理工大学涉老组织包含关心下一代委员会、老教授协会、退（离）休教工协会、教学督导委员会等，各协会制度健全、规模较大，均具有一定影响力。

关工委成立于1992年7月，日常工作经费30余万元/年，主要用于发放老同志工作补贴、下拨到二级关工委、工作项目支持等三大用途，缺口部分由处行政经费补贴。关工委联合老教授协会、教学督导委员会，拓宽思路，搭建平台，开

展了丰富多彩、卓有成效的关爱工作。一是参与大学生党建，与学生党支部结对，深入教育；二是助力“青蓝工程”，充分发挥教学督导作用；三是不定期开展“主题教育”；四是成立“名师报告团”，由学校老领导（3人）、院士（3人）、老教授、老干部、在职教授和知名校友（10人）组成的育人队伍，目前有45人。多次被中国关工委、教育部关工委、广东省关工委、省教育系统关工委评为先进集体。退（离）休教工协会成立于1989年7月，与老年大学一套班子两块牌子，共包含16位退协理事、99个退休小组、152个退休小组长、32支文体团队，以“协同服务、自我管理、自主活动”为原则组织各项活动。老教授协会成立于1997年3月，目前有27个分会775名会员，积极参加有关教育和科技体制改革、科研、教学、咨询以及科技开发、工程设计、新技术推广等活动，2016年被中国老教授协会评为“老教授事业贡献奖先进集体”。教学督导委员会成立于2016年4月，设立常务工作组，有58名校级教学督导员，日常工作经费255万元。

（四）以老同志需求为导向办好老年大学，实现老有所教、老有所学

华南理工大学老年大学于2010年9月开学，2014年5月经学校批准正式挂牌成立。经过几年的探索，形成了有制度、有阵地、有课题、有规模、有手段的良性发展模式，办学效果突出，2018年被评为“全国高校示范老年大学”。

建立健全《华南理工大学老年大学章程》《老年大学教师管理制度》《老年大学课程班管理细则》《老年大学班主任管理办法》和《老年大学班长工作职责》等各项规章制度，建立任课老师—教学副校长、办公室主任—班主任—班长一条龙的教学管理架构，岗位职责明确，实行有效管理。

成立老年教育研究会，负责老年教育科研的组织（包括编辑出版老年教育研究文集，举办老年教育研讨会，拟定老年教育科研课题）和学校相关单位的联络。

依托教工活动中心办学，教工活动中心可供在职与退休人员共享使用，建筑面积达5500平方米，室内设施设备先进，功能设置齐全，为老年大学的顺利开办提供了有利条件。

课程设置丰富多彩，既有才艺娱乐型的钢琴、古筝、声乐、舞蹈、摄影、书画，也有实用技能型的电脑网络、图像处理、旅游英语、手工编花，还有养生保健型的老年医学、老年病防治、中医养生、居家护理、经络按摩、药膳食疗、传统太极拳、太极剑、太极扇和中老年瑜伽等。专业课程按基础分班，有基础班、提高班、研修班、表演创作班，专业学制视不同需要设有半年、1年、2年、3年和4年多种。

2018年开设80余个专业课程班,全年注册学员7000人次。

充分运用信息化手段予以辅助,专门开发了老年大学App,包含了报名、缴费、课程设置、场地安排等八大功能模块,大大提高了工作效率。

(五)多方借力服务,大力实施暖心爱心工程

中山大学引入社会第三方为老服务机构"长者邦",采用会员制模式(每月300元),为老同志提供陪同看病、买菜、定期来访等常规服务。

华南理工大学积极整合社会、政府、学校三方资源为老同志提供便利。一是引入社会第三方服务平台,启动"幸福e区"华工智慧养老服务平台;二是用好当地政府惠老政策,在居民区设立"长者助餐服务点",在食堂设立"长者爱心午餐服务窗口";三是与国家相关课题组密切合作,在老同志集中的校园住宅区试点建设华工友好社区,通过设计各项具有心理暗示作用的景观及大力倡导全员关心关爱老人理念,形成温馨友好的社区氛围;四是充分利用校内学生资源,联合学生志愿者开展"念师恩"服务,学校为志愿者提供专门的值班地点,老同志提出需求,学生及时响应,提供陪同就医、居家探访、课程助教等活动,有效拉近老同志与学生之间的关系。

三、启迪与思考

以习近平新时代中国特色社会主义思想为指导,围绕中央3号文件精神要求,结合高校立德树人的根本任务,紧扣学校的中心重点开展工作,稳妥推进离退休干部工作转型发展,扎实做好新时代涉老工作。

(一)注重加强教育引导,深入细致做好思想政治工作,切实增强思想政治工作的针对性和实效性

要把学习贯彻习近平新时代中国特色社会主义思想,作为老同志工作的头等大事,坚持以党支部、二级单位、各涉老组织为主阵地,以专题辅导、集中培训、座谈交流、信息化平台每日推送、主题活动为主要形式,组织老同志深入学习、常悟常新,做习近平新时代中国特色社会主义思想的坚定信仰者、忠实实践者。

(二)发挥老同志独特优势,引导他们为党和人民的事业增添正能量

重视和关心关工委、老年大学、老年体协、老年文体团队等涉老组织的建设和发展。充分调动老同志的积极性,完善涉老组织的组织架构,并凝聚形成自

己的品牌特色，提高知名度和影响力，形成可持续性发展机制；二级单位和有关职能部门要积极拓展和搭建老同志发挥作用的渠道、平台，鼓励老同志参与中心工作、社会服务、研究宣传、自我服务；大力推进学校"乐龄"人才计划，充分发挥他们在学校党建、教学科研、服务管理和公共事务等工作中的积极作用。

持续推进正能量活动开展。要坚持围绕中心、服务大局，着眼新时代新征程，聚焦学校中心工作，找准老同志发挥作用的结合点，引导老同志以积极的心态、历史的眼光、辩证的思维，正确看待国家的发展，正确对待利益调整，正确处理家庭和邻里关系，做心态阳光的模范长者。采取座谈会、访谈会、征文、文体表演、艺术展示等丰富多彩的形式，鼓励老同志以传承党的优良作风、弘扬优秀传统文化、传承优良家教家风等方式凝聚正能量、传播正能量。

塑造先进典型，加大宣传教育。要注重对在发挥正能量作用中做出突出贡献的老同志进行鼓励和宣传，展现离退休教职工向上向善的精神风貌。"寻找最美""正能量之星"等活动要持续开展并加大宣传力度。

（三）完善和创新老同志的管理服务工作

坚持统一领导、分工协作的原则，完善退休职工服务管理办法。顺应老龄事业发展趋势，努力完善和创新离退休教职工管理服务方式方法，进一步提升管理水平和服务质量。

牢牢把握中央3号文件精神和校党委73号文件要求，集中精力做好中心及重点工作。要加快推进校院两级管理机制落地实施，可以借鉴华南理工大学的管理模式，重点开展思想政治建设、引导正能量发挥、涉老组织建设及骨干队伍建设等方面工作，将事务性工作和精细化的服务逐步落实到二级单位。以二级单位和涉老组织为有力抓手，以点带面，以面带全。

运用信息化手段辅助管理，在现有管理系统的基础上，视条件成熟情况逐步升级。在数据信息上，争取与校人力资源库打通联合，完善老同志的各项信息；在功能定位上，要力求突出共享性（比如每次"走、看、促"活动情况、参加人员明细等信息都可在系统里面体现出来，可方便查询和统计），并根据实际情况实现灵活多样、具有互动性的功能模块；在与相关单位联动上，开放人事处、二级单位等相关部门的基本查阅功能，以提高工作效率。

努力营造尊老爱老敬老助老的良好氛围。在学校大力倡导老同志关心下一代的同时，亦要倡导大学生志愿者、学生社团（组织）为老同志提供一定帮助与服务，包括陪同就医、代为采办、结对探访等力所能及的事务；搭建在职教工与退休教工相互交流关爱的平台,引导青年教工感恩前辈、学习前辈、服务前辈,推动全校形成尊重关爱老同志的良好风气。

(四)加强老同志活动阵地、学习阵地建设

积极争取学校的重视与支持,大力推进教学、活动阵地的资源共享共建。尤其是紫金港校区,自身资源相对匮乏,更要加强与有关部门的密切联系,争取资源共享。资源充足对今后老年大学的规模扩大、涉老组织的作用发挥有着至关重要的作用。

充分发挥阵地的作用,根据老同志的身体状况、年龄、兴趣爱好等,积极搭建活动平台,组织开展形式多样、健康向上的文体活动,营造健康快乐的老年生活氛围。

进一步开拓老年大学办学思路,一要明确定位,在办学资源有限的前提下,办学对象优先保证本校离退休人员,待条件成熟后,再适时进行规模扩大,形成具有一定影响力的高校老年大学;二要提升教学质量,优化课程设置,实现政治性、知识性、趣味性的有机结合,不断提高教学和管理水平;三要专人负责,借助团队骨干和聘用人员形成专门的工作队伍;四要规范收费,学校设立专门账户,收支情况纳入学校财务管理系统,收支标准参照省市老年大学,结合实际办学情况收取;五要积极推进用信息化手段管理老年大学的教学教务工作;六要争取保障,我校老年大学以公益性为主,不以营利为目的,需要向学校争取政策保障和经费支持。

(五)结合浙江大学实际初步探索居家养老

积极整合社会资源,搭建平台,善于从外部借力,整合养老、福利、慈善以及社会团体等社会资源为老同志提供便利。在老同志需求越来越多、居住地越来越分散的情况下,单靠学校工作部门服务离退休人员已力不从心,必须依托社会资源来共同实现对离退休人员的管理服务,推动离退休工作由封闭向开放转型。

2019年5月

创新案例篇

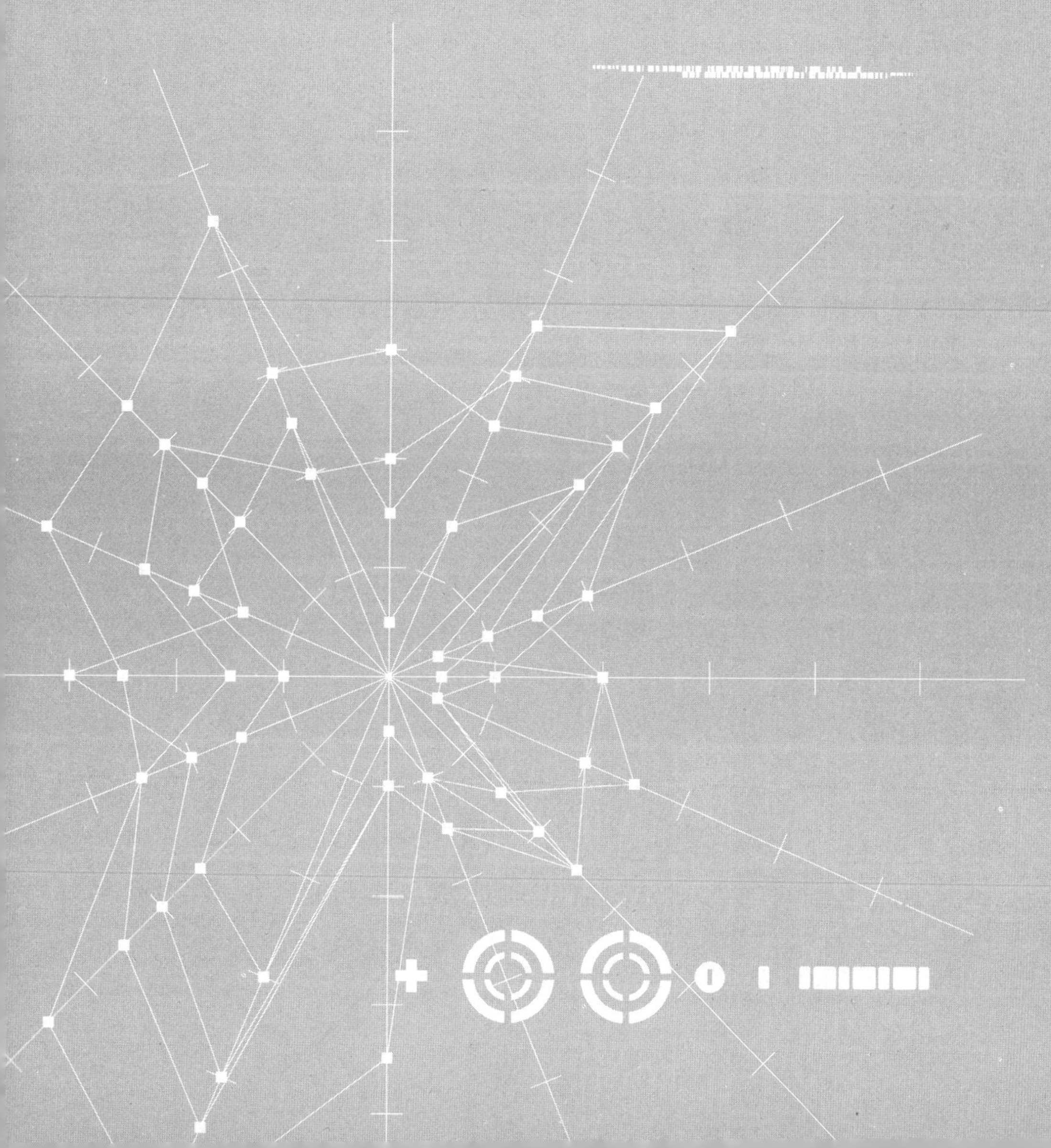

以党建为引领，在大学生中开展“在鲜红的党旗下”品牌活动

——浙江大学发挥离退休干部作用“创新案例”*

党的十九大报告强调：“青年兴则国家兴，青年强则国家强。青年一代有理想、有本领、有担当，国家就有前途，民族就有希望。”“全党要关心和爱护青年，为他们实现人生出彩搭建舞台。”浙江大学离退休教职工发挥积极作用，不忘关爱青年一代健康成长的初心，牢记团结和引导青少年“听党话跟党走”的使命，着力打造“在鲜红的党旗下”学生党建教育活动平台，不断为党和人民的事业增添正能量。

一、案例背景

党的十九大胜利召开后，浙江大学“在鲜红的党旗下”教育活动平台应运而生。该平台联合党委学工部面向全校学生思政教育领域，配合学生党建、思政教育、“先锋学子”培训等进行，以学习宣传习近平新时代中国特色社会主义思想和党的十九大精神为鲜明主题，以党史国史和40年改革开放实践为素材，以立德树人为根本，以理想信念教育为核心，以社会主义核心价值观为引领，以求是宣讲团“五老”人员为骨干，以大学生为主体，通过主题宣讲、报告、与学生党支部和党章学习小组结对座谈交流、参观访问等多种形式，大力开展丰富多彩的主题教育活动。

“在鲜红的党旗下”党建教育平台的宣讲成员来自浙江大学关工委求是宣讲团，现有成员包括离退休干部25名，平均年龄75.5岁。他们是一批在学生中有一定威信和影响、有一定理论功底和学术造诣、具有较丰厚的人生阅历和实际经验的“五老”群体（老党员、老专家、老教师、老战士、老模范）。

* 该案例荣获2018年浙江省老干部工作“优秀创新案例”。

二、主要举措

(一)突出主题:用十九大精神统领工作,把握新时代,谋划新思路,展现新作为

“在鲜红的党旗下”始终把坚定正确的政治方向摆在首位,在政治上思想上行动上始终同党中央保持高度一致,坚持“围绕中心,配合补充,因地制宜,量力而为,注重实效”的原则,创新宣讲内容和形式,做到积极、主动、创造性并有效地“配合补充”学校中心工作,助力学校“双一流”建设。

(二)抓住主线:坚持服务大学生为主体,立德树人为根本

依托“在鲜红的党旗下”平台,组织开展了丰富多彩的教育活动,使大学生更加深刻理解习近平新时代中国特色社会主义思想的丰富内涵。

“在鲜红的党旗下”与各院(园)系联动,开展了各具特色的教育主题活动。传媒与国际文化学院,嘉兴南湖新老党员重温入党誓词;教育学院,不忘初心、牢记使命,老少共话十九大精神座谈会;电气工程学院,学习十九大精神报告会;计算机科学与技术学院,新老党员面对面,畅谈十九大精神座谈会等。在此基础上,实行结对机制,老同志与各院级单位结对成工作小组,在平台框架下根据学院特色总结好经验,谋划新活动。

(三)树立品牌:挖潜增源,打造浙大特色

立足浙大实际,积极发挥高校离退休干部的独特优势和作用,挖潜增源,打造浙大特色。

计算机学院开展的“在鲜红的党旗下”活动由中共一大代表王尽美烈士的孙子、信电学院退休教授王明华主讲;航空航天学院邀请参加过抗美援朝、年近90的范正翘教授演讲;年已85岁的“网红”教授庄表中在与学生座谈交流时,通过新旧社会对比和自己几十年教学科研生涯,勉励大学生要做“有理想、有本领、有担当”的一代新人。

三、工作成效

“在鲜红的党旗下”教育平台自倡导创立以来,浙江大学已有14个院(园)系设立子平台,并开展了相关活动。据初步统计,至今已开展了近百场主题鲜明的教育活动,听众近万人次。目前,平台着重围绕党的十九大精神、习近平新时代中国特色社会主义思想、习近平在北大师生座谈会上的重要讲话、纪念马

克思200周年诞辰、习近平在全国教育大会上的讲话等结合重要时间节点开展了相关活动，既有300～400人的大型报告会、宣讲会，也有10～20人的小型座谈会；既有室内活动，也有户外交流；既有老同志到学生中去参加活动，也有学生到老同志家中访谈，形成了老少同学、老少同乐的良好氛围。

四、工作经验

（一）健全规章制度是有序开展工作的保证

浙江大学在今年11月发文《中共浙江大学委员会 浙江大学关于进一步加强和改进离退休工作的意见》（党委发〔2018〕（7）号）、《浙江大学退休教职工发挥积极作用实施方案——“乐龄”计划》（浙大发〔2018〕49号），激励退休教职工在学校“双一流”建设中发挥积极作用，为党和人民事业增添正能量。

例会制度、日常的学习培训制度、集体商讨试讲制度、宣讲选题上网公布制度、台账制度以及宣讲稿汇编成册的程序和制度等。重视宣讲活动第一手资料的积累，并注重总结和提高。

（二）打造具有浙大特色的思政党建工作品牌

“在鲜红的党旗下”切合当前思想政治工作的主流。浙江大学发挥离退休教职工的积极作用，着力传承红色基因，挖掘并发扬优秀传统，打造具有浙大特色的思政党建工作品牌，同时注重加强平台建设、创新活动形式，彰显活动效果。今年是改革开放40年、浙江大学并校发展20年，浙江大学抓住时机，大力宣传在党的领导下，我国各方面取得的伟大成就，引导广大青年学生听党话，跟党走，努力使浙大学子忠诚担当，成为社会主义终生奋斗的有用人才。

2018年12月

“乐龄”正能量 助力“双一流”

——浙江大学探索离退休教职工作用发挥新途径*

一、工作背景

老干部是党执政兴国的重要资源，是推进中国特色社会主义伟大事业的重要力量。为贯彻落实习近平新时代中国特色社会主义思想，探索离退休教职工作用发挥新途径，浙江大学2018年出台《浙江大学退休教职工发挥积极作用实施方案——“乐龄”计划》，通过开展“乐龄”正能量系列活动，打造“乐龄”正能量平台，寻找“乐龄”正能量典型，弘扬“乐龄”正能量精神，凝心聚力，助力学校一流大学和一流学科建设，推进国家治理体系现代化。

二、主要做法

（一）打造“乐龄”正能量平台——实施退休教职工“乐龄”计划

“乐龄”计划以乐为结合、深度挖潜、合理布局和弹性管理为原则。离退休工作处做好“乐龄”岗位相关信息的收集、整理、备案工作，建设“乐龄”人才库、“乐龄”人才网，建立统一的“乐龄”岗位信息发布平台，搭建老同志参与各项工作的“乐龄”人才交流平台。创设党建工作类、教育教学类、科学研究类、管理服务类、文化建设类、公共事务类等固定和临时岗位，设立“乐龄”专项经费支持，以项目化、品牌化运作开展工作。

（二）寻找“乐龄”正能量典型——致敬“五老”读懂中国

协同宣传和学工部门，在全校范围组织开展致敬“五老”读懂中国系列活动，打造铸魂育人的思政教育品牌。采取学生主动采访老教授，老教授讲自身事，变单向育人为双向互动，增强学校思政教育的感召力和渗透力。该活动充分发挥院级关工委、老同志和青年学生的积极性、主动性和创造性，与学校学院

* 该案例荣获2019年浙江省老干部工作“十佳创新案例”。

思政工作紧密融合,在全校师生中反响热烈、成效显著,进一步促使二级单位"乐龄"正能量工作"活起来、动起来、热起来"。同时,以文字和微视频的方式积累了一批反映离退休"五老"优秀人物的作品,通过新媒体等方式传播开去,参与一个,受益一方。

(三)弘扬"乐龄"正能量精神——推选离退休教职工"正能量活动示范点"和"正能量之星"

2019年在全校离退休教职工中组织开展了"正能量活动示范点"和"正能量之星"推选活动。推选出的6个"正能量活动示范点"符合"四有一满意",即有载体、有活动、有阵地、有措施、离退休老同志满意;24位"正能量之星"都是离退休后仍然奋斗在学校教学科研和思想教育一线、为学校的发展做出了重要贡献的优秀人物。学校通过"每周一星"的形式推送"正能量之星"的先进事迹,在全校老同志中营造了学习榜样、奋发作为的良好氛围,弘扬了"乐龄"正能量优秀精神。

三、成效与反响

形式多样展示正能量效应。学校鼓励广大退休教职工积极参与学校各项事业发展,目前从事"乐龄"工作的退休教职工已达300余人。60余位老同志受聘为教学督导员,充分发挥经验优势对青年教师"传帮带";组织80余位老同志参与实验室安全工作督查,组织多位老同志担任机关作风建设兼职督导员、学校党建工作党务工作者,推动学校治理体系完善。在学校开展的"不忘初心、牢记使命"主题教育中,"正能量之星"庄表中教授将党课搬进新生"始业教育",在场的每一名学生深受教育,《人民日报》对其事迹进行报道。

内容丰富促进内化式育人。致敬"五老"活动采访"五老"96人,直接参与学生497人,拍摄微视频38个、征文72篇,作品紧扣"我和我的祖国"主题,反映了我校一批老教授、老前辈为中华人民共和国的建设付出的心血与汗水,参与学生也从中学习到了艰苦创业、砥砺奋斗、忘我付出的奉献精神。结合庆祝中华人民共和国成立70周年开展了"我与共和国同龄"座谈会,与会的70岁老教师用70幅漫画向新中国献礼,被人民网、钱江晚报等媒体广泛报道,会议也邀请广大学生共同参与,使爱国主义教育内化于青年学子之心。

多点辐射扩大全社会影响。致敬"五老"活动中2个微视频获得教育部关工委"最佳微视频",在中国教育电视台播放,3个微视频被《人民日报》公众号和学习强国等转载。国庆当天组织老同志参加升旗仪式、观看阅兵式和庆祝大会；国庆节前由校领导带队，走访慰问老党员、百岁抗战老兵，为离休干部颁发国庆纪念章，把党组织对老同志的关心落到实处。4名百岁抗战老兵的事迹经新媒体推送后在校内外广泛传播，点击量超过百万次，洋溢出满满正能量。

四、经验与启示

提高站位，机制保障。鼓励引导离退休教职工发挥正能量契合了新时代老干部工作的新要求，学校提高政治站位，坚持"双一流"高质量发展目标，抓好顶层设计，出台"乐龄计划"文件，构建起长效保障机制。

聚焦主题，紧扣节点。聚焦"不忘初心、牢记使命"主题教育，紧扣中华人民共和国成立70周年等重要时间节点，围绕立德树人这一根本任务，将发挥离退休教职工的正能量与全校5万多名学生的思想政治工作相结合，为新时代学校铸魂育人贡献银色智慧和力量。

注重传播，扩大影响。通过大力表彰和宣传先进典型，凝聚共识，振奋精神，引导广大离退休教职工发挥正能量。何志均、唐孝威和许庆瑞等榜样楷模的事迹在《人民日报》、人民网、澎湃新闻等媒体宣传报道，展示了浙江大学离退休教职工"乐龄"正能量的强大传播力，扩大了学校的社会影响。

2019年12月

守望相助求是园　爱心传递谱华章

——浙江大学多途径开展离退休人员帮扶工作*

一、工作背景

尊老爱老是中华民族的传统美德，也是促进校园和谐、建设中国特色世界一流大学的必然要求。浙江大学离退休人员7889人，80周岁以上3267人，其中“空巢”和独居491人，他们在生活上面临着许多实际困难。省委老干部局发出《关于开展“社会治理·银耀有我”志愿服务行动的通知》，充分发挥老同志在助力社会治理方面的优势和作用，已成为新时代的新课题。

二、主要做法

广大退休老同志在全校层面组建了“银耀求是园”志愿者服务队，构建起为老服务的主渠道；又持续借力各个二级学院老同志服务正能量示范点体系，拓宽为老服务的覆盖面；同时校院两级离退休工作部门重点针对特殊群体开展好工作，绷紧为老服务的兜底线。

“银耀求是园”——银发志愿者们的守望相助。志愿者服务队总队长是校党委原副书记王玉芝同志，第一批志愿者共计68人已成为帮扶老同志的主体力量。一是关心关爱困难老同志。对“空巢”、高龄、患重大疾病、卧床不起的老同志，志愿者服务队队员开展结对帮扶，定期或不定期上门走访，关注老同志生理和心理健康，帮助解决生活困难，提供常态化的志愿服务。二是服务社会树立新风。组织老同志就近为居住地社区服务，重点围绕抗击疫情等，提倡文明健康、绿色环保的生活方式，通过书画、音乐等方式，在饮食习惯、垃圾分类、心理健康等方面，开展接地气、贴近群众的宣传倡议，打造文明、平安、和谐的社区。三是助力学校为老工作。老同志充分发挥自身优势，协助学校对困难或失联老同志信息进行摸底排查，协助开展各类老同志文体活动，协助给老同志采

---

* 该案例荣获2020年浙江省老干部工作“双十佳创新案例”。

购发放口罩等抗疫用品等事宜。

正能量示范点——代际间“爱心结对”延伸关爱。学校在各二级学院建立了为老服务和老同志发挥作用的正能量示范点。以机械学院“机械银丝带”为例,10年来创造了“问听伴解颂传”六字工作法。一“问”,问老教师平日近况,定期组织学生党员到老教师家中拜访。二“听”,听老教师传经授道,学院定期邀请老教师重返课堂授教。三“伴”,伴老教师享片刻时光,节假日期间到老教师家中做饭、弹琴。四“解”,开展学生志愿服务活动,解老教师一时所需。五“颂”,颂老教师德艺双馨,“银龄讲坛”老教授的事迹感动了全国。六“传”,通过媒体宣传,起好示范带动作用。活动发放了“银丝带结对卡”,上有结对教师的相关信息等,同时记录每次结对活动情况,及时总结,解决问题。

聚焦规定病种群体——暖流传递“一个都不能少”。离退休工作部门坚持每年组织规定病种人员开展各类活动。通过组织参观考察活动,让他们亲身体验地方和学校发展的最新成就,在轻松愉悦中直观感受学校的人文关怀;通过座谈会分享,帮助大家坚定树立战胜病魔的信心,体会精神上鼓励的无穷力量;通过把病友组织起来成立兴趣小组,增进相互间交流,保持健康心态;通过紧盯重点人员医疗救护,定期送诊独居规定病种人员,兜底做好帮扶工作。

三、成效与反响

发挥了老同志的主体作用。志愿者活动获得了受助老同志的交口称赞。帮扶活动不仅为老同志送去了精神慰藉,还为老同志办实事做好事解难事,帮助老同志疏通厨房下水管道,解决手机内存不足和漏接电话的问题,教会使用微信聊天等,提升了老同志的获得感、幸福感和安全感,充分发挥了银耀志愿者作为“社会和谐的弘扬者”“家园美丽的守护者”“互助养老的倡导者”的主体作用。

扩大了老同志的受益范围。校院联动,服务延伸,实现了更多老同志的受益,也推动了爱心的传递。广大老同志爱党爱国更加坚定、围绕中心服务大局更加自觉、助力社会治理更有成效。通过学校的宣传和老同志的口口相传,不少老同志纷纷表示要加入志愿者行列。

弘扬了老同志的优秀品德。“银耀求是园”退休老同志志愿者服务队的事迹得到了浙江在线、省委老干部局以及教育部等多家媒体、微信公众号的关注和宣传。浙大老教授“最后一课”的事迹得到人民日报、新华社等近百家新闻媒体争相报道,在中央电视台举办的《寻找最美教师》评选活动中,老教授荣获“特别关注教师”称号。《中国教育报》等媒体对机械学院爱心助老银丝带活动予以了专文报道。

四、经验与启示

以规范促品牌。志愿者不但严格实行注册制，借助信息化平台做好管理工作，而且活动力促品牌化。目前志愿者服务队拥有专属的志愿者胸牌、爱心结对卡、浙大“银耀”志愿者之歌以及专项行动铭牌，生动形象地诠释着队伍的服务理念和精神内涵。

以学缘促传承。各项活动的开展始终立足高校的特点，老教师在离开教学岗位后，仍然心系学院发展；求学问道阶段的大学生，渴望能够与前辈交流；而在职工作人员，则充当了为老服务的中坚力量，老中青结合各显优势。

以爱心促坚强。受关爱的众多老同志又把爱心再传递给其他人，他们参加关心下一代委员会的工作，担任老年文艺团体负责人负责老年大学工作，在首批“银耀求是园”志愿者服务队成员中，也有他们坚强和乐观的身影。爱心传递，铸就了生活强者。

2020年12月

荣誉荟萃篇

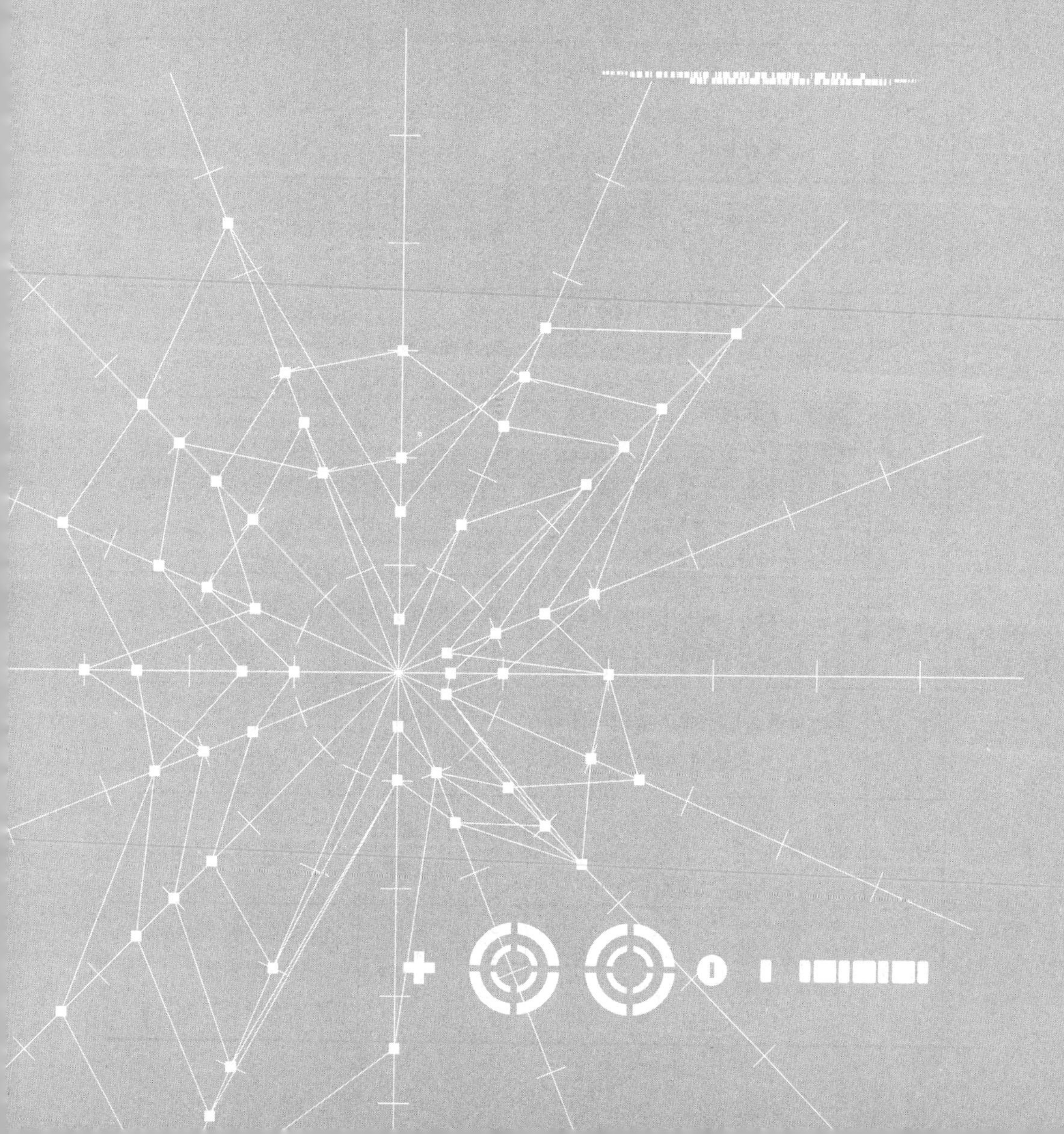

浙江大学离退休部门所获荣誉(2011—2020年)

序号	获奖时间	荣誉、奖项名称	获奖单位	授予部门
1	2011	庆祝中国共产党成立90周年歌咏比赛,教育部机关、直属高校、直属单位离退休干部书法绘画摄影篆刻作品展组织奖	离退休工作处	教育部离退休干部局
2	2011	浙江大学先进基层党组织	西溪校区离休第二党支部	中共浙江大学委员会
3	2011	“党在我心中 永远跟党走”庆祝中国共产党成立90周年歌咏比赛二等奖	离休党工委	中共浙江大学委员会
4	2012	浙江大学“求是创新先进基层党组织标兵”	离休党工委	中共浙江大学委员会
5	2012	2011年度中层领导班子和领导干部届中考核暨考核中优秀中层领导班子	离休党工委	中共浙江大学委员会 浙江大学
6	2012	新形势下如何强化高校、“空巢”孤寡老人管理与服务工作调研报告——以浙江大学为例》被评为2011年度全省老干部工作部门优秀调研成果二等奖	浙江大学	中共浙江省委老干部局
7	2012	浙江省第六届老年人运动会优秀组织奖	老年人体育协会	浙江省第六届老年人运动会组委会
8	2012	浙江省第六届老年人运动会体育道德风尚奖	老年人体育协会	浙江省第六届老年人运动会组委会
9	2013	浙江省“五好”离退休干部党支部	湖滨校区离休第三党支部	中共浙江省委老干部局
10	2013	浙江大学2011—2012年度信访工作先进集体	离退休工作处	中共浙江大学委员会办公室 浙江大学校长办公室

续表

序号	获奖时间	荣誉、奖项名称	获奖单位	授予部门
11	2014	浙江省关心下一代工作先进集体	关心下一代工作委员会	浙江省关心下一代工作委员会
12	2014	浙江大学先进基层党组织	玉泉校区离休第一党支部	中共浙江大学委员会
13	2016	全国教育系统关心下一代工作先进集体	关心下一代工作委员会	教育部关心下一代工作委员会
14	2016	浙江省老干部工作先进集体	离退休工作处	中共浙江省委组织部 中共浙江省委老干部局 浙江省人力资源和社会保障厅
15	2016	浙江省关心下一代工作先进集体	关心下一代工作委员会	浙江省关心下一代工作委员会
16	2017	浙江省第七届老年人运动会优秀组织奖	老年人体育协会	浙江省第七届老年人运动会组委会
17	2018	2011—2017年度浙江省老年人体育工作先进集体	老年人体育协会	浙江省老年体育协会
18	2018	《在大学生中开展“在鲜红的党旗下”品牌活动》荣获全省老干部工作“优秀创新案例”	离退休工作处	中共浙江省委老干部局
19	2018	2018年度全省老干部工作部门信息宣传工作先进单位	离退休工作处	中共浙江省委老干部局
20	2018	浙江大学先进基层党组织	玉泉校区离休党总支 电气学院退休教工党总支	中共浙江大学委员会
21	2018	全国老年大学精品课程一等奖（《摄影基础知识》）	老年大学	中国老年大学协会高校老年大学工作委员会

续表

序号	获奖时间	荣誉、奖项名称	获奖单位	授予部门
22	2018	全国老年大学优秀教材奖（《摄影基础知识》）	老年大学	中国老年大学协会高校老年大学工作委员会
23	2019	浙江省离退休干部先进集体	关心下一代工作委员会求是宣讲团	中共浙江省委组织部 中共浙江省委老干部局
24	2019	《“乐龄”正能量 助力“双一流”》荣获2019年度全省老干部工作“十佳创新案例”	离退休工作处	中共浙江省委老干部局
25	2019	2019年度全省老干部工作部门信息宣传工作先进单位	离退休工作处	中共浙江省委老干部局
26	2019	浙江省关心下一代工作先进集体	关心下一代工作委员会	浙江省关心下一代工作委员会 浙江省精神文明建设委员会办公室
27	2019	浙江省老干部品牌工作室	关心下一代工作委员会求是宣讲团	中共浙江省委老干部局
28	2019	《辉煌瞬间——浙江大学光电学院高速摄影机团队》在2019年“读懂中国”活动中获最佳微视频	关心下一代工作委员会	教育部关心下一代工作委员会
29	2019	《立德树人——中国创新管理之父许庆瑞院士》在2019年“读懂中国”活动中获最佳微视频	关心下一代工作委员会	教育部关心下一代工作委员会
30	2019	《只为那闪光的瞬间》作品在“我爱我的祖国”大奖赛中荣获微视频三等奖	关心下一代工作委员会	学习强国
31	2019	浙江省“银尚之家”	老年大学	中共浙江省委老干部局
32	2020	全国关心下一代工作先进集体	关心下一代工作委员会	中国关心下一代工作委员会 中央精神文明建设指导委员会办公室

续表

序号	获奖时间	荣誉、奖项名称	获奖单位	授予部门
33	2020	《生命至上，抗疫有我——浙江大学医学院李兰娟院士》在2020年“读懂中国”活动中获最佳微视频	关心下一代工作委员会	教育部关心下一代工作委员会
34	2020	《大国工匠，初心如磐——浙江大学建筑工程学院董石麟院士》在2020年“读懂中国”活动中获最佳微视频	关心下一代工作委员会	教育部关心下一代工作委员会
35	2020	“助力社会治理银耀好团队”	“银耀求是园”退休老同志志愿者服务队	中共浙江省委老干部局
36	2020	《守望相助求是园 爱心传递谱华章》荣获2020年度全省老干部工作“双十佳创新案例”	离退休工作处	中共浙江省委老干部局
37	2020	2020年度全省老干部工作部门十佳信息工作先进单位	离退休工作处	中共浙江省委老干部局

浙江大学离退休人员所获荣誉(2011—2020年)

序号	获奖时间	荣誉、奖项名称	获奖离退休人员	授予部门
1	2011	浙江省优秀离退休干部党员	张大炎	中共浙江省委老干部局
2	2011	浙江大学优秀共产党员	李翼祺	中共浙江大学委员会
3	2013	浙江省“最美老干部”	陈子元(中国科学院院士)	中共浙江省委组织部 中共浙江省委宣传部 中共浙江省委老干部局
4	2014	浙江省离退休干部先进个人	邹先定	中共浙江省委组织部 中共浙江省委老干部局
5	2014	浙江大学优秀共产党员	王高步 邹先定	中共浙江大学委员会
6	2016	浙江省关心下一代先进个人	郑元康	浙江省关心下一代工作委员会
7	2016	浙江省高校优秀共产党员	王明华	中共浙江省教育厅委员会
8	2018	浙江大学优秀共产党员	齐　津 张梦新	中共浙江大学委员会
9	2018	“讴歌新时代 永远跟党走”主题征文一等奖	刘祥官	中共浙江省委老干部局
10	2018	“讴歌新时代 永远跟党走”主题征文二等奖	逢自安 丰雨定	中共浙江省委老干部局
11	2018	“讴歌新时代 永远跟党走”主题征文三等奖	黄寿波	中共浙江省委老干部局
12	2018	2011—2017年度浙江省老年体育工作贡献奖	于通敏 傅延兴 林燕平 任满根 沈锦林	浙江省老年体育协会
13	2019	浙江省关心下一代工作“最美五老”	邹先定	浙江省关心下一代工作委员会 浙江省精神文明建设委员会办公室

续表

序号	获奖时间	荣誉、奖项名称	获奖离退休人员	授予部门
14	2019	浙江省关心下一代工作先进个人	邹先定	浙江省关心下一代工作委员会 浙江省精神文明建设委员会办公室
15	2019	浙江省关心下一代工作先进个人	郑元康	浙江省关心下一代工作委员会 浙江省精神文明建设委员会办公室
16	2019	身边的“活雷锋”	鲍佩兰	浙江之声广播电台
17	2020	全国关心下一代工作先进工作者	邹先定	中国关心下一代工作委员会 中央精神文明建设指导委员会办公室

浙江大学离退休工作者所获荣誉(2011—2020年)

序号	获奖时间	荣誉、奖项名称	获奖人员	授予部门
1	2011	浙江省老干部工作先进工作者	王剑忠	中共浙江省委组织部 中共浙江省委老干部局 浙江省人力资源和社会保障厅
2	2012	浙江大学优秀党务工作者	王剑忠	中共浙江大学委员会
3	2012	浙江大学求是创新•优秀共产党员	林荣堂	中共浙江大学委员会
4	2012	从事离退休干部工作满20年专职工作者	卢绍宽　张晓东 俞文胜　王耀先 郭银火　翟高斌 徐铭杰　孙世俊 郦　平	教育部办公厅
5	2014	浙江大学优秀党务工作者	朱　征	中共浙江大学委员会
6	2015	浙江大学第十三届“事业家庭兼顾型”先进个人	朱　征	浙江大学工会
7	2015	全省老干部工作系统主题演讲比赛一等奖	季　玮	中共浙江省委老干部局
8	2016	全国教育系统关心下一代工作先进工作者	朱　征	教育部关心下一代工作委员会
9	2016	浙江大学先进工作者	雷振伟	浙江大学

续表

序号	获奖时间	荣誉、奖项名称	获奖人员	授予部门
10	2016	浙江大学优秀党务工作者	韩东晖	中共浙江大学委员会
11	2016	第二届“心中的感动——记教育系统关心下一代优秀人物”征文活动一等奖	季　玮	教育部关心下一代工作委员会《心系下一代》杂志社
12	2018	浙江大学优秀党务工作者	李　民	中共浙江大学委员会
13	2018	2011－2017年度浙江省老年体育工作荣誉奖	李　民	浙江省老年体育协会
14	2018	全省老干部工作系统主题演讲比赛三等奖	张晓亮	中共浙江省委老干部局
15	2019	第三届“心中的感动——记教育系统关心下一代优秀人物”征文活动一等奖	朱　征	教育部关心下一代工作委员会《心系下一代》杂志社
16	2019	全省老干部工作系统主题演讲比赛二等奖	樊　婷	中共浙江省委老干部局
17	2019	第五届中国“互联网＋”大学生创新创业大赛工作先进工作者	柴　斐　樊　婷	浙江大学党委办公室校长办公室
18	2020	浙江大学教职工围棋比赛团体第二名	丁　律(代表校机关成员之一)	浙江大学工会
19	2020	浙江大学优秀共产党员	朱　征	中共浙江大学委员会

后　记

在本书命名时编委会进行了几番商议，初定《我们一起走过的那十年》，切题但少意境。后定《十年芳华》，文艺但稍浪漫。终定《拾年流金》，“拾”一作形容词，表示十年，二作动词，借鉴世界名画《拾穗者》中的拾捡之意，将成果一年一年地拾起，颇为形象地阐释出离退休工作的不易；“流”一作动词，表示这是一个可塑性极强的年代，二作形容词，寓意这是一个璀璨的年代。

出版本书初衷之一，编委会希望通过这本书能让读者深刻感受到离退休工作的本质内涵。有些老观点认为，离退休工作就是走访慰问、搞搞活动、接待来访等与大局无关、没技术含量的工作。诚然，面对老同志这个特殊群体，部分工作确实如上。但对标新时代离退休工作要求，需做的远不止此。“三项建设”、服务管理和发挥作用是本体任务，其中以“三项建设”为核心，制度建设、队伍建设和工作创新是支撑任务，这六大项组成了新时代离退休工作体系，读者从本书的研究内容中也可见一斑。这十年，我们将离退休工作本质一以贯之、工作内容守正创新、工作方式与时俱进，但所有工作的最终落脚点，一言蔽之，“全心全意为人民服务，用心用情做好离退休工作”。

2006年，浙江大学离退休工作处荣获全国老干部工作先进集体，站在最高荣誉的历史起点上，虽欢欣鼓舞但重压随行，所幸及时调整心态从新出发。回望十年，一路荆棘一路高歌，博观约取、厚积薄发。历经十多年积累沉淀，于2020年，又喜迎两项国家级荣誉：浙江大学关心下一代工作委员会荣获全国关心下一代工作先进集体，浙江大学关工委顾问、求是宣讲团团长邹先定同志荣获全国关心下一代工作先进工作者。时代扑面而来，转瞬即成历史，我们仍将众志成城、蓄势待发，迎接繁花似锦、未来可期的下一个十年。

在此，衷心感谢上级部门对浙江大学的关心指导，感谢曾经和现仍在离退休工作战线上并肩奋战的各位同仁，更要感谢广大离退休老同志对我们工作的包容理解！初心不忘，守护夕阳！

编委会

2021年1月